Le paysage intérieur du musicien

Univers Musical

Collection dirigée par Anne-Marie Green

La collection *Univers Musical* est créée pour donner la parole à tous ceux qui produisent des études tant d'analyse que de synthèse concernant le domaine musical.
Son ambition est de proposer un panorama de la recherche actuelle et de promouvoir une ouverture musicologique nécessaire pour maintenir en éveil la réflexion sur l'ensemble des faits musicaux contemporains ou historiquement marqués.

Déjà parus

Céline CHABOT-CANET, *Léo Ferré : une voix et un phrasé emblématiques*, 2008.
Pascal BOUTELDJA, Jacques BARIOZ, *Bibliographie wagnérienne française (1850-2007)*, 2008.
Denis COHEN, *Le présent décomposé*, 2008.
Paloma Otaola GONZALEZ, *La Pensée musicale espagnole à la Renaissance : héritage antique et tradition médiévale*, 2008.
Frédéric GONIN, *Processus créateurs et musique tonale*, 2008.
Jérôme BODON-CLAIR, *Le langage de Steve Reich. L'exemple de* Music for 18 musicians (1976), 2008.
Pauline ADENOT, *Les musiciens d'orchestre symphonique, de la vocation au désenchantement*, 2008.
Jean-Maxime LEVEQUE, *Edouard Desplechin, le décorateur du Grand Opéra à la française (1802-1871)*, 2008.
Jimi B. VIALARET, *L'applaudissement. Claques et cabales*, 2008.
Marisol RODRIGUEZ MANRIQUE, *La Musique comme valeur sociale et symbole identitaire. L'exemple d'une communauté afro-anglaise en Colombie (île de Providence)*, 2008.
Michel FAURE, *L'influence de la société sur la musique*, 2008
Thierry SANTURENNE, *L'opéra des romanciers. L'art lyrique dans la nouvelle et le roman français (1850-1914)*, 2007.
Sophie ZADIKIAN, Cosi fan tutte *de Mozart*, 2007.
Antonieta SOTTILE, *Alberto GINASTERA. Le(s) style(s) d'un compositeur argentin*, 2007.

Sandra HURET

Le paysage intérieur du musicien

ou

Les processus en jeu dans l'expérience musicale

L'Harmattan

5-7, rue de l'Ecole polytechnique ; 75005 Paris

http://www.librairieharmattan.com
diffusion.harmattan@wanadoo.fr
harmattan1@wanadoo.fr

ISBN : 978-2-296-06378-5
EAN : 9782296063785

Cet ouvrage, synthèse d'une approche pluridisciplinaire suite à une enquête réalisée auprès des musiciens, a pu voir le jour grâce à l'implication et au soutien de :

Université de Nice, Sophia-Antipolis.
- Monsieur De Cara, section psychologie, qui a permis de mettre en place un lien entre les professeurs des différentes disciplines enseignées et le cadre de ma recherche.
- Madame Dubois, section musicologie.

Observatoire Musical Français, Université Sorbonne Paris IV
Groupe de recherche, *Sciences de l'éducation musicale et didactique de la musique*. Documentations fournies par Monsieur Guirard.

Lycée Masséna, Nice, Section Technique Musique et Danse
Monsieur Di Benedetto.

Monsieur Juan de Mendoza
Professeur émérite de neuropsychologie.

Un grand merci pour toutes ses précieuses indications et ses judicieuses remarques !

Tous les artistes* auprès de qui l'enquête a été menée. (Voir *Remerciements*, en fin d'ouvrage).

Une pensée spéciale et un remerciement tout particulier à :

Valérie Bautz, David Chesky, Florent Héau et Maciej Pikulski

---

* - D'une part, les citations et réflexions des artistes parues dans cet ouvrage ont été reproduites avec leur aimable autorisation.

- D'autre part, certaines citations sont reproduites entre guillemets et en italique mais l'auteur n'est pas indiqué et les citations ne renvoient pas non plus à une note. La raison en est la suivante : ces citations, à fonction illustrative, sont issues des questionnaires ou des entretiens verbaux menés auprès des enfants, adolescents, étudiants et très jeunes adultes. Dans un souci de protection de l'enfance et de la jeunesse, j'ai préféré conserver leur anonymat.

« Il se sentit au bord de quelque chose, il eut l'impression que chaque atome de son corps subissait une transformation subtile, un réajustement minuscule, le préparant à entrer dans un autre monde. Il se sentit vivant. » Frank Conroy*

* Franck Conroy, *Corps et Âme*, Folio Gallimard, 2004.

PREFACE

A l'heure actuelle, les ouvrages relatifs à la musique ne manquent pas, ils sont parfois semblables, parfois très différents, parfois complexes et souvent très intéressants.
Si le thème reste toujours la musique, dans une moindre mesure le musicien et très souvent l'éducation musicale, ils demeurent variés dans leurs objectifs auxquels s'associent non seulement la musicologie mais aussi la pédagogie, la musicothérapie ainsi que les sciences humaines comme la sociologie, l'ethnologie, la psychanalyse, la psychopathologie, la psycholinguistique... voire aussi la philosophie..., enfin les sciences neuropsychologiques ainsi que la psychologie cognitive.

Les directions peuvent sembler très différentes mais pourtant un lieu de rencontre existe : La volonté de comprendre une activité humaine issue de l'ineffable, du monde de l'art et de la création, mais également de processus humains complexes relevant du penser et du corporel face à un matériau qui les nourrit : le sonore ...
Il va de soi que le monde du sonore attire notre attention, nous questionne et nous voulons donc tout naturellement comprendre pourquoi ?

Plusieurs interrogations communes se retrouvent dans les écrits sur la musique, interrogations que je pourrais résumer en cinq grandes questions :

1) Pourquoi le sonore est-il à la fois si proche de notre être et si éloigné dans la compréhension que nous pouvons en avoir ?

2) Où prend naissance notre expérience musicale ? Comment se construit-elle et quels sont les processus présents dans cette expérience ?

3) Qu'en est-il de notre vécu intérieur ? (ou pour reprendre l'expression de Rémy Droz[1] : « *Pourquoi la musique agit-elle sur mes états d'esprit » ?)*
En somme, pourquoi la musique m'affecte-t-elle ?

4) En dehors de cette expérience musicale limitée temporellement, existe-t-il une continuité, une trace mnésique totale ou partielle, une structuration mentale propre et inhérente au sonore ?

5) Qu'en est-il de la symbolisation psychique que représente pour nous l'expérience musicale ?

Comme tout à chacun, je me suis posée ces mêmes questions à partir du moment où j'ai décidé, moi aussi, d'écrire sur la musique. J'ai donc longtemps réfléchi à la façon la plus pertinente et la plus juste d'évoquer finalement ce monde abstrait et intérieur, ce monde proche du langage, sans l'être véritablement…
Je me suis également intéressée aux diverses approches utilisées à l'heure actuelle dans l'univers musical. Je pense par exemple, aux nouvelles techniques issues des thérapies brèves comme la P.N.L. (Programmation neuro-linguistique) ou encore les méthodes spécifiques destinées aux musiciens comme la technique Alexander ou la sophrologie adaptée au musicien sans parler des exercices de détente et de relaxation tels que le Yoga ou le Tai-chi dont la finalité se situe quelque part dans l'écoute plus fine et plus juste de soi, le musicien ayant, comme tout être humain, besoin de se situer, de s'éprouver, de se connaître ou de se reconnaître aussi.
J'ai ainsi très rapidement pris conscience que le fait de s'intéresser à son monde intérieur demeure alors indispensable si nous voulons comprendre la musique qui est essentiellement une activité humaine.

---

1 - Professeur honoraire, Institut de psychologie, Faculté des sciences sociales et politiques, Université de Lausanne.

Au fil de mes recherches sur l'univers musical, j'ai donc admis l'hypothèse que pour comprendre et saisir avec pertinence les effets de la musique sur l'homme, j'avais grand intérêt à aller directement au contact de ceux qui la font.
J'ai alors questionné un grand nombre de musiciens, compositeurs et chefs d'orchestre qui en me faisant part de leur expérience ont guidé, je pense, très judicieusement ma réflexion.
Le contact des professeurs en musique ainsi que celui des étudiants, lycéens et enfants en apprentissage instrumental m'ont également grandement aidé dans l'élaboration mentale de ce travail.

Enfin la teneur d'une lecture traitant des émotions en musique a contribué à affiner encore mon cheminement mental.
En voici un petit extrait de l'introduction :

« La musique n'ayant pas de « psyché », la musique ne saurait faire l'objet d'une étude de « sa » psychologie ! Si la musique a une « âme », elle l'a par métaphore. A supposer que la psychologie soit la science du comportement comme certains aiment à l'affirmer, précisons d'emblée : la musique n'a pas de comportement. La musique n'est ni animal, ni être humain. Elle n'est même pas un organisme.[2] » (2001, p.1)

Il est évident qu'après réflexion, l'idée de définir la psychologie de la musique dans un ouvrage traitant de psychologie et de musique paraît du coup bien complexe ! La musique n'a en effet, pas de psyché, en revanche, ceux qui la font, ceux qui la jouent, ceux qui l'étudient et ceux qui l'enseignent en ont une.
Il me semble donc judicieux et tout naturel de partir non pas de la musique pour définir l'expérience musicale mais bel et bien du musicien.

2- Rémy Droz, *Musique et émotions*, Actualités Psychologiques - 11, pages 1- 25. Institut de psychologie, Université de Lausanne, 2001.

Comprendre la musique, c'est aussi et surtout, comprendre non seulement les processus en jeu dans la rencontre inédite de l'homme et du sonore mais c'est aussi s'attarder à mieux connaître le monde intérieur du musicien.
Pour ce faire, toutes les données sont à prendre en considération. Qu'il s'agisse de données collectives et expérimentales comme les investigations de la psychologie cognitive et de la neuropsychologie en matière de perception musicale, qu'il s'agisse de données davantage centrées sur l'Homme comme la psychologie sociale, la psychopathologie, la psychanalyse ou la musicothérapie, qu'il s'agisse enfin de données simplement personnelles, nous devons comprendre, que la musique n'existe que lorsqu'elle est jouée et écoutée et par là, des caractéristiques purement individuelles rentrent inévitablement en considération. Cela nous ne pouvons l'ignorer et c'est précisément ce qui rend la tâche du chercheur si difficile.

En effet, durant le travail de recherche préalable à cet ouvrage, je n'ai pu faire autrement que déduire que si des caractéristiques psychologiques collectives et sociales sont présentes dans l'expérience musicale, des caractéristiques personnelles le sont également et c'est bien l'être humain qui fait exister la musique par la passion et l'intérêt qu'il lui voue. C'est également la dimension humaine qui fait prendre vie à un bruit, qui devient son dès qu'on lui prête de l'attention et qui devient musique dès qu'il touche l'affect et par là, tout ce qui s'y attache.
Autrement dit, se questionner au regard de l'expérience musicale revient à se questionner sur la totalité des processus à l'œuvre et à l'action dès qu'il y a interaction avec le sonore.

Il est évident que le sonore est un aspect qui concerne bien entendu tous les êtres humains et non seulement les musiciens. Pourtant cet ouvrage ne prendra en considération que les musiciens et leurs spécificités afin de pouvoir justement mieux cerner quelles sont ces fameuses spécificités.

Un panorama essentiel des recherches sur la perception musicale menées en neuropsychologie et en psychologie cognitive sera donc exposé dans le premier chapitre qui nous renseignera sur le traitement de l'information sonore et qui nous permettra de réfléchir sur la pertinence et l'intérêt que peuvent revêtir ces recherches au regard de l'expérience du sonore propre au musicien et du lien inédit qui naît entre lui et la musique.

Après une présentation de la problématique particulière que représente le lien très privilégié entre l'homme et la musique, nous nous intéresserons dans un second chapitre à la théorie du neuropsychologue Antonio Damasio et nous réfléchirons à son apport dans le cadre de cette recherche sur l'expérience musicale, ce qui nous permettra de cerner des conduites particulières au musicien. Puis, dans ce même chapitre, nous isolerons les grandes lignes du contenu des questionnaires remplis par un certain nombre de musiciens (élèves, professeurs et professionnels) puis, nous nous questionnerons sur la pertinence des réponses issues non seulement des questionnaires mais également des entretiens effectués auprès des professionnels (solistes et musiciens d'orchestre) professeurs, chefs d'orchestre et compositeurs.
Nous porterons enfin un regard sur les différentes facettes inhérentes au monde intérieur du musicien et nous exposerons les techniques éclairées par la psychologie pouvant apporter un soutien de qualité à l'intérieur du paysage musical.

Le dernier chapitre sera une synthèse des différents éléments susceptibles d'ouvrir le champ à la création et nous tenterons donc de percevoir toute la pertinence de l'esprit créatif pour l'épanouissement de l'interprète, du compositeur et de l'artiste en général.

CHAPITRE UN

Les processus cognitifs impliqués dans le traitement de l'information musicale

I - PROLOGUE

En s'exprimant sur son expérience de professeur, le pianiste Maciej Pikulski[3] me disait au sujet des capacités naturelles propres à chacun et concernant la pratique musicale :

« Certains enfants n'ont pas accès à la compréhension de la musique de la même façon que d'autres et ne disposent donc pas des prédispositions nécessaires pour devenir des musiciens. C'est comme ça... Certains sont doués pour la musique, d'autres, ce sera pour autre chose peut être, les mathématiques, les échecs ... »

A la lecture de cette constatation, qui n'est pas personnelle à ce musicien mais qui fait l'unanimité de tous les professeurs et artistes avec qui j'ai eu l'occasion de m'entretenir, il est intéressant de soulever justement l'idée que les capacités relatives au traitement musical ne sont pas les mêmes pour tous et que de par ce fait, plusieurs paramètres peuvent alors entrer en considération. Paramètres relevant peut-être de facteurs liés à l'apprentissage mais aussi de facteurs socioculturels ou familiaux ou encore individuels.
Et c'est le dernier facteur mentionné ci-dessus qui devra rester présent de façon latente dans ce premier chapitre tout au long duquel nous allons développer les considérations relevant de la psychologie cognitive.

Il est important de saisir la pertinence de la dimension purement intérieure et subjective qui est le pilier de l'appréhension sensible de la musique.
Nous ne pouvons pas nous y soustraire. La musique étant, ne

---

3 - Né en 1969, M. Pikulski est pianiste et professeur. Il enseigne au Centre Supérieur de Musique du Pays Basque à San Sebastian en Espagne. Il est également directeur artistique de plusieurs festivals de musique classique en France.

l'oublions pas, avant tout un art, un monde d'introspection, de sensibilité mais aussi d'intuition, un mode d'expression, un lieu de rencontre où nature et poésie se côtoient harmonieusement, un échange des émotions, un rêve partagé. Il est donc vain de tenter d'en donner une définition cartésienne.

Pourtant, depuis le long chemin qu'elle emprunte par les différents organes auditifs et tactiles jusqu'au cerveau du musicien qui traite l'information sonore, de façon à ce que les processus cognitifs, perceptifs mais aussi émotionnels et sensoriels œuvrent pour exprimer cette musique, les paramètres en considération relèvent du domaine scientifique.

C'est en ce sens que réside un grand paradoxe dans l'expérience musicale : Elle est un ensemble de faits neurobiologiques, scientifiquement qualifiables, mais elle demeure, malgré le nombre important de compétences techniques indispensables, au service de l'art, de l'ineffable et mystérieux monde intérieur de l'être humain, à la fois impalpable et abstrait, fait de sensations et d'impressions diffuses, de passion et de désir, de pulsions instinctives relevant plus directement du monde de l'inconnu (de l'inconscient ?) que du monde cognitif. L'expérience musicale conserve donc une dimension fortement subjective et personnelle. C'est pourquoi les travaux scientifiques menés en ce domaine demeurent si complexes à définir et si délicats à mettre en évidence pour le chercheur qui reste toujours très prudent quant à l'interprétation de ses résultats.

Galit Kleiner et Anthony Lang[4], dans leur article sur le fonctionnement cérébral et la création artistique, soulevaient la problématique de cette dualité existante dans la création, considérant d'un côté l'âme de l'artiste et de l'autre la production neuronale. Ils spécifiaient dans leur introduction :

« La question est de savoir si la capacité de création artistique reflète une combinaison unique de réseaux neuronaux complexes ou s'il existe une entité moins tangible qui est unique pour chaque artiste. » (2005, p. 18).

---

4 - G. Kleiner et A. Lang, intitulé : *Fonctionnement cérébral et création artistique : l'influence des maladies neurodégénératives.* Médecine des arts, n° 51, 2005, p. 18 à 23.

Je laisse au lecteur le soin de méditer sur cette question, sachant, toutefois, qu'il est sûrement pertinent de savoir aussi envisager l'être humain dans sa globalité.
Il est en effet judicieux de ne pas oublier qu'il forme un tout et que l'idée de séparer systématiquement les différentes facettes qui le composent peut être réductrice sans compter que nous risquons de perdre de vue le fait que nous fonctionnons en une totalité de processus et qu'à l'intérieur de soi, il est donc possible de concevoir aussi une forme de coexistence et de cohésion. L'essentiel étant finalement de comprendre comment ces fameuses facettes agissent harmonieusement.

En somme, savoir parfois réfléchir aussi à la relation pouvant exister entre le *substrat biologique* et les *notions philosophiques de l'esprit* me semble juste et bien fondé.
En revanche, nous savons aussi que dans toute démarche scientifique, il est indispensable d'isoler le phénomène observé avant d'en mener une étude rigoureuse et objective. L'étude achevée, le scientifique, en apportant ses conclusions, la replacera dans son contexte tout en ayant gagné en connaissance et en compréhension. C'est ainsi que la science opère et progresse : isoler pour mieux réunir.

Mais n'est-ce pas aussi de cette façon là que l'artiste opère dans son travail à l'instrument ?
Il s'isole et *s'intériorise* sachant que son objectif reste de s'ouvrir à lui-même, au monde et aux autres en s'exprimant musicalement.

Franz Liszt écrivait :

« Les arts sont le plus sûr moyen de se dérober au monde, ils sont aussi le plus sûr moyen de s'unir avec lui. » (*Correspondance choisie*, par C. Knepper et P- A. Huré, Editions, J-C Lattès, 1987)

Démarche scientifique ou démarche artistique, il semble *a fortiori* qu'un lien existe entre le musicien et le scientifique : La méthode de travail…

En introduisant leur idée, Galit Kleiner et Anthony Lang évoquent aussi un autre aspect important : Le fait qu'il peut exister *une entité moins tangible unique à chaque artiste.* Cette idée n'est pas sans nous signaler que quelle que soit la façon de l'exprimer dès que nous évoquons le cerveau humain comme moteur à l'action dans l'expression artistique, il nous vient parallèlement à l'esprit des notions philosophiques ou spirituelles, des notions particulièrement spécifiques et individuelles aussi ou que sais-je d'autres encore dénotant bien de toute manière que notre mental, de façon quasi-intuitive, ne peut isoler ces deux aspects à l'évocation de l'art et de la création. Nous ressentons cela mais nous ne le comprenons pas vraiment.

C'est aussi la raison pour laquelle cet ouvrage a vu le jour. Mon idée majeure étant justement d'apporter le plus simplement possible un éclairage neuf et cohérent dans la compréhension des divers aspects connus dans l'expérience musicale et dans le monde intérieur du musicien.

II - INTRODUCTION AUX DIFFERENTS COURANTS DE RECHERCHES

Avant de passer en revue les différentes recherches sur la perception musicale menées dans ces champs d'investigations, il est peut-être judicieux dans un premier temps de définir globalement ces différents domaines de recherches puisant, pouvons-nous ainsi dire, leurs origines dans la psychologie expérimentale.
Pourtant, l'objectif n'étant pas d'écrire l'histoire complète et détaillée de la psychologie, ce chapitre apportera au lecteur simplement quelques indications lui permettant de mieux situer les travaux menés dans les domaines intéressés.

Afin d'affiner la compréhension de la perception musicale, il sera également utile de rappeler certaines précisions d'ordre neuroanatomique concernant en premier lieu le cerveau mais également les organes sensoriels notamment l'ouïe.

1 - La psychologie expérimentale

D'un point de vue historique, ce qu'il est important de savoir est que si la psychologie cognitive et la neuropsychologie modernes sont des domaines de recherches très récents qui ont vu le jour à la fin des années quatre vingt avec les progrès scientifiques menés avec l'expansion de l'imagerie médicale, il existait déjà des recherches très actives et importantes dans ces domaines notamment en neuropsychologie dès la moitié du XIXème siècle.
Quant à la psychologie expérimentale, leur grande sœur, nous pouvons situer ses origines au XIXème siècle avec une multitude de recherches pluridisciplinaires ayant donné naissance à de nombreux

travaux et théories[5]. Considérons par exemple le *Behaviorisme* mais aussi les études sur l'apprentissage de Jean Piaget (études sur l'acquisition des connaissances reposant sur une méthode génétique), ou encore les travaux en psychologie linguistique de Noam Chomsky qui ont permis de faire évoluer les caractéristiques propres au langage, (Chomsky considérait les théories behavioristes insuffisantes).
D'autres recherches pourraient susciter aussi l'intérêt du lecteur comme par exemple, les travaux des néo-behavioristes et, à l'heure actuelle, il semble judicieux de consulter parallèlement les recherches effectuées sous l'angle éducatif, notamment sur la notion d'affectivité en éducation afin de saisir l'importance de cette dimension qui fait finalement globalement défaut dans les études en psychologie expérimentale.

Néanmoins, il reste évident que toutes recherches et théories en psychologie expérimentale ont ouvert la voie non seulement à l'importance de l'environnement, du social, de l'apprentissage, de la communication et du langage, mais aussi à l'intérêt que revêt l'étude des réflexes, des automatismes, des conditionnements dans l'évolution des comportements humains. Ils ont également permis de réviser, de réfléchir et de faire évoluer les techniques éducatives et pédagogiques. L'essor de ces recherches a donné lieu à un renouvellement de pensée dans tous les champs d'activités et d'études. Même si elles peuvent aujourd'hui sembler parfois désuètes ou incomplètes, leurs bénéfices demeurent considérables dans la compréhension du comportement humain et de son environnement. Parallèlement, nous prenons aussi conscience des progrès qu'il nous reste encore à mener dans un souci toujours plus grand de comprendre et d'affiner notre pensée dans ces différents domaines.

5 - Le fondateur du *Behaviorisme* peut être considéré comme étant B.F. Skinner, il a fortement influencé les travaux de Pavlov et de Watson. (Concept des conditionnements selon le principe stimulus-réponse). Hull et Tolman sont les premiers à remettre en question le principe S-R. A cela la psychologie expérimentale rétorqua que son domaine d'étude concernait les comportements et non le mental qui est l'objet des sciences humaines. Ainsi, l'introspection ne trouve pas sa place en psychologie expérimentale, pas plus qu'en psychologie

2 - Psychologie cognitive et neuropsychologie

Comme nous l'avons vu, la psychologie cognitive et la neuropsychologie sont des domaines de recherches relativement récents. Psychologie cognitive et neuropsychologie évoluent toutes deux au fur et à mesure de l'avancée des techniques de pointe, comme l'imagerie médicale en neuropsychologie.

Néanmoins une distinction entre ces deux secteurs de recherche existe :
La psychologie cognitive étudie le cerveau dans ses fonctions qui sont la mémoire, le langage, l'intelligence, le raisonnement, la résolution de problèmes, la perception et l'attention.
Elle utilise préférentiellement l'expérimentation et les mesures comportementales qui comprennent par exemple le temps de réaction face à une tâche donnée, le temps de réalisation de la tâche et la précision de la réponse. La modélisation informatique joue également un rôle important dans les différentes investigations des chercheurs. Les travaux sur la mémoire (à long terme, à court terme, mémoire sémantique, mémoire épisodique ou encore concept d'associations) trouvent une large place dans la recherche cognitive. Les travaux sur la décision ont également été mis à contribution ces dernières années (travaux de Daniel Kahneman[6]).
Toutes les recherches sur la perception englobent un très vaste champ d'études dans la mesure où les recherches peuvent traiter par exemple des compétences perceptives précoces des nouveau-nés ou de la perception multimodale de la parole, ou encore de la perception musicale chez l'adulte, chez l'enfant mais aussi chez le bébé et même chez le fœtus. Pour exemple, nous pouvons l'illustrer par certains travaux réalisés sur des fœtus :

---

cognitive qui, quant à elle, travaille sur des concepts de mesures comportementales. La psychologie expérimentale regroupe aussi les théories de l'apprentissage (dont les travaux de Jean Piaget).

6 - En 2002, D. Kahneman, psychologue cognitiviste, a reçu le Prix Nobel d'économie pour ses travaux sur *la décision*. Il est un des fondateurs de *la finance comportementale*.

Les études[7] de Birnholz et Benecerraf, 1983, Kisilevsky et al., 1991 ; Leader et Baillie, 1982, Crade et Lovett, 1988 ont montré grâce à des stimulations vibro-acoustiques utilisant de larges bandes de bruits que, chez certains fœtus dès 24 semaines, il y avait une réponse induite par un sursaut.
Cette réponse motrice, à 18 et 24 semaines existe chez tous les fœtus qui ont entendu ces stimulations sonores.
Deux à trois semaines plus tard, on observe, associée à cette réponse motrice, une réponse cardiaque (de type accélération cardiaque chez les sujets).

Dans son ouvrage sur la naissance et le développement du sens musical, John A. Sloboda[7] explique que selon les auteurs de ces expériences, le développement temporel des réponses cardiaques retardées par rapport aux réponses motrices proviendrait du développement des cellules ciliées externes ou encore d'autres processus de maturation survenant dans le système auditif.
Les travaux perceptifs réalisés sur les fœtus et sur les bébés seront développés au cours de ce chapitre et nous comprendrons aisément combien ils sont essentiels à la compréhension perceptive de l'être humain.
Ils apportent effectivement des informations de qualité aidant visiblement à comprendre les processus œuvrant dans l'expérience musicale.

Concernant la neuropsychologie, elle étudie principalement le cerveau et le substrat cérébral.
A l'aube de cette science (mi 19ème siècle), le cerveau était bien décrit mais son rôle était encore mal connu.

Jean-Louis Juan de Mendoza[8] explique dans son ouvrage, *Deux*

---

7 - Les études de Birnholz et Benecerraf, 1983, Kisilevsky et al. , 1991; Leader et Baillie, 1982, Crade et Lovett, 1988, Collectif, *Le cerveau musicien,* De Boeck, 2006. J. A. Sloboda, *Naissance et développement du sens musical,* p. 20 à 28, J. Sloboda et I. Deliège chez PUF.

8 - J.-L. Juan de Mendoza, professeur émérite de neuropsychologie, Université Sophia Antipolis, Nice. Citations issues de son ouvrage *Deux hémisphères, un cerveau,* 1996, Flammarion, Paris.

hémisphères, un cerveau, combien la neuropsychologie a contribué de façon très importante au développement des connaissances dans le domaine de la spécialisation hémisphérique, c'est-à-dire « *dans la mise en évidence de différences entre les hémisphères cérébraux droit et gauche tant en ce qui concerne les fonctions cognitives qu'ils assurent que dans leur mode de fonctionnement respectif.* » (1996, p. 44).

A l'heure actuelle, les fonctions distinctes des deux hémisphères décrites par l'auteur ne correspondent plus à une réalité, les recherches de la neuropsychologie ayant mis en évidence que ces fameux hémisphères cérébraux travaillent davantage en commun. Nous y reviendrons plus loin sachant que ce qui nous importe à présent est de saisir la spécificité (toujours d'actualité) de ces deux hémisphères. L'explication judicieuse par son illustration que nous en fait J.L. Juan de Mendoza nous permettra de bien isoler la différence fondamentale entre « *ces deux cerveaux* ».

Je vais donc restituer ses propres observations car elles sont, on ne peut mieux éloquentes :

L'auteur nous donne pour davantage de clarté l'idée suivante :

Notre cerveau est constitué d'un cerveau droit, nommé par lui, *cerveau analogique* et d'un cerveau gauche nommé *cerveau digital.*

Pourquoi ?

Les sciences actuelles ne le remettant pas en question à ce jour nous pouvons donc confirmer le point de vue de ce chercheur confirmant que le cerveau gauche, digital, est l'hémisphère de la réflexion, du raisonnement et de la logique alors que le cerveau droit, analogique est l'hémisphère de l'intuition, de l'imagination, de la fantaisie et du rêve.

Pour illustrer la différence essentielle entre le mode analogique et le mode digital, l'auteur reprend l'explication d'un autre chercheur Paul Watzlawick[9] et développée dans son ouvrage : *Le langage du changement* (1980).

9 - P. Watzlawick (1921-2007). Théoricien de la communication et du constructivisme radical. Ses travaux ont porté sur la thérapie familiale et la psychothérapie générale.

Afin de faciliter l'explication, je vais, moi-même, utiliser les deux mêmes textes nommés par Juan de Mendoza dans son ouvrage (p. 102, 1996) :
Le texte A est un extrait de l'arrêté du 9 Février 1993 du ministre de l'Education Nationale et de la Culture. Le texte B est une strophe du poème *Le bateau ivre* d'Arthur Rimbaud.

Texte A

« Sont admis de plein droit à s'inscrire en vue de :
- La licence de sciences de l'éducation, les titulaires de tout DEUG ou d'un diplôme d'Etat préparé en trois ans et permettant l'exercice d'une profession de santé ou d'une profession paramédicale figurant sur une liste arrêtée par le ministre chargé de l'Enseignement supérieur et par le ministre chargé de la Santé ;
- La maîtrise de sciences de l'éducation, les titulaires de la licence de sciences de l'éducation. »

Texte B

« Glaciers, soleils d'argents, flots nacreux, cieux de braises !
Echouages hideux au fond des golfs bruns
Où les serpents géants dévorés des punaises
Choient, des arbres tordus, avec de noirs parfums ! »

Le seul lien existant entre ces deux illustrations est qu'elles sont écrites en français et qu'elles suivent donc les mêmes règles lexicales et syntaxiques.

Le texte A correspond au langage digital : il peut être décomposé en éléments (phrases, mots) porteurs d'informations. De plus, il serait facile de changer un mot ou l'ordre des mots sans modifier véritablement le sens du texte.
Enfin, il est aisé de répondre à la question : « Quel est le sujet traité par ce texte ? »
Ce langage est bien le langage digital, utilisé pour la description, l'explication, le raisonnement. C'est par exemple, le langage de

l'administration ou celui de la communication scientifique.

Le texte B est un modèle de langage analogique : il n'est pas destiné à décrire ou à expliquer mais il vise à susciter des émotions chez le lecteur, à faire naître des images et des impressions. Les mots et les phrases sont autant sélectionnés pour leur sonorité et leur rythme que pour leur contenu sémantique et sont, de plus, souvent utilisés pour leur sens métaphorique.

Ce texte forme un tout. On ne pourrait modifier l'ordre des mots, des phrases et encore moins supprimer un mot ou le remplacer sans modifier profondément et le sens du texte et l'impact suscité chez le lecteur. Enfin, il est très difficile pour le lecteur de dire quel est exactement le sujet abordé par le poète ou de décrire et *a fortiori* d'expliquer l'impression éprouvée à sa lecture.
Dans son ouvrage, Juan de Mendoza explique que s'il essaie, le lecteur se rendra très vite compte qu'il est impossible d'exprimer dans un langage digital ce qui relève de l'analogique et c'est pourtant, selon l'auteur :

« *Cette mission impossible que s'évertue à accomplir l'enseignant qui se livre à l'explication d'un texte poétique, ou le critique d'art expliquant une œuvre picturale ou musicale, modes d'expression qui relèvent aussi du mode analogique, il en est de même pour le sujet tentant de raconter un de ses rêves. En sens inverse, on voit mal comment représenter musicalement ou sous la forme d'un poème une circulaire administrative ou le mode d'emploi d'un robot ménager* ».
(1996, p. 104)

En définitive, nous pouvons dire que selon l'aspect du monde qu'il convient de décrire, le langage digital ou le langage analogique est plus adéquat que l'autre, voire le seul pertinent, dans la mesure où la conversion d'une forme dans l'autre est pratiquement impossible.
Cette illustration et le propos de son auteur nous amènent tout naturellement à plusieurs constatations :

Le cerveau possède deux hémisphères dont les spécificités sont très différentes. Or, nous savons aujourd'hui que ces deux hémisphères fonctionnent la plupart du temps ensemble pour traiter l'information et de façon pas aussi tranchée que les scientifiques le pensaient il y a encore seulement dix ans !

Il en est le cas, par exemple, pour le langage. Schématiquement, quand un individu parle, son cerveau gauche traite la syntaxe, l'aspect grammatical… tous les codes propres à sa langue. Quant au droit, il va traiter le débit, le rythme, la modulation de la voix car cela relève davantage de fonctions inhérentes à l'hémisphère droit. Pourtant le traitement de la parole et du langage est davantage lié à l'hémisphère gauche et longtemps il a été attribué exclusivement au gauche comme c'est le cas également pour le traitement logique des mathématiques par exemple.
Actuellement nous pouvons donc dire que le langage utilise les deux hémisphères avec toutefois une prédominance du gauche. Il en va de même pour le traitement de l'information musicale. Le musicien doit en permanence traiter une information qui relève du digital autant que de l'analogique car la musique relève autant d'un mode que de l'autre, ce qui, comme nous le verrons, ne simplifie pas sa tâche, et ce, même si les deux hémisphères travaillent ensemble, le traitement de l'information musicale ne se gère pas tout à fait comme le langage, contrairement aux rapprochements naturels et légitimes qu'on peut en faire.
Nous soulignerons en effet que l'idée que « la musique est langage » n'est pas aussi vraie au regard de la neuropsychologie puisque le traitement de l'information musicale est davantage lié au droit qu'au gauche.

Une autre constatation intéressante est celle concernant la difficulté à exprimer ce qu'on ressent lors de la lecture d'un poème (comme dans l'exemple), mais aussi lors de la vue d'une œuvre d'art (abstraite surtout, car les codes de références figuratives font bien sûr défaut) et lors, bien entendu, de l'écoute musicale.
C'est pourquoi il est intéressant peut-être de réfléchir à l'idée que la musique et les arts existent car ils permettent justement de remplir une fonction manquante à l'expression langagière chez l'être humain. Cette idée n'est pas sans mettre en évidence que de façon sous-jacente, les arts seraient donc liés au manque, à l'absence et au désir vital de l'être humain de le combler…

Sous l'angle de la spécialisation hémisphérique et de l'illustration du digital et de l'analogique, la célèbre phrase de Beethoven sur la musique prend certainement tout son sens :

« Le langage de la musique commence là où celui des mots s'arrête. »

3 - Neuropsychologie ou l'étude du cerveau

La neuropsychologie est, comme nous l'avons compris, une science qui s'applique à comprendre comment fonctionne le cerveau et s'intéresse à la caractérisation des troubles par exemple auditifs relevant de pathologies ou d'accidents qui ont pu endommager certaines capacités cérébrales.
C'est la raison pour laquelle la perception musicale est très vite devenue un champ d'application passionnant pour les chercheurs.
Concernant la perception musicale, l'étude neuropsychologique présente justement deux facettes complémentaires :
D'un côté, l'étude de la musique pour elle-même, y compris ses particularités neuroanatomiques.
De l'autre côté, le développement d'un secteur de recherche clinique et appliquée, comme les études sur les patients porteurs de lésions cérébrales et pouvant présenter des troubles auditifs. Afin de pouvoir les prendre en charge et les aider, il est nécessaire d'objectiver leur trouble à l'aide d'outils d'évaluation adaptés.
Ce qui nous intéresse ici est de mettre en évidence un petit descriptif du cerveau nécessaire à une meilleure compréhension de la perception auditive.

Le cerveau humain adulte pèse environ mille trois cents grammes soit environ un quarantième du poids total du corps. Il est constitué

de deux masses distinctes et sensiblement symétriques, les hémisphères cérébraux qui paraissent à première vue indépendants. En fait, ils communiquent anatomiquement entre eux grâce à des liaisons inter hémisphériques, dont la plus importante est constituée par un ensemble d'environ deux cents millions de fibres nerveuses à conduction rapide, le corps calleux. C'est par cet intermédiaire que l'hémisphère droit et l'hémisphère gauche peuvent échanger des messages nerveux.
Le cerveau humain présente également à sa surface de nombreux sillons dessinant un réseau complexe de circonvolutions cérébrales, parmi lesquels, deux sillons plus marqués que les autres, la scissure de Rolando et la scissure de Sylvius, constituent des repères anatomiques permettant de distinguer sur chaque hémisphère quatre lobes : frontal, temporal, pariétal et occipital. C'est le lobe frontal particulièrement développé dans notre espèce qui donne au cerveau humain sa morphologie caractéristique qui le distingue des autres primates.

La coupe transversale du cerveau fait apparaître que, à l'exception de quelques noyaux gris bien visibles, sa masse est constituée de substance blanche ; sa surface, en revanche, est recouverte d'une couche de substance grise, l'écorce cérébrale ou cortex. Son examen au microscope montre que le cortex est formé de six couches superposées de cellules nerveuses, ou neurones, très nombreuses (vraisemblablement plus de trente milliards pour l'ensemble du cortex) est très richement connectées entre elles.

Dans son ouvrage, *Deux hémisphères, un cerveau*, Juan de Mendoza décrit ainsi le fonctionnement cérébral :

« Imaginons, si c'est possible, une sorte de super-ordinateur constitué de plusieurs dizaines de milliards de microprocesseurs, chacun établissant des connexions avec plusieurs milliers de ses voisins, échangeant continuellement des informations sous forme de messages chimiques libérés par des impulsions électriques (...) Dans le cadre classique de la comparaison entre cerveau et ordinateur on peut considérer les organes des sens comme les périphériques d'entrée des informations (capteurs), les muscles et les glandes comme les organes de sortie (effecteurs) et le cortex cérébral comme

l'unité centrale : et c'est bien dans « la matière grise » corticale que sont réalisées la plupart des opérations de traitement des informations. » (p. 7, 1996)

Cette brillante illustration de l'activité cérébrale permet un accès aisé aux processus infiniment complexes de notre cerveau.
Pour une meilleure compréhension du traitement de l'information sonore, je peux ajouter pour ma part quelques précisions anatomiques sur les organes des sens (ces fameux capteurs qui envoient l'information jusqu'au cerveau), et qui constituent bien évidemment les organes de l'ouïe, à savoir les oreilles :

Nous avons deux oreilles et comme le remarquent si justement A. Schuhl et J-L. Schwartz[10] dans leur ouvrage sur la musique, *« c'est bien utile pour savoir d'où vient le son. »* (2005, p. 39)

En effet, si un instrument joue depuis notre gauche, le son arrive plus fort et plus vite sur l'oreille gauche. Les différences d'intensité et de temps sont ainsi utilisées avec profit par le cerveau pour localiser les sources.
Ces deux chercheurs et professeurs précisent dans leur ouvrage que c'est en les exploitant que les ingénieurs du son travaillent sur la spatialisation des instruments. Ils donnent l'exemple du violon et expliquent que si nous voulons avoir l'impression qu'il se trouve sur la droite, il suffit que le haut-parleur de droite émette le son du violon quelques microsecondes avant celui de gauche. En écoutant nous aurons alors l'impression que l'oreille droite reçoit la mélodie du violon légèrement en avance. De plus, avec les moyens de mixages actuels et plusieurs haut-parleurs, il est alors simple de fabriquer des sons tournants permettant à l'auditeur cette impression que le violoniste tourne autour de lui.
Le son dans le temps mais aussi dans l'espace revêt donc toute son importance dans la perception que nous pouvons en avoir.

Quelques mots à présent sur l'anatomie de l'oreille :

10 - A. Schuhl, J-L. Schwartz. Editions, *Le Pommier*, 2005.

Le pavillon est la partie visible de l'oreille, celle que l'on nomme *oreille externe*. Il sert d'abord à protéger les capteurs des agressions extérieures. Il permet aussi de mieux localiser les sons.

Les ondes acoustiques parviennent ensuite jusqu'à une membrane fragile, le tympan. Les ondes en arrivant font vibrer le tympan. A ce moment là, se met en place comme un petit engrenage mécanique par l'intermédiaire de l'oreille moyenne. Celle-ci est constituée de trois parties reliant le tympan à une autre membrane, la fenêtre ovale. Cette seconde membrane reçoit l'énergie transmise par l'engrenage et vibre à son tour mais elle vibre, non plus dans de l'air comme le tympan mais dans du liquide, celui de l'oreille interne.

L'oreille interne est composée de ce qu'on nomme la cochlée, structure en escargot remplie de liquide où baigne une membrane enroulée. Cette membrane a une forme très particulière. Si on la déplie, on observe qu'elle est étroite au début et de plus en plus large au fur et à mesure qu'on avance vers le bout.

Pour illustrer cette explication, je vais de nouveau laisser la parole à A. Schuhl et J-L. Schwartz :

« ...Le début de la membrane (plus léger et vif) répond mieux à ce qui varie rapidement et la fin (plus lourde) aux mouvements lents. Autrement dit, les aigus font bien vibrer le début de la membrane et les graves stimulent plutôt la fin. » (2005, p. 41).

Cette membrane est tapissée de capteurs, les cellules ciliées, auxquelles sont connectés des filaments chargés de faire circuler l'information nerveuse, les neurones.
Quand on entend un son aigu, le son traverse l'oreille externe et l'oreille moyenne puis entre dans l'oreille interne. Là, il stimule fortement le début de la membrane basilaire et donc active les neurones attachés sur cette partie. L'écoute d'un son grave excite les neurones connectés à l'autre bout de la membrane.

Ainsi, ces neurones, forment, comme le disent les auteurs, *« les cordes d'un minuscule piano, qui serait inversé (les aigus d'abord, les graves ensuite). »* (2005, p. 43).

Lorsqu'on entend des notes qui se suivent, cela active la même succession de ces minuscules cordes sensibles logées dans le *« piano intérieur »*, qui, à leur tour, transmettent l'information au cerveau pour lui permettre de suivre la mélodie.
C'est à ce moment précis que le cerveau va traiter l'information sonore par les échanges entre les hémisphères mais peut également être sollicité par d'autres capteurs sensoriels comme la vibration que le sonore crée au niveau physique (capteurs sensoriels de la peau par exemple). Si le son provient d'un instrument sur lequel un musicien est en train de jouer, les capteurs visuels seront également sollicités sans parler da toute la mécanique gestuelle mais nous y reviendrons par la suite.

Nous allons pour l'instant clore sur le sujet après toutefois avoir apporté encore quelques indications sur cet organe prépondérant dans le traitement de l'information sonore qu'est l'oreille :

Une fois dépliée, la membrane basilaire mesure environ 35 mm et couvre une gamme de fréquence de 20 Hz à 20 000 Hz.
Comme le remarquent justement A. Schuhl et J-L. Schwartz, les notes du « *vrai piano* » se trouvent dans celles du « *piano intérieur* ». Ils précisent :

« *La fréquence de 20 Hz est pratiquement une quinte plus bas que la plus basse note du piano, et 20 000 Hz, c'est plus de deux octaves plus haut que la note la plus haute (...)* » (2005, p.45)

Il est à noter enfin que dans ce domaine, les animaux se ressemblent car tous ont une cochlée adaptée à leur morphologie et à leur besoin. L'éléphant, par exemple, animal pour qui les basses fréquences sont importantes, n'entend que jusqu'à 2000 Hz malgré une cochlée longue d'environ 60 mm !

4 - Choix socioculturel et choix de protocole

Dans toute étude relative à la musique les questions concernant l'aspect socioculturel est bien sûr inhérent à une compréhension objective de la situation.
Les recherches menées en psychologie cognitive et en neuropsychologie sont surtout liées à notre monde occidental d'une part et elles font évidemment référence à notre histoire et à ses différents facteurs.
Il est donc important de penser que lorsque nous parlons recherches en matière de psychologie cognitive, nous nous référons la plupart du temps à une partie bien précise du monde et que dès lors, des facteurs d'ordre culturel et social entrent en considération et doivent demeurer présents dans notre réflexion.
Il en va de même au sujet des caractéristiques individuelles. Le musicien, dans son appréhension à la musique, reste un musicien qui fait de la musique aujourd'hui et qui demeure soumis au poids conscient ou non des facteurs esthétiques, culturels et sociaux du milieu dans lequel il baigne depuis l'enfance. Cela est inévitable.
Concernant le choix de protocole cette fois, certains éléments doivent être mis en évidence :
Les recherches expérimentales menées auprès des populations de musiciens concernent bien souvent un échantillon d'étudiants en musique (par exemple, et d'ailleurs très souvent, des étudiants en section de musicologie).
Elles peuvent également s'appliquer à des musiciens d'orchestre.
D'un point de vue objectif, nous pouvons dès lors émettre quelques interrogations au sujet de la précision des « sujets musiciens » :

En premier lieu, il semble que la population de musiciens étudiée est bien souvent imprécise, du moins les informations qui nous sont restituées sont un peu vagues :
La plupart du temps, l'exposé de ces recherches ne nous précise pas le niveau d'études musicales, l'instrument, la spécialisation, l'âge, le sexe.
De plus, pour des questions de commodité, ces études réduisent les possibilités auprès de cette branche professionnelle, puisque, comme nous l'avons dit, elles ne sont pas toujours représentatives de la

totalité des différents corps de métiers présents dans le milieu musical ; les recherches se réduisent aux musiciens d'orchestre parfois et souvent aux étudiants en musique (définition également relativement diffuse) et parfois encore aux élèves en apprentissage musical.
Les professeurs, les solistes, les compositeurs, les chefs d'orchestres, les chefs de chœur …ne sont pas véritablement pris en considération dans ces études et sont même la plupart du temps ignorés des différents champs de recherches.
Il est pourtant juste de souligner que certaines recherches récentes semblent corriger cette tendance en affinant de plus en plus les protocoles à ce sujet et élargissent ainsi leur champ d'investigations. C'est le cas, par exemple, avec les études menées par I. Peretz et P. Lidji (*Revue de Neuropsychologie*, 2006, Vol. 16, n°4, 361- 413).

Il est à déplorer toutefois qu'à l'exception de quelques-unes, la plupart des recherches restent imprécises concernant par exemple la différence entre amateur, professionnel, étudiant, élève, n'étant souvent même pas précisée lors du compte rendu de la recherche :

Schématiquement, on parle « *d'une population musicienne et d'une population non musicienne* ». Ce sont généralement les seuls renseignements stipulés dans la plupart des cadres d'études en perception musicale.
Si nous comprenons à quoi peut faire référence une population non musicienne, à savoir une population n'ayant jamais étudiée la musique, il est toutefois moins aisé de comprendre à quoi fait référence la population musicienne (musiciens amateurs ? professionnels ? solistes ? orchestres ? étudiants en musicologie ? élèves en apprentissage instrumental ? quel instrument ? quel âge ?….une multitude de questions émergent inévitablement !)

Il est certain que ces considérations, si elles ne remettent pas en question le bienfondé et la pertinence de ces recherches, elles offrent avec regret une vision assez étroite de l'univers musical et il me semble qu'il est tout de même important de le préciser au lecteur.

5 - Repères musicaux

De la même façon que nous sommes dépendants des considérations historiques et sociales, les repères musicaux respectent aussi certaines conditions.
Les recherches en psychologie cognitive concernent la musique occidentale tonale.
Elles ne tiennent pas véritablement compte ni de la musique modale, ni de la musique atonale contemporaine.
P. Messerli et N. Sordet dans le chapitre consacré aux systèmes musicaux et leurs fluctuations[11] soulignent avec pertinence que même si les chercheurs le précisent, cela peut nous paraître presque superflu tant nous sommes habitués à considérer notre musique comme étant universelle. Toutefois la musique dite classique que nous jouons et écoutons est un phénomène isolé aussi bien historiquement que culturellement.
Pourtant les recherches en musique dans le cadre de la psychologie relèvent principalement du domaine de la musique classique.
Les musiques traditionnelles sont omises volontairement car elles n'obéissent pas aux références esthétiques propres à la musique dite classique. Comme le remarque très justement L. Aubert (1991)[12], il n'y a pas dans la musique traditionnelle de jugement esthétique. Pour déterminer si une musique plaît ou ne plaît pas, il faut adopter un certain recul incompatible avec la participation que suppose une musique ethnique, expression communautaire d'un groupe social uni par sa culture.
Il en va de même concernant la musique contemporaine qui n'est guère explorée…
A son sujet, nous pouvons nous demander :

S'agit-il également d'un besoin de recul nécessaire ?
D'un manque de compréhension ?
D'une perte de repère dans nos propres « habitudes » (ou certitudes)

11 - P. Messerli, neuropsychologue, Genève. N. Sordet, professeur, Conservatoire Populaire de Musique de Genève. *Les systèmes musicaux et leurs fluctuations : aspects culturels,* De Boeck, 2006.
12 - L. Aubert, *Mondes en musiques*, 1991, Genève, musée d'ethnographie.

musicales ?
D'un manque d'outils adéquats pour travailler dans la recherche sur ce support musical ?
Il est difficile de répondre de façon catégorique à ces questions. Néanmoins une évidence s'impose :
La neuropsychologie peut-elle vraiment ignorer une musique où l'individu est tellement impliqué ?

P. Messerli et N. Sardet[13] nous répondent que non :
« *...Certainement pas si son approche des phénomènes se veut aussi psychologique.* » (2006, p. 30)

Ils justifient leur prise de position en expliquant que dans un système qui est plus tonal que modal, la neuropsychologie est pour l'instant réduite à chercher des hypothèses de travail et les moyens de les vérifier. Pour la musique contemporaine, la tâche sera plus complexe du fait des variables utilisées demandant la prise en considération d'une nouvelle hiérarchie timbre/durée. L'opposition réductrice entre les deux hémisphères, droit et gauche, qui n'est plus véritablement utilisable aujourd'hui, le sera encore moins dans la recherche sur la musique contemporaine.

La difficulté qui réside dans ce cadre de recherche relève donc principalement du manque d'outils adéquats mais je pense aussi que le poids du jugement esthétique et culturel propre au milieu social induit visiblement une incommodité à s'y soustraire y compris dans un domaine de recherche se voulant objectif.
Les archétypes sont en effet tenaces et peuvent diminuer nos capacités à raisonner sous une forme de neutralité nécessaire.
Les chercheurs en ont conscience et n'hésitent donc pas à exprimer cette difficulté en témoignant que la grande majorité « *des travaux consacrés au traitement de la musique par des structures cognitives du système nerveux central reposent sur la détermination par le sujet du caractère conclusif d'un accord ou par sa nature consonante ou dissonante. Ceci implique que la tâche s'inscrive obligatoirement*

13 - P. Messerli et N. Sordet, *Le cerveau Musicien,* De Boeck, *Les systèmes musicaux et leurs fluctuations : aspects culturels,* 2006.

dans le système tonal dans lequel nous baignons depuis l'enfance. Il est d'ailleurs bien possible que ce soit le caractère archétype de ce système qui nous empêche de trouver des différences dans les performances des musiciens et des non musiciens (hormis des différences de stratégie). » (2006 p. 29).

S'il est judicieux de mentionner la difficulté éprouvée par les chercheurs travaillant sur le traitement de l'information musicale, il est néanmoins important de rappeler aussi que dans le cadre de cet ouvrage, nous nous intéressons seulement aux musiciens.
La problématique concernant les différences entre les musiciens et les non-musiciens au regard de la perception musicale ou les questions relatives à l'utilisation du matériel musical ne seront donc pas développées davantage.

Nous retiendrons simplement l'idée que le son pour être porteur de sens doit non seulement être traité par le cerveau grâce à l'intermédiaire des organes sensoriels mais doit également toucher l'affect et le monde émotionnel et sensible qui s'y attache.
Il est donc nécessaire de concevoir que le traitement de l'information sonore chez le musicien qui joue (et/ou qui affine sa perception musicale) cherche à donner un sens aux sons qu'il fait naître du silence. Ce sens résonne et met inévitablement en écho une problématique propre à chacun. La perception musicale telle que nous allons la développer à présent sous l'angle de la psychologie cognitive, même si elle y fait parfois référence, ne peut prendre en compte les caractéristiques personnelles, fondamentales pourtant.

Comme nous l'avons compris pour des raisons protocolaires de recherches se situant au niveau de la musique et concernant davantage le traitement de l'information que l'être humain, les caractéristiques individuelles sont donc volontairement et nécessairement omises. Il est en revanche intéressant d'essayer de voir en quoi ces recherches peuvent être mises en rapport avec des caractéristiques plus personnelles au regard de la résonance au sonore. C'est la raison pour laquelle si dans un premier temps nous exposerons ces recherches, nous tenterons dans un second temps de les lier davantage à des données plus individuelles.

III - LES TRAVAUX SUR LA MUSIQUE EN NEUROPSYCHOLOGIE ET EN PSYCHOLOGIE COGNITIVE

Les domaines de la neuropsychologie et de la psychologie cognitive en matière de recherches sonores utilisent un support musical occidental tonal et leur définition de la musique peut être résumée ainsi :

La musique, instrument de communication non linguistique, est considérée sous trois aspects : la perception, la représentation mentale et l'expression.

Nous allons dans ce chapitre prendre en considération ces trois aspects sachant toutefois que les recherches dans les domaines concernés évoquent principalement la perception.

1 - La perception

A la lumière des études menées en perception sonore, il est judicieux de préciser que celles-ci, dans un souci de clarté, en distinguent trois aspects différents :

La parole, la musique et le bruit.

- La parole :

C'est la manifestation sonore du langage. La parole est un objet linguistique. Son but est communicatif servant à échanger des concepts et du sens. La pensée utilise cet outil de communication, système sémiotique, composé de signifiants et de signifiés et possédant une double articulation.

- La musique :

Il s'agit également d'un système sémiotique dont l'art est de combiner des sons entre eux. Ce système est donc un ensemble de signifiants combinés et dont l'objectif est de constituer un signifié. Contrairement à la parole, ce signifié n'est pas de nature conceptuelle ou linguistique mais de nature esthétique. C'est en quelque sorte l'expression de la pensée musicale.

Comme l'explique Christophe D'Alessandro[14], ce système sémiotique ne possède qu'une seule articulation :

« *Dans le cadre de la musique classique, il s'agit de l'articulation du texte musical en notes, un mot qui fait référence explicite à l'écriture, à la notation* ». (2006, p.34).

D'une façon générale, la musique est un discours que l'on peut décomposer en unités minimales, même s'il ne s'agit pas toujours de notes au sens d'une représentation exacte des valeurs mélodiques, rythmiques ou de l'intensité. L'auteur explique également que certains, comme Levi-Stauss en 1963, ont tenté de trouver une double articulation dans la musique en cherchant des mots musicaux mais il reste préférable de ne conserver dans la musique qu'une seule articulation, à savoir un système sémiotique composé de phrases à partir de notes.
Effectivement, l'idée de trouver à la musique classique une double articulation propre à celle de la parole semble inappropriée d'autant que la parole, en dehors du fait qu'elle est moyen d'expression et de communication tout comme la musique, demeure néanmoins éloignée des autres paramètres inhérents à celle-ci. Mieux vaut donc éviter de comparer systématiquement la musique à la parole car cette démarche ne facilite pas toujours l'accès à une meilleure compréhension du concept musical.

---

14 - C. D'Alessandro, *Le cerveau musicien,* De Boeck, 2006.

- Le bruit :

En dehors des bruits ayant un sens, comme les bruits d'avertissements ou les signaux, nous pouvons dire que tout ce qui n'est pas musique ou parole est bruit, de telle manière que le bruit ne possède pas de système sémiotique. Les bruits n'ont pas de buts communicatifs ou expressifs. Ils peuvent être les bruits de l'environnement, naturels ou humains.

C'est ainsi, que sous l'angle de la psychologie cognitive, le bruit peut se différencier de la musique ou de la parole.
Toutefois, il est intéressant de mettre en évidence qu'un bruit, néanmoins, cessera d'en être un dès qu'on lui portera une écoute attentive, il pourra devenir, à ce moment là, porteur de sens.
Un bruit de l'environnement, du quotidien peut revêtir un aspect sémiotique dès qu'on lui prête de l'attention. De la même façon, il me semble qu'une musique peut devenir simple bruit, à partir de l'instant où on cesse de lui accorder de l'attention. Elle perd donc son aspect sémiotique. Il en va de même pour la parole. Nous pouvons prendre l'exemple facile de la langue étrangère : si on ne la comprend pas, on ne lui concèdera pas la même portée sémiotique que nous donnons tout naturellement à notre langue natale. Ainsi, même si nous savons qu'elle est langage nous l'assimilerons davantage à un simple bruit de l'environnement qu'à un outil de communication. Dès l'instant où notre attention n'est pas présente, la parole peut perdre son sens. Dans les transports en commun, par exemple, les nombreuses conversations qui s'imposent à nous peuvent aussi donner l'impression d'un bruit diffus à partir de l'instant où nous cessons d'écouter.

Les concepts sémiotiques liés à la musique, au bruit ou à la parole demeurent donc très suggestifs dans la mesure où ils restent porteurs de sens qu'à condition que l'être humain leur prête une écoute attentive, une attention particulière ou une compréhension nécessaire.

1a - La perception de la musique.

Deux réflexions générales sont au cœur des préoccupations concernant la perception musicale :

1 - Comment perçoit-on globalement le sonore ?

2 - De quelle façon le musicien perçoit-il la musique ?

Très souvent la musique est comparée au langage à la différence près qu'elle est un instrument de communication non linguistique.

Les chercheurs en linguistique ont également démontré que la musique instrumentale utilise un timbre homogène alors que la parole n'est qu'un changement continu du timbre.
De la même façon, d'un point de vue rythmique, la musique utilise une métrique riche et contrôlée alors que la parole est pauvre et irrégulière. Quant au niveau de la hauteur mélodique, la musique utilise un système de notes stables alors que le système mélodique de la parole est approximatif et la hauteur mélodique peu stable.
La musique, tout en étant relativement proche des mécanismes du langage reste différente en ce sens qu'elle est un peu comme un outil de communication parallèle qui ne se veut pas linguistique et possède ses propres codes et particularités.
La musique et nos qualités humaines à la percevoir sont liées avant tout à une volonté évidente de communication qui diffère de la communication verbale. Elle correspond pour l'homme à un besoin puisque l'histoire nous montre qu'elle fait partie de sa vie depuis la préhistoire (avant même l'accès au langage).
Cela étant, la parole acquise, l'homme n'a pourtant jamais cessé d'avoir recours à ce mode d'expression. Ce constat est tellement ancré dans l'histoire de l'humain que les chercheurs[15] se sont tout naturellement demandés s'il n'existait pas des réseaux neuronaux particuliers pour le traitement de la musique, si la musique enfin ne

15 - *Le cerveau musicien,* De Boeck, p. 91 à 115, N. Gosselin, I. Peretz, J. Clément et S. Dalla Bella le précisent dans l'introduction en insistant sur l'importance fondamentale de ce constat concernant la musique qui possèderait un

constituait pas à elle seule une forme autonome et spécifique de la cognition. Les recherches ultérieures nous le diront peut-être. Pour l'heure, nous savons que le son est transmis à notre cerveau par nos organes sensoriels et principalement les oreilles.
Les recherches sur la perception musicale se situent donc principalement au niveau de l'écoute. Néanmoins, la perception sonore touche également d'autres organes comme les yeux mais également les mains, les doigts, la bouche… (En fait, toutes les parties du corps qui peuvent agir lors du contact instrumental).

Le traitement de la perception sonore et musicale est une recherche passionnante en ce sens qu'elle permet d'avoir accès aux fonctionnements sensoriels et cognitifs de hauts niveaux dans l'appréhension musicale. C'est ce que nous allons voir à présent :
Nous commencerons donc par les oreilles avec les recherches sur l'écoute.

1 b - L'écoute en neuropsychologie.

« La musique est omniprésente au cours de notre vie. Aussi loin que nos souvenirs le permettent de l'enfance jusqu'à l'âge mûr, chaque période de notre vie est accompagnée de différents airs musicaux. La présence de la musique s'étend même avant la naissance puisque le bébé dans le ventre de sa mère est déjà en contact avec divers sons dont les sons musicaux.
De plus, cette omniprésence de la musique n'est pas récente dans l'évolution humaine. La musique a du apparaître il y a environ 40 000 à 80 000 années, comme ceci est suggéré par la découverte d'une flûte taillée dans un os par l'Homme de Neandertal ». (Türk, Dirjec et Kavur, 1996, 2006, p. 91) [16]

Effectivement, l'écoute possède un fondement d'ordre génétique

---

fondement ontogénétique et phylogénétique.
16 - *Le Cerveau Musicien,* De Boeck : p 91, N. Gosselin, I. Peretz, J. Clément et S. Dalla Bella : *Comment le cerveau reconnaît-il la musique ?*

(phylogénétique et ontogénétique) car nous l'avons bien compris l'humain et le sonore sont d'une certaine manière complémentaires, en ce sens que le son a besoin de l'écoute humaine pour exister et l'homme a besoin depuis très longtemps de ce contact au monde sonore.

Besoin pouvons-nous dire quasi-vital comme une nécessité de s'envelopper de sons (musicaux ou pas) et dont la fonction latente serait liée à une volonté de développer son propre potentiel créatif puisque le sonore permet d'accéder à une symbolisation nécessaire, mais permet aussi de laisser s'exprimer des sensations, des émotions, permet de favoriser l'imaginaire, de développer sa propre idée du Beau, dimension esthétique inhérente à l'homme depuis des temps très lointains.

L'écoute est une fonction humaine liée non seulement à la communication, à la nécessité de contact mais également au développement psychologique de l'humain.

Au regard de la neuropsychologie, elle se développe et s'affine au fil des années avec les différents apprentissages et les stimulations extérieures qui demeurent fondamentales.

Nous devons distinguer l'écoute passive et l'écoute active (c'est-à-dire attentive).

Concernant la perception musicale, l'écoute active est sûrement plus efficace dans l'élaboration de stratégies cognitives mais il n'en reste pas moins vrai que l'écoute - considérée comme passive - n'est pas pour autant dépourvue d'intérêt :

Comme nous le savons, notre cerveau est toujours à l'action même lorsque nous ne sommes pas vraiment conscients d'écouter, nous entendons et le cerveau enregistre et mémorise.

Les scientifiques savent aujourd'hui que le cerveau élabore une stratégie basée sur la familiarité, l'apprentissage implicite et la mémoire.

A titre d'exemple, nous pouvons tout simplement illustrer ce principe cérébral par les différents sons enregistrés par notre cerveau durant la nuit. Il a pour habitude de traiter de façon répétitive le même type de bruits ou bien aussi le silence complet.
Dès que cette habitude est rompue, dans le cas où nous dormons dans un endroit inhabituel par exemple, nous allons avoir l'impression d'être plus sensibles aux bruits (ou au silence) autour de nous. Le cerveau est simplement en train d'actualiser les nouvelles informations sonores et nous avons l'impression que notre attention est davantage centrée sur les bruits extérieurs car ils ne correspondent plus à ce que le cerveau de façon *biorythmique* et mnésique a l'habitude de vivre au moment du coucher.
Le cerveau, en enregistrant et stockant ces nouvelles données sonores, peut même parfois nous empêcher de nous endormir la première nuit aussi facilement qu'à l'ordinaire. Une fois qu'il aura stocké ces informations, il les actualisera naturellement au moment de l'endormissement et cela nous permettra de nouveau de passer des nuits paisibles.

L'écoute, qu'elle soit passive ou attentive est toujours l'occasion pour le cerveau d'étendre des stratégies de stockage de l'information sonore et les qualités perceptives liées au son et à la musique sont déjà fonctionnelles dès la naissance.

1 c - La perception auditive chez le bébé et ses implications musicales

L'enfant, qui choisira d'apprendre la musique, et encore davantage le musicien accompli ont déjà un long passé d'expériences sonores et musicales derrière eux.
Considérant que dès sa naissance, le bébé a déjà vécu, *in utéro* une somme d'expériences perceptives importantes, nous concevons aisément combien ces expériences liées au son vont venir s'ajouter, se multiplier et l'enrichir de façon considérable tant au niveau émotionnel, sensoriel et affectif qu'au niveau du développement cérébral et neuropsychologique.

Nous développerons dans le prochain chapitre l'importance des repères sonores pour la construction psychique du bébé mais ce qu'il nous importe de mettre en évidence dans cette partie se situe au niveau des qualités perceptives et leurs implications déjà bien présentes dès la naissance.

En effet, les recherches menées démontrent de façon générale que les bébés, très jeunes, ont des capacités dans le traitement des séquences musicales et qu'ils regroupent des informations auditives au cours du temps.
Toutefois nous devons préciser qu'en ce domaine, les recherches sont relativement récentes et délicates en raison des difficultés méthodologiques relatives au très jeune âge des sujets.
Néanmoins, des expériences intéressantes et révélatrices ont vu le jour selon l'observation suivante :

La réaction du nouveau-né à la présentation d'un stimulus sonore.

Cette réaction manifestée par les bébés à la présentation des différents stimuli sonores était soit d'ordre visuel (association entre la direction du regard du bébé et la présentation du stimulus : dès l'âge de deux mois) soit d'ordre bucco-tactile (variation du rythme de succion dans le cas d'un nouveau stimulus : utilisable dès la naissance).
Nous pouvons citer à titre d'exemple les travaux[17] de Demany, Mc Kenzie et Vurpillot (1977) démontrant que des bébés de deux mois et demi ont réagi à la nouveauté sonore et ont été capables de discriminer deux séquences ne différant que par le rythme. Concernant la discrimination rythmique, Morrongiello (1984) a mis en évidence que des bébés de six à douze mois organisent les séquences rythmiques en regroupant ensemble des éléments semblables. Il est à noter qu'elle observe une évolution dans la capacité de traitement de l'information sonore chez le bébé : Âge de

17 - Je renvoie le lecteur au collectif, *Le cerveau Musicien,* dans lequel il pourra consulter en détail les études menées auprès des bébés : *La perception de la musique chez les bébés*, C. Baruch, Université de Reims.

six mois, le bébé ne peut traiter que les cadences rythmiques les plus lentes.

Concernant la reconnaissance de la mélodie, les expériences de Fassbender (1995) confirment la conclusion que les bébés ont une capacité à organiser des séquences mélodiques.
Il en va de même pour la perception du contour mélodique, les travaux de Trehub, Thorp et Morrongiello (1987) ont montré que comme les adultes, les bébés réagissaient à des modifications globales du contour plus qu'à des changements locaux d'intervalles.

Avec une méthode de préférence, Ferland et Mendelson (1989) ont également mis en évidence une intégration des informations du contour mélodique chez des bébés de dix mois.
Les travaux sur la perception auditive chez le nouveau-né montrent bien que dès la naissance les capacités de perception musicale sont donc déjà fonctionnelles et s'affinent avec le temps.
Elles confirment aussi l'idée qu'une organisation mentale neuronale de la perception musicale est bien présente chez tous les êtres humains.
Il reste prudent toutefois de préciser comme le soulignait récemment Thierry Baccino[18], « *qu'il n'existe pas pour autant de gêne-musicien* ». Les gênes n'étant pas impliqués dans l'orientation musicale, il reste évident que des considérations personnelles semblent dès lors émerger de ce postulat.

Les capacités innées semblent alors être les mêmes pour tous. Pourtant, en grandissant, nous devons admettre, que tous ne garderont pas un rapport particulier à la musique et certains n'affineront pas non plus leurs capacités perceptives.

Au sujet des capacités innées, il reste encore à mentionner que selon les études récentes des chercheurs de l'Institut de neurosciences cognitives de la Méditerranée à Marseille [19], cinq pour cent de la population serait « amusicale » congénitale ou « tone-deafness », selon l'expression anglo-saxonne, c'est-à-dire que ces personnes ne

18 - T. Baccino est professeur de psychologie cognitive et ergonomique à Nice. Ses travaux et recherches portent pour une grande part sur la perception.

présenteraient aucun problème cognitif ou de langage mais auraient des problèmes de perception musicale. Par exemple, elles n'auraient pas la possibilité de détecter une fausse note.

D'une part, cette constatation nous informe que la quasi-totalité de la population serait susceptible de développer des capacités musicales. (95 pour cent est un pourcentage fort important et confirme encore l'idée de la capacité humaine à percevoir la musique !)

D'autre part, il est judicieux de souligner la différence sensible entre la perception musicale et la perception auditive.

Ces personnes dites « amusicales » ne présentent aucune difficulté au niveau du langage mais ont pourtant des problèmes de perception musicale. Ce qui dénote bien que si les systèmes perceptifs de la musique et du langage sont liés, ils demeurent néanmoins distincts.

Dès la naissance nous pouvons dire de façon générale que cette distinction entre musique et langage est en place et sera investie cérébralement, sensoriellement mais aussi émotionnellement et affectivement par le bébé qui utilisera le sonore comme un repère constructif mais aussi sécurisant. A ce sujet, les chercheurs se sont d'ailleurs assez souvent questionnés sur les fameuses berceuses et le rapport existant avec le « motherese » (c'est-à-dire le langage utilisé par les adultes pour parler aux bébés : hauteur plus élevée, tempo plus lent, mais aussi contour simple et fréquemment descendant). Des études de Trehub *et al.* (Trehub 2000 ; Trehub et Trainor, 1998 ; Unyk, Trehub, Trainor et Schellenberg, 1992) ont analysé les caractéristiques des berceuses et ont retrouvé les caractéristiques du « motherese » concernant la hauteur, le tempo, le contour mélodique simple et souvent descendant…et ce, aussi bien pour des berceuses

---

19 - Les chercheurs de l'Institut de neurosciences cognitives de la Méditerranée à Marseille (INCM) effectuent des études comparatives entre le langage et la musique grâce aux techniques d'imagerie, par électroencéphalogramme (EEG) et par résonnance magnétique fonctionnelle (IRMf), mesurant l'activité cérébrale selon la consommation d'oxygène des zones du cerveau. En dehors du fait que ces recherches ont démontré que seulement cinq pour cent de la population serait « amusicale » congénitale, elles permettent également de mieux comprendre le

de leur culture que pour des chants d'autres pays.
Les études menées sur la reconnaissance des berceuses par des adultes ont prouvé qu'ils reconnaissaient majoritairement ces berceuses et de manière relativement aisée.
Ce qui confirme encore l'empreinte mnésique importante que constitue l'information perceptive sonore dès le plus jeune âge et qui perdure avec le temps d'où la robustesse de la trace mnésique enregistrée et la constatation évidente que la perception musicale est un outil cognitif de poids !

D'autre part, les chercheurs de l'INCM ont mis en évidence grâce à l'enregistrement des variations électriques du cerveau en *3D* observées dans certaines zones activées lors de l'apprentissage d'une langue étrangère, que celle-ci était apprise trois fois plus vite si elle était chantée. Comme le remarque justement Daniele Schön[20] : « *d'où l'intérêt des comptines destinées aux jeunes enfants* » (2007, p. 2)

A propos de l'apprentissage de la langue étrangère, ces mêmes chercheurs ont également largement mis en évidence que la perception du langage comme celle de la musique se fait par segment. Néanmoins, il semblerait que le cerveau segmente d'abord les informations sonores et le sens est attribué à la chaîne des sons.
Nous comprenons par ce fait que la musicalité aide à la compréhension et sert bien souvent de repères cognitifs.

Dans un autre domaine, Emmanuelle Lizere[21], musicothérapeute, explique dans son article, *Tigouli, la création à inventer*, l'importance considérable du monde sonore et de son impact sur la

---

fonctionnement hémisphérique dans l'expérience musicale. Les résultats à ce sujet montrent selon la Directrice de recherche de l'INCM, M. Besson, que « *le rythme et les règles de l'harmonie ou du contrepoint sollicitent des zones de l'hémisphère gauche souvent attribuées au langage, en particulier à la syntaxe. Mais le timbre de l'instrument stimulerait plutôt l'hémisphère droit* ». Presse, journal du CNRS, n° 209, Juin 2007.

20 - D. Schön (article CNRS, n° 209, Juin 2007), chercheuse à l'INCM.

21 - Emmanuelle Lizère est professeur de musique d'ensemble, de formation et d'éveil musical à Blanc-Mesnil. Elle donne également des conférences et anime

vie psychique du nourrisson.
Développant les bénéfices incontestables de la berceuse pour le nouveau-né elle met également l'accent sur la tendance occidentale à utiliser la boîte à musique au détriment de la comptine ou de la berceuse chantée.
Elle affirme très justement que les problèmes d'endormissement du bébé sont liés à l'angoisse de séparation et que la boîte à musique en tant que remède à l'angoisse de séparation est insuffisante car elle ne constitue qu'un objet qui diffuse en boucle une musique, plagiat incomplet des berceuses, dont la qualité sonore reste fort médiocre.
Il existe pourtant, comme nous le savons tous, un très grand nombre de berceuses et de chants de maternage.
L'auteur insiste sur les qualités bienfaisantes et apaisantes de la berceuse chantée dans la vie psychique du bébé. Elle écrit :

« La berceuse se caractérise par la répétition de formules mélodiques simples, l'ambitus restreint de celles-ci, un rythme de balancement et une pulsation s'accordant aux différents stades de l'état d'endormissement de l'enfant (vigilance, veille, endormissement). On observe, en effet que le rythme de la voix se modifie au fur et à mesure que l'enfant s'apaise. La berceuse se caractérise par une fin et un retour incessants. Ce caractère répétitif de la berceuse va permettre à l'enfant d'anticiper symboliquement le retour après l'absence et la réunion. La berceuse constitue un espace de transition entre la veille et l'endormissement, c'est-à-dire entre la présence et l'absence. En tant que rituel, elle rassure l'enfant. » (2006, p.58)

En neuropsychologie, les travaux sur les bébés de Trehub, Unyk et Trainor (1993) viennent confirmer ses propos puisqu'ils ont démontré qu'en présentant à des bébés d'une crèche soit de la musique (classique ou chanson) soit des berceuses, soit aucun stimulus sonore. Les bébés, à qui on a présenté un stimulus sonore (berceuse ou musique) se sont endormis plus rapidement que les bébés dans le silence.

---

des ateliers. Co-créatrice de l'association, *L'enfant-Phare*, développant une approche multi sensorielle de la musique et se produisant au *Printemps des Arts* de Monaco, au festival *Agora* à l'Ircam, au festival *Manca* à Nice. Sa collection de

Il est à noter toutefois que la musique endort plus facilement les bébés mais que ce soit de la musique sans paroles ou avec paroles, ceci n'a pas affecté le processus d'endormissement qui s'est avéré être le même dans les deux cas (avec ou sans voix). Les chercheurs ont par ailleurs insisté sur le fait que la supériorité de la berceuse chantée sur la musique n'a pas, de ce fait, été vérifiée.
Ce qui semble apaiser le bébé relève donc principalement du son par rapport au silence. Le son possède cette fonction sécurisante pour le bébé, l'enfant et très probablement pour l'homme de façon générale.

Dès le plus jeune âge, le son recèle une importance considérable dans le traitement de l'information et dans les processus cognitifs d'apprentissage.

L'être humain concède au son un rapport privilégié et constructif.

La sensibilité particulière présente chez l'homme envers le sonore est prépondérante et par ce fait, essentielle au bon développement du nouveau-né.
Ses qualités perceptives au niveau du son demeurent en éveil et à l'action dès qu'il entre en interaction avec le monde du « bruit » (son ou musique) et grâce auquel il développe tout ce que nous avons mentionné d'une part mais également lui permet de créer des repères sécurisants.

---

disques, *Tigouli*, s'adressant aux enfants dès 12 mois a été récompensée par les « *ffff* » de Télérama. Emmanuelle Lizère est diplômée en musique, musicologie et musicothérapie.

1 d - La perception visuelle.

Les conduites auditives sont conséquentes dans la perception musicale mais il demeure évident qu'elles ne sont pas pour autant les seuls capteurs sensoriels par lesquels le son et la musique gagnent le cerveau qui traitera l'information.

Effectivement, la perception visuelle est un facteur prédominant dans l'information sonore puisque c'est bien sûr nos yeux que nous utilisons non seulement pour lire et écrire la musique mais également pour observer les parties du corps à l'action dans l'exécution instrumentale, l'instrument lui-même ou toute autre action visuelle que nous pourrons juger pertinente dans le traitement de l'information musicale.

L'observation fabrique toujours une empreinte stockée dans la mémoire pouvant s'associer à une stratégie cognitive relative à l'apprentissage. D'où l'intérêt pour le professeur de favoriser suffisamment tôt, l'observation attentive et personnelle chez l'élève. Le tout étant bien entendu de développer chez lui le sens d'une juste attention visuelle, de créer enfin les bonnes associations afin de favoriser les meilleures habitudes possibles.

Concernant la perception visuelle au niveau de la lecture d'une partition, il est intéressant de se demander comment l'œil traite l'information visuelle de la musique :

Thierry Baccino et Isabelle Servant dans leur recherche nommée : *Lire Beethoven, une étude exploratoire des mouvements des yeux*[22], nous permettent de bien comprendre le fonctionnement de l'œil à l'action dans la lecture musicale et des éléments de compréhension particulièrement intéressants émergent de cette recherche que je vais à présent restituer de façon condensée :

22 - Cette recherche a été menée en collaboration avec l'université Sophia Antipolis à Nice (T. Baccino) et l'I.U.F.M. (Isabelle Servant), en collaboration avec L'ESCOM (*Musicae Scientiae*, 1999, Volume III, N°1 pages 67-94).

Protocole de présentation de l'auteur:

Cette recherche présente des données expérimentales issues de l'analyse des mouvements des yeux de musiciens qui lisaient de cours fragments de partitions qui soit contenaient un certain nombre d'évènements rythmiques, mélodiques et harmoniques (versions originales), soit en étaient relativement dépourvus (les mêmes fragments ayant été alors modifiés de manière à supprimer une partie de la complexité). L'objectif était de noter si la richesse d'écriture d'un compositeur tel que Beethoven pouvait se traduire au niveau oculomoteur et cognitif par des similarités comportementales à la lecture de textes littéraires. Les évènements musicaux dans les partitions originales étaient censés induire des processus cognitifs généralement observés dans la compréhension textuelle (saccades régressives, et durées de fixations plus longues aux endroits particulièrement signifiants).
Thierry Baccino explique que « *les résultats montrent à la fois chez le sujet l'utilisation de mécanismes oculomoteurs habituels en lecture textuelle, mais font également apparaître des comportements typiques de lecture musicale.*
On observe dans les fragments originaux un accroissement des contrôles locaux (fixations régressives intra-mesures) et globaux (réinspections) qui témoignent des difficultés d'intégration de l'information. Cet effet est plus important lors de la lecture des partitions originales de Beethoven que lors de la lecture des versions simplifiées. Cette intégration informationnelle est réalisée immédiatement, dès que le sujet rencontre l'évènement musical dans la partition. » (p. 88, 1999).

De manière générale, il semble que lors de cette recherche, il a été observé que les sujets étaient très rapidement informés de la richesse ou non du fragment et que l'originalité d'écriture musicale, même localisée, affectait la lecture du fragment dans son ensemble.
Il est à préciser enfin que les partitions sont des extraits des *Bagatelles* (opus 33, opus 119 et opus 126) ainsi qu'un fragment de la *Sonate opus 2 numéro 1* de Beethoven.

L'expérience date de 1999.

Concernant les sujets, il s'agit de huit étudiants de second cycle du département de musicologie de l'université Sophia Antipolis à Nice. Tous sont pianistes et âgés de 20 à 28 ans. Aucun n'a une vision corrigée (port de lunettes).

Comme l'explique Thierry Baccino, « *d'un point de vue oculomoteur, lire consiste à déplacer progressivement les yeux le long de la ligne au moyen de rapides sauts d'un mot à l'autre (les saccades) entrecoupés d'un temps d'arrêt (les fixations d'une durée moyenne de 200 à 250 ms) au cours desquels la prise d'information a lieu.* » (p.90, 1999). La lecture (et donc la compréhension) consiste à lier continuellement l'information extraite lors de la fixation avec les informations précédentes afin de former une représentation mentale cohérente de ce qui est décrit dans le texte.

Les mouvements oculaires des musiciens participant à l'expérience ont montré qu'en lisant la musique, ils faisaient appel à ces mécanismes d'intégration à la fois locaux et globaux propres à la lecture. L'auteur explique que *ce « mécanisme d'intégration globale, noté par le nombre plus important de refixations sur les mesures-cibles apparaît largement plus nécessaire dans les fragments originaux, la structure musicale y étant plus complexe. L'œil retourne à des endroits critiques du fragment car c'est là que se trouve les idées-clés permettant le maintien de la cohérence de l'ensemble.* » (1999, p.90)

En conclusion générale, l'hypothèse de départ est donc vérifiée, à savoir que les traitements locaux et globaux sont accentués dans la lecture d'œuvres musicales originales en comparaison de la lecture des versions simplifiées.

Cette recherche confirme également :

- Que la lecture d'une partition (comme l'étude de textes) met en place des processus perceptifs de haut niveau cognitif dès l'arrivée du regard sur la mesure ce qui est compatible avec la théorie « œil-esprit » défendue par Just et Carpenter (1980).

- Que des similarités existent entre la lecture de fragments musicaux et la lecture de textes, traitements locaux et globaux typiques de processus cognitifs de lecture car ils déterminent le maintien de la cohérence, propriété essentielle de la compréhension (recherches menées à ce sujet par Baccino et Colé en 1995).

- Que des différences entre la lecture de fragments musicaux et la lecture de textes existent également. Elles concernent la spécificité du mouvement des yeux à la lecture de la partition, notamment au niveau du caractère spatial. Le mouvement des yeux n'est pas linéaire et les fixations ne se structurent pas de la même façon que pour la lecture d'un texte d'autant que le processus de lecture dans une partition pour piano va se faire à deux niveaux puisque le mouvement des yeux ne cesse d'osciller entre les deux clés afin de repérer une cohérence d'ensemble. Les processus perceptifs de haut niveau étant à l'action et cherchant à mettre en place un lien entre les informations issues du traitement et la représentation mentale déjà élaborée.

D'après la théorie Œil-esprit de Just et Carpenter[23], le musicien ne prendrait la décision de déplacer son regard qu'après avoir achevé tous les traitements qui interviennent sur la mesure fixée.

Enfin, les résultats de l'expérience témoignent que le traitement cognitif des particularités musicales (zones-cibles) n'est pas repoussé en fin de portée comme c'est souvent le cas dans la lecture de textes.

L'auteur insiste sur le fait que dès que l'originalité musicale est repérée, le mécanisme d'intégration est mis en place comme l'indique la quantité plus importante de premières fixations sur les zones-cibles. L'auteur a pu noter que souvent les retours du regard arrivés en fin de portée correspondent à des retours sur l'armure, c'est-à-dire à une vérification des propriétés tonales du passage.

23 - La théorie de Just et Carpenter concerne la lecture de textes mais il serait pertinent de pouvoir également l'appliquer dans ce cas à la musique également.

Cette expérience liée à la perception visuelle grâce à l'enregistrement du mouvement de l'œil en situation de lecture nous permet une compréhension plus fine de la perception et son intérêt dans le traitement de l'information musicale. Nous réalisons que les associations entre les différents domaines sensoriels sont indispensables pour le musicien en situation d'apprentissage afin de favoriser le développement de stratégies cognitives propres à la compréhension musicale.

La perception visuelle constitue donc un outil capital à la compréhension de l'information musicale.

Cette recherche sur les mouvements oculaires lors de la lecture d'une partition a permis également de mettre en évidence que non seulement des stratégies de lecture sont propres à la musique mais également qu'elles seront variables (d'un point de vue spatial) selon le type de partition observée. Les mouvements oculaires seront forcément différents avec une partition pour violon par exemple.

Le musicien avec sa spécificité instrumentale et bien évidemment le type de partition inhérente à son profil instrumental (et qu'il aura donc l'habitude d'étudier) développera des stratégies visuelles différentes et personnelles.

A ce titre, il serait intéressant par exemple d'envisager le cas du chef d'orchestre et d'analyser ses conduites oculaires lors de la lecture d'une partition d'orchestre ou bien même simplement le pianiste accompagnateur d'un duo chant / piano qui, dans un souci de cohérence, traite simultanément la partition piano et la ligne de chant (courbe mélodique, hauteur, lecture du texte….)

Comme il est mentionné dans le protocole, l'expérience relatée concerne la lecture de fragments de partition pour piano uniquement mais il est, je le rappelle, important de mesurer tout l'intérêt de l'observation non seulement selon le type d'instrument joué mais également au regard de l'apprentissage musical.

Effectivement d'un point de vue pédagogique, souvenons-nous, qu'observer offre à l'enfant la possibilité d'une prise de conscience importante de lui-même. Cette prise de conscience l'aidera à développer une plus grande finesse perceptive car, jeune, il n'a pas encore développé les mêmes stratégies que le musicien expert bien sûr mais l'objectif est pour le professeur d'aller dans ce sens.

Le fait de favoriser les capacités sensorielles du débutant (ouïe, œil, toucher) sera le pilier d'une perception fine et solide qui permettra aussi l'éveil de toute la sensibilité propre au musicien et qui comme nous le verrons permettra un ajustement des informations cognitives et viendra renforcer ces fameuses stratégies une fois acquises.

1 e - La perception tactile

Les recherches concernant la perception tactile ne sont pas fréquentes pourtant les professeurs d'instrument savent combien le toucher importe dans l'apprentissage instrumental en ce sens qu'au même titre que le visuel ou l'ouïe, il aide à fixer des stratégies cognitives et vient largement consolider les représentations mentales. Pour Brigitte Bouthinon-Dumas[24], travailler sur le toucher permet de créer ce qu'elle nomme une mémoire d'empreinte, c'est-à-dire ajouter à une note sa réalité physique autant que visuelle et auditive : « *Chaque note sera imaginée avec empreinte et son correspondant* ». (p.50, 1993)
D'autre part, le fait de travailler sur la perception tactile va favoriser la bonne main à l'instrument. Brigitte Bouthinon-Dumas rappelant dans son ouvrage, *Mémoire d'empreintes,* que la main reste avant tout le terminal de la pensée. C'est le cérébral qui donne à la main son modèle intelligent ainsi que sa plastique personnelle au clavier.

Au même titre que les mains pour le clavier, le fait de favoriser la perception tactile permettra de prendre conscience de toutes les parties du corps sollicitées dans le travail à l'instrument d'où l'importance considérable de mettre en évidence l'intérêt de cette

---

24 - Brigitte Bouthinon-Dumas est professeur de piano (CNR Paris) et conseillère pédagogique dans différents centres de formation (CEFEDEM et IFEDEM). Son ouvrage, *Mémoire d'empreintes*, a été publié par La Cité de la Musique (Paris) en 1999.

forme de perception indissociable au visuel et à l'écoute dans tout travail à l'instrument.

Les recherches menées en perception tactile dans le cadre de la neuropsychologie sont toutefois rares et s'appliquent davantage à la mise en évidence de réponses physiologiques du corps humain lors de l'écoute musicale.
Nous pouvons citer à titre d'exemple les travaux de Stéphanie Khalfa[25] chercheuse CNRS au laboratoire de neuropsychologie de l'INSERM à Marseille qui a examiné les réponses physiologiques du corps humain aux différentes musiques chez cinquante sujets.

Elle explique :
« Des changements apparaissent très tôt, une à trois secondes après le début de l'écoute. Ils révèlent des émotions de gaieté et de *peur. Les muscles zygomatiques au niveau des pommettes faciales s'activent, la pression sanguine varie et on observe une micro transpiration au niveau des paumes des mains. »* (2007, p.1)

Si nous n'avons pas d'informations sur la perception tactile proprement dite nous avons en revanche des éléments de compréhension concernant les effets de la musique sur le corps d'où la confirmation des liens cognitifs qui vont se faire entre l'écoute et le ressenti.
S'il ne s'agit que d'écoute, le cerveau retiendra vraisemblablement des émotions liées à ces sensations particulières véhiculées par la musique.
En revanche, s'il s'agit d'un musicien qui joue, les réactions physiologiques induites seront aussi intégrées dans le schéma d'apprentissage. Les processus mentaux seront alors différents.

Favoriser la dimension tactile dans la perception musicale permettra de mettre en éveil une meilleure acuité sensorielle afin de prendre conscience avec finesse de son corps et plus principalement, des parties sollicitées par l'instrument en apprenant à les *placer* justement, c'est-à-dire de la meilleure façon possible (selon des

25 - S. Khalfa, laboratoire de neurophysiologie et de neuropsychologie, INSERM, Marseille. Article du journal du CNRS, n° 209, Juin 2007.

critères multiples comme la personnalité physique, le jeu particulier mais aussi le type de musique que l'on est en train d'étudier...)
L'objectif étant de connaître et de maîtriser sans raideur mais dans la détente son corps face à une pratique instrumentale dont les gestes se doivent d'être naturels et non forcés. C'est sûrement pour cette raison que Frédéric Chopin, premier pédagogue à s'intéresser à ce sujet, répétait souvent aux élèves : *« Souple et facile ! »*

Au conseil de Chopin, nous pourrions sans conteste y ajouter que le fait de développer un jeu ferme sans être crispé est beaucoup plus subtil que cela ; il demande un état de disponibilité physique et psychologique particulier.

S'exercer dès le plus jeune âge à affiner les qualités de perception tactile ira dans le sens du développement de cette fameuse disponibilité.
A ce titre, la psychologie cognitive avec les travaux sur la mémoire, met en évidence le soutien mnésique qu'offre le toucher dans l'apprentissage. D'ailleurs, les ouvrages en pédagogie à ce sujet ne manquent pas et il semble qu'aujourd'hui les professeurs le savent bien.

Effectivement, en s'intéressant de près aux outils pédagogiques adéquats dans l'initiation musicale chez les petits (dès trois ans) et dans les débuts de l'apprentissage instrumental chez les plus grands (dès cinq ans), les professeurs et pédagogues se sont souvenus des indications précieuses qu'ont pu diffuser les spécialistes de l'enfance en psychologie, en pédagogie et en sciences de l'éducation et qui concernent la prédilection du toucher dans l'investissement affectif et intellectuel chez le jeune enfant.

Valérie Bautz[26], professeur de conservatoire, m'expliquait que son tout premier cours d'instrument auprès des débutants consistait à stimuler les capteurs d'informations propres aux petits, c'est-à-dire, d'investir chez eux la curiosité grâce à leur imaginaire et à leur

26 - Valérie Bautz est née en 1968. Pianiste et professeur de musique de chambre, Conservatoire National de Région (Nice).

personnalité ludique certes mais également grâce à leur psycho sensorialité très développée :
Ses petits élèves ont donc le privilège de découvrir le fonctionnement du piano : Elle ouvre ainsi l'instrument. Ils peuvent observer le mécanisme, toucher le piano autrement qu'en actionnant les touches !
Ainsi, ils investissent l'instrument et cet acte symbolique est pour eux, nous le savons, essentiel.

A l'heure actuelle, les classes d'éveil fonctionnent aussi souvent sur ce mode : L'enfant peut entendre, voir mais aussi toucher plusieurs instruments avant de faire son propre choix instrumental.
Il semble que résonne dans cet acte pédagogique auprès des enfants les recherches en psychologie cognitive et en sciences de l'éducation comme celles notamment de Jean Piaget[27] concernant les différents stades « d'intelligence » de l'enfant qui sont, je le rappelle :
L'intelligence sensori-motrice (de la naissance à deux ans environ), l'intelligence préopératoire (de deux-trois ans jusqu'à cinq ans environ), l'intelligence concrète (de cinq-six ans à onze ans environ) et l'intelligence formelle (accès à l'intelligence abstraite vers douze-treize ans).
Au regard de ces quatre différents stades d'évolution, il est intéressant de remarquer que lors de l'accès à un stade « supérieur » de l'évolution cognitive, le stade précédent ne disparaît pas pour autant.
Nous pouvons continuer à investir toute notre vie l'intelligence sensorielle par exemple tout en ayant accès aux autres formes. C'est une question de disponibilité cérébrale selon la pertinence de l'information que nous souhaitons intégrer. Et c'est un peu de cette façon là que l'information musicale est perçue dans toute sa complexité.
Le musicien, en effet, a besoin tout au long de son expérience

27 - Jean Piaget, (1896-1980) entama de longues recherches en psychologie de l'enfant. Il se questionnait sur le concept de l'intelligence et sur la construction des connaissances. Toute sa recherche se fait de manière épistémologique car il fait une analyse critique des processus fondamentaux de l'acquisition des connaissances et sa méthode est génétique. Il cherche à démontrer comment

d'utiliser tous les accès pertinents dans l'intégration de l'information. Le sensoriel reste un élément prépondérant et sa richesse dans l'élaboration des stratégies de haut niveau cognitif ne peut être remis en cause d'où l'intérêt et la nécessité d'être mis très jeune en relation avec le monde sensoriel dans l'apprentissage musical mais de poursuivre dans cette voie sans ne jamais l'oublier une fois adulte.

La musique passe par les sens avant de gagner le cerveau. La perception tactile fait partie de ces sens au même titre que l'ouïe et le visuel. De ce point de vue, la théorie œil-esprit de Carpenter pourrait aussi s'appliquer à l'ouïe et au toucher.

L'organisation sensorielle chez l'être humain pour le traitement de l'information musicale est donc d'un intérêt majeur.
Cette information sensorielle sera ensuite traitée et identifiée par le cerveau à l'aide des compétences mnésiques qui vont réactualiser les stratégies cognitives déjà en place en les affinant, les complétant, les ajustant et s'il le faut en les corrigeant...

2 - Le traitement de l'information musicale

2 a - Le cerveau et le traitement de l'information

Les hémisphères cérébraux travaillent en commun dans le traitement de l'information musicale avec toutefois, nous l'avons vu, une légère prédominance de l'hémisphère droit alors que pour le langage, c'est l'inverse, les deux travaillent en commun avec une petite prédominance du gauche.

Effectivement, la parole produisant des changements très rapides dans le temps est un traitement de la perception auditive intéressant

---

comprendre les processus intellectuels reliés à l'intelligence en décrivant les structures cognitives de l'organisme. (*cf. Annexes*, note 1 en fin d'ouvrage).

davantage l'hémisphère gauche qui est dans ce domaine plus habile que le droit. La musique, quant à elle, concernant davantage les changements de hauteur sera davantage traitée par le cerveau droit. Gardons à l'esprit toutefois que parole comme musique ne se réduisent certes pas à ce que je viens d'énoncer et les deux hémisphères, pour l'une ou l'autre de ces activités hautement cognitives, participent donc toujours activement et échangent perpétuellement ensemble grâce à tout le dispositif du cortex auditif.

Concernant le cortex ou écorce cérébrale (matière grise recouvrant toute la surface du cerveau), nous pouvons dire qu'il est complètement impliqué dans le traitement de l'information aussi bien dans le contexte de la parole que dans celui de la musique. Il intervient aussi dans tout ce qui touche à la compréhension de notre milieu, il permet globalement de traiter l'information dans un souci d'adaptation.
Nous pouvons citer pour exemple, la lecture d'une partition qui sera traitée avec l'hémisphère gauche un peu de la même manière que la lecture textuelle. En revanche, les spécificités musicales seront traitées plus particulièrement avec le droit (comme le timbre...)

2 a -1 Le traitement de l'information musicale par le cortex

Nous pouvons dire que la psychologie cognitive ainsi que la neuropsychologie ont contribué à mettre en évidence les particularités du cortex se situant principalement au niveau de la genèse des sensations (aires sensorielles primaires) et au niveau de la perception des objets, des sons et des évènements - de l'environnement en somme - (aires associatives) et dans la réponse au milieu (aires psychomotrices).
Grâce à l'étude du cortex auditif, les chercheurs ont également pu mettre en évidence des spécificités propres aux hommes et aux femmes mais également aux droitiers et aux gauchers et enfin aux musiciens et non-musiciens.

En effet, nous ne développerons pas particulièrement ici les différences hommes-femmes ou droitiers-gauchers mais en revanche nous allons mettre en évidence l'existence d'une structure cérébrale qui intéresse particulièrement la recherche au regard du traitement de l'information musicale :

A l'intérieur du cortex cérébral auditif, il existe, proche de la scissure de Sylvius, une petite structure en forme de triangle nommée le Planum Temporale.
De la même façon qu'il existe un hémisphère droit et un hémisphère gauche, il y a un Planum Temporale droit et un Planum Temporale gauche. Or, il semble que le Planum Temporale gauche ait un volume plus important que le Planum Temporale droit.
Ce volume plus important à gauche est néanmoins observé chez les sujets droitiers alors que chez les gauchers, c'est l'inverse.
Les chercheurs ont mis parallèlement en évidence la latéralisation du langage gauche chez le sujet droitier grâce au test à l'amytal sodique et démontré ainsi la dominance hémisphérique[28] (Wada et Al, 1975 ; Falzi et Al, 1982 ; Kolb et Wishaw 1990).
Enfin, grâce à l'arrivée de l'imagerie médicale, de nombreux travaux se sont de nouveau intéressés au Planum Temporale et à ses asymétries (Steinmetz et al; 1989, 1990, 1991 ; Larsen et Al., 1989, 1990 ; Rossi et Al., 1992) ainsi qu'à ses relations fonctionnelles.
Kulynych et Al., en 1994 ont démontré que l'asymétrie du Planum Temporale en faveur du côté gauche est plus marquée chez les hommes que chez les femmes. De plus, les données indiquent que la relation entre le sexe et le Planum Temporale est uniquement présent chez les hommes droitiers.
Dans l'ouvrage collectif, *Le cerveau musicien*, les auteurs rapportent que cette asymétrie a également été considérée comme pouvant être le substrat anatomique des habiletés musicales.
Schlaug *et al* en 1995 ont étudié la taille du Planum Temporale chez des sujets musiciens et non-musiciens au moyen de la technique de résonnance magnétique nucléaire. Ils ont montré que celui-ci est

28 - Le test à l'amytal sodique consiste à injecter dans l'artère carotide du patient un barbiturique dont l'effet est d'anesthésier quelques minutes un hémisphère tout en laissant l'autre normalement fonctionnel. Il est ainsi possible de comparer les effets d'une injection droite et gauche sur les capacités langagières ou musicales du sujet.

beaucoup plus large à gauche chez les musiciens que chez les non musiciens mais uniquement lorsque les musiciens possèdent l'oreille absolue. Ils constatent toutefois que les musiciens qui ont l'oreille absolue ont commencé la musique avant l'âge de sept ans. Il n'est donc bien entendu pas établi si cette différence est innée ou acquise.

Concernant l'oreille absolue, qui est, je le rappelle, une capacité auditive à identifier la hauteur précise d'un son et à le nommer sans l'aide d'une note de référence, ne constitue pas forcément une spécificité du musicien expert car comme le précise François Madurell, musicologue et responsable du groupe Museco à l'Observatoire Musical Français, « *de grands musiciens ne l'ont pas, elle serait davantage liée à un apprentissage instrumental précoce (...)* [29] » (2007, p.3)
En effet, il semblerait que l'oreille absolue serait davantage liée à un apprentissage particulier très jeune plutôt que le produit génétique d'un Planum Temporale gauche surdéveloppé dès la naissance !
François Madurell remarque à ce sujet que les techniques traditionnelles d'apprentissage n'offrent pas toutes les richesses que peuvent offrir l'étude de la musique et il précise que l'idée de développer une oreille la plus proche possible de cette fameuse oreille absolue peut même être ressentie comme une gêne durant l'écoute musicale car elle favorise la reconnaissance de chaque note sans influer sur la perception et l'appréciation d'un morceau dans son ensemble. Ainsi des apprentissages privilégiant d'autres couplages audition-chant, audition-action motrice, audition-empreinte tactile... seraient plus propices au développement de l'écoute intérieure et de l'intelligence musicale.

29 - Article CNRS, journal mensuel n°209, Juin 2007, *La musique, pourquoi elle rythme nos vies ?*

2 a -2 Le traitement des émotions

Il semble que toutes recherches scientifiques sur le fonctionnement cérébral viennent confirmer que l'apprentissage est l'élément fondamental sur lequel va se structurer toute l'architecture cognitive et neurophysiologique du cerveau. Ceci est valable pour tout apprentissage que l'humain peut faire au fil de sa vie et l'apprentissage musical ne constitue pas une exception à cette règle fondamentale.
Alors, où peut bien se « cacher » la particularité musicale, cette fameuse attraction qu'elle exerce sur celui qui en joue (ou sur celui qui écoute) ; ce besoin vital de sons que le bébé ressent dès la naissance ?

En effet, si la capacité musicale ne constitue qu'une forme d'apprentissage précoce et à long terme qui va activer et affiner de complexes processus cognitifs, le mystère musical semble levé et pourtant nous savons bien que non...

Au contact inédit de cette musique qui nous transporte, qui nous fait frissonner, que se passe-t-il donc alors depuis nos capteurs sensoriels jusqu'à notre cerveau ?

Les facteurs émotionnels, bien sûr, dont nous n'avons encore guère parlé mais qui interviennent pourtant largement dans notre appréhension si particulière à la musique et qui relèvent en partie de ce fameux « mystère » que nous lui attribuons.

Il est évident que les émotions à priori subjectives et relativement abstraites, rejoignant les préoccupations personnelles et sensibles du musicien, se trouvent être toujours présentes dès qu'il y a contact avec la musique.
Nous le savons tous, elles sont inhérentes à l'état particulier que la musique fait naître en soi. Véhiculant pour chacun de nous un état bien souvent inédit, les émotions constituent un vecteur de compréhension indissociable à la musique pour qui veut l'appréhender dans toute sa finesse.
L'état émotionnel est non seulement actif dans le traitement de l'information sonore mais comme nous allons le voir participe à sa

manière à ces fameuses stratégies élaborées par le cerveau.
Pourtant, les recherches en neuropsychologie concernant les émotions ont longtemps été négligées par les chercheurs qui considéraient que le domaine émotionnel n'était pas objectif, les émotions étant considérées comme subjectives et variables. Or, ce n'est pas si vrai au regard des recherches récentes menées sur l'activation cérébrale lors de l'activité émotionnelle et même au niveau de la localisation cérébrale des émotions.

Dans l'ouvrage collectif, *Le* cerveau *musicien*, les auteurs nous informent que :

« Certains jugements émotionnels (gais-tristes) sont pourtant homogènes chez les individus d'une même culture. » (2006, p.113).

Aude Olivier[30], chercheuse du CNRS, explique aussi que le caractère plaisant d'une musique, la tristesse ou la joie qu'elle véhicule, activent autant d'aires cérébrales différentes.

Pour illustration, nous pouvons citer qu'une musique agréable va stimuler le cortex orbito-frontal, une musique triste, angoissante ou effrayante va stimuler le complexe amygdalien droit, une musique dissonante, le gyrus parahippocampique, une musique joyeuse enfin le complexe amygdalien gauche.

Ces exemples traditionnels et simples d'accès nous permettent de saisir toute la complexité de notre cerveau qui traite, comme nous l'avons vu, les différentes spécificités techniques propres à la musique et à sa perception (hauteur, timbre, rythme…). Il en va de même pour toute la palette émotionnelle qui, par nos récepteurs sensoriels, va gagner un lieu particulier de la zone cérébrale dans laquelle elle sera traitée selon le type d'émotions véhiculées.

Mais pour mieux comprendre ce processus, revenons pour l'instant sur la réflexion propre au jugement émotionnel qui illustre bien la particularité du traitement de l'information inhérente aux émotions.

---

30 - Aude Olivier, chercheuse CNRS, journal mensuel n°209, Juin 2007, *La musique, pourquoi elle rythme nos vies ?*

Nous allons donc approfondir le sujet en reprenant les études menées par Peretz, Gagnon et Bouchard[31] en 1998 sur le mode et le tempo.

Selon eux, ainsi que les auteurs du collectif, *Le cerveau musicien*, dans lequel les recherches sont détaillées, nous apprenons que le jugement émotionnel gai-triste repose principalement sur l'analyse de deux propriétés musicales : le mode et le tempo. Ils expliquent : *« Les extraits écrits en mode majeur avec un tempo rapide (tel que Joyeux Anniversaire) sont jugés gais et ceux écrits en mode mineur avec un tempo lent (tel que Love Story) sont jugés tristes. (...) »* (2006, p. 113).

Les inversions de mode (passer du mode majeur au mode mineur et vice-versa) ou les inversions de tempo (ralentir une pièce rapide ou accélérer une mélodie lente par exemple) affecteraient les jugements gais-tristes. En revanche, si l'expérience combine la modification du mode et du tempo en même temps, la distinction gai-triste est dégradée.
Effectivement, l'hypothèse d'indépendance pour rendre compte des traitements émotionnels et non émotionnels n'est pas nouvelle. En 1980, Zajonc[31] mentionnait que les processus affectifs et cognitifs étaient séparés. Selon lui, le traitement affectif des stimuli est réalisé plus rapidement que le traitement cognitif.
Enfin, à l'aide de l'imagerie fonctionnelle, une étude récente, utilisant la tomographie par émissions de positrons a exploré les régions cérébrales lors de taches musicales émotionnelles effectuées par des sujets « normaux » (Blood, Zatorre, Bermudes et Evans, 1999)[31]. Les changements de l'activation cérébrale associés aux réponses agréables-désagréables provoquées pas la dissonance musicale étaient mesurés.

Selon les auteurs, les résultats indiquent que les émotions agréables-désagréables activaient des substrats anatomiques qui diffèrent de ceux sous-jacents à la perception musicale.

---

31 - Source de cette recherche menée par I. Peretz, E. Gagnon et B. Bouchard : *Music and emotion : perceptual determinants, immediacy and isolation after brain damage.* Revue *Cognition* n° 68, p.111-141, 1988, Université de Montréal.

Les auteurs expliquent que le traitement émotionnel était associé à certaines aires paralimbiques frontales et à des régions du précunéus alors que la perception musicale entraîne une activation du cortex auditif secondaire. Cette étude suggère que la perception musicale repose sur un système anatomiquement distinct de celui sous-jacent aux réponses émotionnelles liées à la musique.

La conclusion de cette étude semble parfaitement fondée et même si les recherches dans le domaine émotionnel sont relativement récentes et finalement rares, elles se rejoignent dans leurs interprétations et nous amènent à réfléchir sur cette distinction entre d'une part, le traitement de l'information cognitive de la musique par le cortex et d'autre part, le traitement de l'information émotionnelle de la musique par différentes parties cérébrales (principalement le thalamus et l'hippocampe).
La réflexion la plus pertinente à la vue de cette constatation se situe, me semble t-il, au niveau de la distinction de ces deux activités cérébrales et le terme « distinct » mérite un approfondissement.

En effet, qui dit « distinct » ne signifie pour autant « incompatible » et la bonne réflexion qu'il importe d'avoir au regard de cette distinction du traitement cérébral est la suivante :

Dans tout évènement traité par le sujet (et qu'il soit musical ou pas) il existe une composante cognitive (perception, mémoire, focalisation de l'attention...) et une composante émotionnelle qui lui est associée mais qui est traitée différemment par le cerveau.
Ainsi, tout évènement (comme écouter ou jouer de la musique) survient dans un contexte émotionnel qui se reproduira lors de l'évocation du souvenir de cet évènement et ce sont d'ailleurs les mêmes structures cérébrales diencéphaliques (thalamus et hippocampe) qui sont mises en jeu dans la mémorisation et dans l'émotion produite.

Schématiquement, cette étroite collaboration du cognitif et de l'émotionnel avec l'aide précieuse de la mémoire va donner lieu à ce que dans le langage scientifique nous nommons : La représentation mentale.

2 b - La représentation mentale

La représentation mentale constitue le second aspect signifiant des recherches en neuropsychologie concernant l'activité cérébrale humaine au contact du « stimulus musique ».

Elle serait susceptible d'être définie comme le résultat ponctuel de l'association de données perceptives et émotionnelles constituant un acquis cognitif, celui-ci pouvant s'actualiser à souhait non seulement au fil de l'apprentissage mais aussi grâce à toutes formes d'expériences sonores que l'individu peut vivre.

Il est certain toutefois que l'apprentissage demeure l'élément fondamental indispensable au développement de ces représentations mentales ; puisque, par la mise en condition répétitive d'une situation similaire (comme le cours d'instrument ou de formation musicale), il favorise la stimulation sensorielle précoce ainsi que la mise en place de ces représentations mentales se nourrissant d'informations cognitives (perception et, ne l'oublions pas, d'émotions) à l'aide des capteurs sensoriels. La mémoire, quant à elle, stockera ces informations aussi diverses que nécessaires.
A chaque nouvelle expérience musicale, la représentation mentale sera donc actualisée et enrichie, l'essentiel étant toutefois qu'elle soit bien enrichie (c'est-à-dire que les enseignements premiers que recevra l'enfant soient menés non seulement avec compétence mais aussi - et surtout - avec finesse et « intelligence » !)

Effectivement, notre mémoire étant de ce point de vue là infaillible, elle associera toujours la totalité des informations perceptives reçues et l'enfant « absorbera » donc tout ce qui retiendra son attention.
Sachant que les centres d'intérêt de l'enfant ne correspondent pas toujours aux nôtres, il est important pour l'enseignant en musique de savoir trouver des stratégies pédagogiques qui vont véritablement susciter l'intérêt de l'élève sous peine que l'enfant développe lui-même de mauvaise stratégies et donc de mauvaises représentations mentales (dans le sens d'incomplètes, d'incorrectes, ou au contraire construites d'informations non-pertinentes...)
C'est la raison pour laquelle, les sciences de l'éducation veillent à travailler sur les centres d'intérêt propres à chaque âge et aux

différents schémas mentaux que l'enfant met en place pour comprendre son environnement mais aussi pour assimiler tous les différents apprentissages qui lui sont proposés y compris celui que constitue la musique.

Restons attentifs toutefois à l'idée que la psychologie n'est certes pas là pour donner des recettes toutes faites à l'enseignant mais simplement pour comprendre.

Laurent Miroudot, dans ses recherches sur le développement musical de l'enfant[32] explique que celui-ci organise ses connaissances musicales par ce qu'il nomme les schèmes et les schémas.

Ces schèmes et schémas sont des termes déjà utilisés par d'autres musicologues et même par certains psychologues généticiens (dont Jean Piaget). Ils développent à ce sujet une explication fort intéressante sur la façon dont la structuration mentale d'une donnée d'apprentissage – dans ce cas la musique – est organisée et déjà très complexe dès le plus jeune âge, c'est-à-dire dans la période des opérations concrètes qui est je le rappelle, un stade de l'enfance où le cerveau n'a normalement pas encore accès à l'intelligence abstraite.

Laurent Miroudot explique globalement que dans l'apprentissage de la musique, l'enfant organise les données selon un schème qui fournit une architecture générale à la phrase musicale alors que le schéma sera une manière d'organiser le détail des notes à l'intérieur de cette architecture. Le schème sera davantage un contenant qui donne signification et fonction alors que le schéma sera plutôt un contenu qui permet de maintenir une cohésion.

Selon l'auteur, on pourrait décrire ainsi le développement des productions avec l'âge :
Au départ, les productions ne sont que des suites inorganisées d'unités très courtes. Puis, chez les enfants plus grands, une première

32 - L. Miroudot, collectif de L. Guirard et G. Boudinet, *Le sens de l'expérience musicale en éducation.* Observatoire Musical Français (Voir Bibliographie).

organisation va apparaître, elle se fondera sur la répétition plus ou moins exacte d'unités. Ensuite, les deux unités qui constituent la phrase seront réunies à l'intérieur d'un même pivot rythmique. Puis la hauteur deviendra un critère de cohésion, permettant l'apparition des pivots mélodiques, axiales et enfin intervalliques.
Les représentations mentales constituées dans le cerveau, au fur et à mesure de l'apprentissage répétitif (c'est-à-dire la mise en condition similaire et multiple) ont permis cette évolution progressive car elles se sont enrichies et se donc développées davantage. Ainsi, en grandissant, « l'enfant-musicien » commence à développer des stratégies de structures de connaissances qui viendront s'amplifier au fil de l'apprentissage et continueront à s'affiner considérablement si l'enfant devenu adulte devient aussi musicien expert.

Dans l'éducation musicale, l'intérêt de connaître ces structures de connaissances est important car il permet de prendre conscience de ce qu'un enfant est capable de savoir, de produire ou de reproduire selon son âge et son évolution intellectuelle. Cela peut permettre aussi de mieux comprendre ses échecs.
Il est à noter toutefois que ces connaissances ne doivent pas limiter le champ des activités dans la pratique pédagogique en cristallisant sur les différents paliers de structures des connaissances en rapport à l'âge. Les différentes actions pédagogiques seront bien entendu constructives si elles demeurent créatives. La prise de conscience de la donnée individuelle présente dans la réception de l'information étant capitale : En ce sens que tous les enfants d'un même âge ne pourront percevoir la même information exactement de la même façon et certains pourront même être capables d'un ajustement de connaissances « supérieur » à leur âge ou l'inverse ! C'est bien là que les qualités pédagogiques propres à l'enseignant pourront s'exprimer de façon à intervenir avec justesse auprès de l'élève.

Cette parenthèse sur l'éducation et la pédagogie étant faite, nous allons pouvoir reprendre alors ce qui va à présent retenir notre attention et qui se situe plutôt au regard de ce formidable outil que nous possédons tous et sans quoi aucune de ces stratégies de structures de connaissances ne seraient conservées et utilisées ensuite à profit : il s'agit bien évidemment de la mémoire qui mérite

un approfondissement.
Nous avons compris que l'être humain reçoit la musique par ses organes sensoriels de façon perceptive et par les émotions véhiculées, que son cerveau traite ensuite méthodiquement toutes ces informations dans différentes zones et de différentes façons afin de produire ce que nous nommons une représentation mentale (c'est-à-dire une structure de connaissance d'abord simple puis de plus en sophistiquée au fil de l'apprentissage, au fil du temps et de l'expérience). La mémoire enfin entre en jeu au même titre que la familiarité et l'apprentissage implicite et explicite pour aider justement à ce fameux traitement de l'information musicale.

En effet, la mémoire ne fait pas que stocker les informations mais elle aide aussi à l'intégration et à la restitution de celles-ci.

Afin de bien saisir ce dont nous parlons, nous devons nous souvenir :

- qu'il existe plusieurs aspects de la mémoire (à court terme, à long terme, mémoire sémantique, mémoire épisodique ou encore concept d'associations).

Nous ne les développerons pas mais nous retiendrons simplement que tous ces aspects de la mémoire participent pour certains au traitement de l'information et pour d'autres au stockage et à la restitution de l'information.

- Que la mémorisation et l'émotion produite sont traitées par les mêmes structures cérébrales diencéphaliques (thalamus et hippocampe), ce qui implique que le souvenir actualisé fera toujours surgir l'émotion associée et pourra venir s'ajouter aux nouvelles émotions véhiculées par le souvenir restitué.

- Que selon une recherche menée par Barbara Tilmann à Lyon et qui intéressait la reconnaissance de mélodie familière, il a été mis en évidence d'après les résultats obtenus que lors de la perception de la familiarité musicale, les réseaux neuronaux impliqués sont similaires à ceux activés par les odeurs familières. Ce qui montre bien que la mémoire utilise les notions de familiarité pour aider le cerveau à traiter les informations et même si dans la perception musicale, les processus en jeu sont, comme nous l'avons vu, de haut niveau cognitif, ils impliquent pourtant les mêmes réseaux neuronaux que la reconnaissance d'odeurs familières (soit la mémoire olfactive).

Nous pouvons déduire que :

- Selon l'information dont nous aurons besoin, la mémoire aidera le cerveau à traiter l'opération et à restituer l'information à partir de stratégies élaborées par le musicien avec le temps, l'expérience et l'apprentissage.

- Dès que nos capteurs sensoriels accueillent une information musicale, elle sera traitée et stockée par la mémoire avec l'émotion associée. Lors de sa restitution, nous aurons donc au moins une donnée cognitive et une donnée émotionnelle.

- Le cerveau utilise l'apprentissage implicite et explicite, la familiarité et la mémoire pour traiter les informations. Dès lors, nous comprenons que le traitement de l'information et la restitution de celle-ci ne se réduiront pas simplement à des notions d'apprentissage exclusivement musicales mais s'impliqueront et s'imbriqueront aussi dans de multiples autres informations issues de l'environnement qui auront été saisies et intégrées aux représentations mentales déjà existantes dès lors que nos émotions (mais également nos sens) participent toujours à l'activité cognitive.

Barbara Tilmann explique l'existence de mécanismes automatiques non-conscients dans les processus perceptifs d'écoute en disant :

« Le cerveau relie automatiquement des sons dans le temps et détecte des changements indépendamment de l'attention et de la conscience. » (*Journal CNRS*, 2007, p. 3)

C'est bien évidemment la mémoire qui entre en jeu dans ce cas et de la même façon, elle agit indépendamment pour accueillir, traiter et restituer des informations parfois autres que celles dont nous avons conscience.

Au regard de ces conclusions, l'hypothèse pourrait être la suivante :

Il semblerait que la musique ne se soumette pas entièrement à l'apprentissage pur, à savoir le traitement exclusif de données musicales strictes mais que l'être humain – enfant ou adulte – accueille, traite et restitue ces informations d'une façon aussi personnelle et les représentations mentales existantes chez chacun de nous auront très certainement un « tronc commun » mais seront aussi spécifiques et individuelles dans la mesure où nos émotions sont toujours liées à notre intimité profonde mais aussi à notre personnalité, ainsi qu'à notre vécu et à notre histoire.

2 c - L'expression

Cette hypothèse nous amène tout naturellement à réfléchir sur le dernier aspect défini dans le cadre des recherches sur la musique en neuropsychologie : L'expression.

L'importance conséquente des qualités expressives liées à la création et à l'interprétation chez le musicien sera développée dans les chapitres suivants mais dans ce chapitre ce qu'il est important de souligner se situe au niveau de l'expression considérée sous un angle davantage scientifique au sens plus strict du terme :

Après avoir été traitées dans les différentes parties du cerveau par cette formidable symphonie neuronale, les informations musicales seront restituées à la demande du musicien qui voudra s'exercer à l'instrument d'une façon pratique ou même se produire en récital ou en concert.

Et, c'est là que nous pouvons, si c'est toutefois possible, essayer de nous imaginer la complexité redoutable de l'activité cérébrale restituant des représentations mentales emmagasinées par la mémoire de telle manière que le musicien-expert utilisera en plus des stratégies de structures de connaissances propres afin d'affiner son jeu et d'être par là, le plus performant possible. A cela viendra s'ajouter l'émotion associée, mêlée aux émotions du moment, auxquelles viendront encore s'ajouter peut-être des tensions, peut-être une montée d'adrénaline liée à l'agitation de l'instant. Enfin seront également présentes des préoccupations esthétiques sans parler de toute la mise en condition pour permettre la focalisation de l'attention et de la concentration.

C'est à peu près dans ce bouillonnement cérébral (et physique bien souvent ne l'oublions pas) que le musicien devra trouver dans une forme de cohérence un moyen d'exercer son expression musicale où s'imbriquent savamment les hautes fonctions cognitives du cerveau toujours liées aux émotions, aux sensations, aux apprentissages passés et aux préoccupations présentes.

Il est exact de dire que chaque restitution informationnelle met en action une activité cérébrale complexe et cela est encore plus vérifiable dans les hautes activités cognitives comme peut l'être la musique mais comme le sont également les mathématiques, les sciences...ou toutes activités demandant un apprentissage sophistiqué et à long terme.

Pourtant, comme le soulignait récemment Thierry Baccino, il existe dans les activités musicales des données émotionnelles qui sont plus importantes que dans les autres champs d'activités cognitives (y compris celles ayant à voir avec le registre textuel).

Ainsi, les stratégies développées par le musicien-expert prennent en considération ces données émotionnelles importantes qui finissent certes par s'intégrer à part entière dans l'apprentissage mais qui demandent de surcroît une dimension particulière, un espace personnel plus important, un investissement également autre.

Ceci pourrait donc bien être la spécificité si unique de la musique et le besoin et l'amour que nous lui portons en constitueraient alors peut-être la raison.

Il va de soi que lors de la restitution de l'information, c'est-à-dire de la pratique ou encore de l'expression cette donnée émotionnelle

importante doit donner lieu à de multiples et complexes stratégies de la part du musicien un peu comme si, dans un état de vulnérabilité émotionnelle important et dans un temps limité, il devait résoudre un problème de mathématiques particulièrement complexe et lui trouver de plus des qualités artistiques à la fois poétiques et esthétiques.
Ce type de problème n'existe pas fort heureusement, mais c'est pourtant bien à cela que le musicien se confronte dès qu'il doit exprimer ses structures de connaissances musicales en y ajoutant compétence, justesse, cohérence, intelligence, émotions fines et judicieuses, esthétisme, sensibilité et esprit créatif.

Nous comprenons peut-être mieux pourquoi aussi le rapport à la scène peut donner lieu à toute sorte de phobies ou d'inhibitions, d'autant que le musicien doit aussi gérer dans cette situation précise, le rapport au public et toutes les interrogations liées au jugement et à l'image de soi...Interrogations sur lesquelles nous reviendrons dans le chapitre suivant mais qui interviennent forcément et peuvent venir parasiter le bon déroulement de l'activité cérébrale et de la mémoire notamment.

***

Avant de conclure cette partie consacrée à l'expression sous l'angle de la neuropsychologie, nous pouvons encore ajouter un domaine d'études signifiant et qui relève de ce que les scientifiques nomment les neurones miroirs.

Si les émotions du musicien sont partie intégrante de l'apprentissage (implicite ou explicite), du traitement de l'information musicale ainsi que de l'expression de celle-ci, il existe également un autre aspect intéressant que les chercheurs mentionnent de plus en plus souvent dans leurs travaux sur la perception musicale : Les neurones miroirs.

Au-delà de ce joli terme attribué, on peut en effet se demander que sont au juste ces neurones particuliers dont on parle tant à l'heure actuelle ?

Dans l'article publié par le magazine de l'université de Montréal, *Forum*[33], Daniel Baril explique que :

« *Lorsque nous observons quelqu'un faire un geste, les circuits neuronaux qui commandent cet acte s'activent dans notre cerveau même si nous demeurons totalement immobiles. Le phénomène se répète quand nous entendons un son associé à un mouvement particulier, comme taper des mains. Cette étonnante constatation a été faite sur des chimpanzés au début des années 90 et ce phénomène a été attesté par la suite sur des êtres humains. Les circuits neuronaux en question ont été appelés neurones miroirs parce qu'ils reflètent l'activité cérébrale de la personne qui accomplit le geste. Ces circuits ont été localisés dans le cortex prémoteur et plus particulièrement dans l'Aire de Broca.* » (2004, p. 1)

Selon les théories actuelles, les neurones miroirs seraient à la base de l'apprentissage par imitation, une fonction centrale notamment dans l'étude de la langue mais bien également dans celui de la musique.

Sous la direction d'Hugo Théoret, Shirley Fecteau[34] a réussi à prouver, pour la première fois, que les réseaux de neurones miroirs sont présents chez les très jeunes enfants dont le cerveau est encore en développement.

« *Ceci montre que le mécanisme des neurones miroirs est actif dans le cerveau immature* » (2004, p.2), fait-elle remarquer.

L'activation est toutefois plus réduite que celle observée chez les adultes ce qui implique que ces réseaux, probablement en place dès la naissance, continuent à se développer dans des stades ultérieurs de l'enfance.

Hugo Théoret, chercheur en département de Psychologie, affirme que :

---

33 - Magazine *Forum*, université de Montréal, 2004, volume 39, n°15.

34 - S. Fecteau est doctorante sous la direction d'H. Théoret. Ils travaillent pour l'université de Montréal. L'exposé de leurs recherches concernant les neurones miroirs ainsi que les travaux menés par H. Théoret auprès des autistes sont exposés dans le magazine Forum, Université de Montréal, volume 39 n° 15.

« *Ces cellules sont vraiment à la source de la compréhension de ce qui se passe chez les autres personnes.* » (2004, p. 1)

Ses recherches montrent que la compréhension d'une action est possible lorsque l'observateur la reproduit dans son propre système moteur et que si l'on suspend l'activité des neurones miroirs par stimulation magnétique transcrânnienne, le sujet ne comprend plus ce que fait l'autre.
Selon ce chercheur, les neurones miroirs nous feraient non seulement reproduire mentalement ce que font les autres mais joueraient également un rôle fondamental dans l'empathie en permettant d'éprouver ce que ressentent les gens. Ces *cellules miroirs* expliqueraient pourquoi les émotions, tant le rire que la peine, sont contagieuses ; en voyant une personne s'esclaffer ou pleurer, nous ressentons aussi la même émotion.
Ces réseaux constitueraient donc l'une des bases neuronales de la cognition sociale gérant l'établissement de nos relations avec les autres.

A ce propos, Hugo Théoret a d'ailleurs testé son hypothèse auprès de personnes autistes et conclut qu'ils éprouvent des difficultés à se représenter les états mentaux des autres et à établir des relations sociales de réciprocité car il y aurait chez eux un déficit en neurones miroirs et selon la même hypothèse, il considère que plus une personne a un niveau élevé sur l'échelle mesurant la psychopathie, moins ses neurones miroirs seraient actifs, et, en conséquence moins elle serait sensible à une image de douleur chez les autres.

Quant aux neurones miroirs en rapport à l'expérience musicale, nous pouvons dire de façon générale que celle-ci favoriserait la pleine activité et l'émergence de ces cellules miroirs puisque la musique véhicule comme nous l'avons dit, plus d'émotions que tout autre apprentissage.

Concernant l'expression musicale à proprement parler, nous pouvons mettre en évidence l'idée suivante indiquée judicieusement par Alain Schuhl dans son ouvrage, *La musique est-elle une science* ? :

« Derrière les sons de l'instrument il y a une âme qui vibre et qui chante, un cerveau en action que le cerveau de l'auditeur observe à distance. » (2005, p.56).

Notre cerveau saurait donc aussi observer l'autre comme un reflet de soi grâce à ces fameux neurones miroirs fonctionnant un peu de la même façon que le système de l'imagination, de l'imitation mais aussi et surtout de façon similaire au système de l'empathie qui permet de se glisser à la place de l'autre.
De ce point de vue là, il est aisé de comprendre pourquoi l'expression musicale active tant d'émotions. Dans un contexte musical déjà fortement émotionnel, nous « verrions » de plus les émotions du musicien se reflétant aux nôtres par phénomène d'empathie. Le son pur ne serait donc pas la seule source d'émotions, l'être humain participant d'un point de vue émotionnel à l'interprétation de cette musique, resterait alors un critère individuel complètement inhérent à l'expérience musicale.

Peut-être est-il alors fondé de soumettre l'idée que quelque part on pénètre aussi un peu « l'âme » du musicien en écoutant sa musique...

3 - Réflexions

Les études menées en neuropsychologie et en psychologie cognitive dans le cadre musical m'ont permis de dresser ce petit panorama non exhaustif mais combien utile à la compréhension du « cerveau musicien ».
Il est évident que certains éléments ont volontairement été omis car ils offraient une vision particulièrement « technique » du fonctionnement cérébral et cela ne constituait pas un intérêt majeur dans l'ouvrage dont l'objectif est je le rappelle de donner une version simple mais précise des constituants à l'action dans l'expérience musicale et cela, pour mieux saisir l'impact si particulier qu'exerce la musique sur l'être humain et donc pour ce qui nous intéresse ici le musicien.

Dans ce premier chapitre nous avons alors mis en évidence plusieurs points dont les principaux sont :

- Le lien privilégié entre l'homme et le sonore fait partie intégrante de l'histoire humaine.

- Le cerveau humain possède naturellement des prédispositions à la perception musicale pour quatre-vingt quinze pour cent de la population selon les études menées.

- Tous pourtant ne développent pas les mêmes aptitudes ou les mêmes motivations au regard de la pratique musicale.

- L'enfant au fil de l'apprentissage musical développe et affine son potentiel cérébral autant que ses capacités sensorielles et émotionnelles.

- Il semble juste de penser qu'une amélioration de la performance des récepteurs accompagnerait l'apprentissage de la musique. Ces récepteurs, au fil du temps, de l'apprentissage, de l'exercice et de l'expérience deviendraient plus sensibles, plus discriminants, et donc plus efficaces. Il reste évident que par le jeune âge des enfants en début d'apprentissage ainsi que par la spécificité de l'apprentissage musical, la perception de la musique et l'intégration de celle-ci, tout comme son expression, font partie du domaine sensori-moteur. Il est à noter à ce sujet que l'amélioration progressive de la performance avec l'exercice et la pratique est un critère permettant toujours de parler d'apprentissage sensori-moteur. En effet, même si les stratégies hautement cognitives mises en place par le musicien expert, s'affineront ensuite de façon considérable, il n'en est pas moins vrai que la musique reste un domaine qui touche le sensori-moteur (à savoir le monde du sensoriel et de la motricité).

- L'apprentissage musical favorise particulièrement les états émotionnels qui viennent s'intégrer aux représentations mentales liées aux processus cognitifs.

- Les études sur la perception musicale ont montré que les données émotionnelles sont moins nombreuses dans la lecture d'un texte (même poétique) que dans la lecture d'une partition (*cf.* travaux de T. Baccino). Ce qui révèle l'importance fondamentale et prépondérante de la portée émotionnelle dans le rapport à la musique. Ecouter ou jouer de la musique survient donc toujours dans un contexte émotionnel très important.

- La mémoire, partie intégrante des processus cognitifs liés à la musique, favorise et utilise les émotions et les sensations liées aux stratégies mentales élaborées pas le musicien et ramène donc à la surface un tout (et non simplement un acquis cognitif) que le musicien utilisera dans son jeu instrumental ou même simplement dans l'étude textuelle d'une partition.

- La participation fortement émotionnelle générée par l'expérience musicale favorise probablement le développement des réseaux de neurones miroirs. A ce titre, l'hypothèse selon laquelle les qualités sensibles et émotionnelles normalement très développées chez le musicien et qui seraient fortement sollicitées dans la pratique au fil des années favoriseraient parallèlement des qualités liées à l'imaginaire, à l'imitation (d'un point de vue émotionnel !), en somme à des qualités liées naturellement à l'empathie.

- Enfin, la participation que nécessite la musique reste une participation entière de l'individu puisque le cerveau et le corps évoluent dans un cadre musical particulier.

Avant de conclure sur ce chapitre, il me semble important de développer le dernier point mentionné ci-dessus et c'est avec les propos du clarinettiste Florent Héau[35] que sera ouverte cette

35 - Héritier de la grande tradition de l'école française de clarinette, F. Héau, né en 1968, a été professeur-assistant au C.N.S. M. de Paris. Il enseigne actuellement la clarinette au Conservatoire de Rueil-Malmaison.

parenthèse.
Celui-ci affirme que dans l'expérience musicale : « *Tout l'être est porté sur un plan différent.* »

Cette formulation est particulièrement intéressante car elle nous renseigne sur deux paramètres essentiels liés à cette expérience inédite :

1 - La participation entière de l'individu
2 - Le fait d'être porté sur « un plan différent »

Quel est ce plan ? A quoi fait allusion notre clarinettiste ?

Il semblerait que Florent Héau exprime par là l'idée d'un espace à part qui s'ouvre en soi et dans lequel le musicien va puiser son énergie, son inspiration et ses compétences relevant bien du penser et du corporel.
Cet espace est un peu un lieu symbolique et nous pouvons formuler l'hypothèse que dès l'enfance, le musicien le façonne et le construit au fil des années puis s'y retrouve à chaque nouvelle expérience.
Et c'est en ce sens qu'un lien précieux semble exister entre les études sur la perception musicale menées en neuropsychologie, la mise en évidence par la psychologie cognitive de la part du sensori-moteur propre à l'apprentissage musical et enfin de la donnée purement individuelle inhérente à cette expérience musicale :

En reprenant l'expression de notre musicien : « *Tout l'être est porté sur un plan différent* », nous comprenons que le mental, c'est-à-dire toutes les stratégies mises en place par le cerveau ! Mémoire et émotions comprises ; mais aussi les images et les affects. Enfin, le corps, domaine du moteur et des sens, porté ailleurs dans un autre espace - symbolique - dans lequel le musicien s'exprimera en laissant parler tout son être.

Cet exemple pertinent laisse prendre pleinement conscience que pour saisir avec finesse toute la particularité de l'expérience musicale, nous pouvons créer parfois des sortes de passerelles entre les diverses disciplines, un peu d'ailleurs comme le musicien le fait lui-même, jonglant avec art et souplesse entre l'émotionnel et le cognitif, le corps et le mental, l'affectif et le symbolique.

D'autant que cela est une stratégie souple dont l'enfant use grandement car elle lui permet de se construire. N'oublions pas que l'enfant grandit et se construit par le jeu !

Or, la musique demeure aussi un jeu, on joue tel instrument, on s'exerce à tel jeu musical. L'utilisation de ces termes n'est certes pas anodine.

A ce propos, dans l'ouvrage, *L'enfant du sonore au musical*[36], les auteurs mettent en évidence qu'il existe chez l'enfant deux conduites d'apprentissage musical, l'une concerne l'apprentissage sensori-moteur que nous pouvons schématiser d'après le modèle propre aux cognitivistes :

Stimulus (l'instrument ou le travail textuel de la partition)

→ ***représentation mentale*** (composée schématiquement d'une donnée cognitive associée à une donnée émotionnelle)

→ ***concept d'associations*** (restitution de l'information sollicitée grâce à la mémoire)

→ ***Réponse*** (expression musicale)

L'autre conduite serait une conduite musicale symbolique :

A l'âge correspondant au début de l'apprentissage musical (vers cinq-six ans), l'enfant symbolise par le jeu sa vision du monde et surtout sa vie affective.

Le jeu instrumental serait utilisé un peu aussi d'une façon similaire et suivrait ce même cheminement mental.
A cette hypothèse nous ajouterons simplement pour l'instant qu'à la conduite symbolique affective s'ajoute une conduite symbolique motrice, à savoir la dimension tactile, sensorielle et physique que nous évoquions lors de l'exposé des recherches sur la perception mu-

36 - *L'enfant du sonore au musical*, Buchet/Chastel, 1982. B. Celeste, E. Dumaurier et F. Delalande.

sicale, d'où son importance puisque l'enfant a besoin du mental pour symboliser mais également du corps et de l'empreinte que celui-ci formera avec l'instrument et le son.
A partir de ce moment là pourra naître cette cohérence entre l'être et le son et l'expérience musicale prendra alors tout son sens.

Elle formera une continuité dans le temps se construisant avec l'expérience de la musique et de la vie elle-même.

***

La synthèse qu'il est possible de faire sur ce premier chapitre réside probablement à ce niveau, à savoir que la psychologie cognitive et la neuropsychologie nous ont permis de bien saisir l'impact complexe que constitue l'expérience musicale pour le fonctionnement cérébral. La richesse contenue dans ces recherches a pu mettre de plus en lumière que le sensoriel, le cognitif et l'émotionnel « marchent » ensemble dans cette expérience inédite.

« Faire de la musique », c'est impliquer entièrement l'être et cette participation entière de l'être laisse tout naturellement émerger l'idée que des données purement individuelles entrent inévitablement en considération. Ces données n'ont sûrement ni véritablement à voir avec l'inné (considérations génétiques), ni exclusivement à voir avec l'acquis (résultante stricte de l'apprentissage). Elles ont à voir simplement avec la personnalité humaine, personnalité complexe se structurant, cela va de soi, en grande partie par le cortex cérébral qui organise le monde (au sens large) afin de le comprendre et de s'y adapter.

Le cortex agit de même pour la musique : en collaboration étroite avec les récepteurs, ils travailleront de pair pour organiser l'univers musical afin de mieux le comprendre mais ils l'adapteront aussi d'une façon toute personnelle à soi, ils en feront simplement ce que l'être humain voudra bien en faire.

Nous pouvons considérer cette dernière information comme relevant davantage de considérations philosophiques mais ce n'est pas si vrai car il semblerait bien que le traitement de l'information agisse aussi d'une manière individuelle, la motivation et le désir participant très certainement aux facteurs discriminants.

En psychologie cognitive, on parlera alors de traitement intelligent mais qu'est-ce d'autres finalement que la personnalité humaine avec ses différentes facettes exerçant sa propre action ...

Et c'est bien cette personnalité là, elle seule, qui pourra former toute l'originalité susceptible de s'organiser dans l'expression musicale.

***

La corrélation entre les phénomènes observés dans ce premier chapitre implique visiblement que dans l'expérience musicale des conduites parallèles, d'ordre symbolique, mêlant l'affect et donc l'histoire du sujet sont présentes dans la compréhension sensible de la musique. Ces conduites parallèles individuelles interviennent activement et contribuent d'une façon ou d'une autre à amener l'idée que la musique telle que la vit le musicien ne peut se résumer à un apprentissage, essentiel certes, mais non exclusif :

Au regard de cette synthèse, je formule alors l'hypothèse qu'il existe un rapport de causalité entre l'apprentissage de la musique et l'accès au statut de « musicien-expert » mais il n'existe pas en revanche de rapport de causalité unique, d'autres paramètres participant également à cette expérience.

CHAPITRE DEUX

Thème et variations

I - PREAMBULE

Claude Bernard écrivait joliment :

« On ne ramènera jamais les manifestations de notre âme aux propriétés brutes des appareils nerveux pas plus qu'on ne comprendra de suaves mélodies par les seules propriétés du bois ou des cordes du violon qui sont nécessaires pour les exprimer. »
(Robert Clarke, *Claude Bernard et la médecine expérimentale*, Paris, Éditions Seghers, 1961)

Ce célèbre médecin physiologiste évoque là les fameuses *manifestations de l'âme* pour exprimer finalement le registre expressif normalement propre à chaque musicien.
Mais en matière d'expression musicale, que peuvent bien signifier les manifestations de l'âme chez un musicien ?
La portée poétique individuelle ? La touche personnelle ? Sa propre couleur ?
Et puis l'âme, elle-même, que peut-elle bien être ? L'esprit ?
L'espace symbolique personnel, paysage intérieur dans lequel le musicien se sent porté entièrement ?
La conscience d'exister et l'affirmation expressive de cette existence ?
Il est en effet intéressant de se questionner à présent sur la personnalité propre du musicien et ses différentes facettes lui permettant de nourrir l'expression musicale ainsi que son intérêt et sa motivation pour la recherche intellectuelle et pour l'exaltation de cette pratique artistique.

Le lecteur a peut-être l'impression de s'éloigner brutalement de ce que le premier chapitre a pu synthétiser mais il n'en est rien car comme nous allons le voir à présent la personnalité et l'unicité ainsi que la conscience sont des moyens inédits d'accéder à une compréhension plus fine de l'homme en général et de ses processus créatifs. Ce qui ici suscitera toute notre attention.

Cette réflexion peut sembler plus éloignée du domaine de la neuropsychologie ou de la psychologie cognitive et se rapprocher davantage de la psychologie clinique, de la sophrologie voire même de la philosophie. Pourtant certains neuropsychologues n'hésitent pas à réfléchir dans leur spécialité à des hypothèses permettant de lever le voile sur cette problématique touchant les processus propres à l'individualité, l'âme, la conscience ou le nom que nous voulons bien lui donner.
C'est ce que ce chapitre se propose d'explorer dans un premier temps en l'illustrant par l'exposé du remarquable ouvrage d'Antonio Damasio[1], *L'erreur de Descartes.*

Dans un second temps, sous l'éclairage de la théorie de Damasio, les grandes lignes issues de la réflexion des questionnaires et des entretiens effectués auprès des différentes professions musicales seront énumérées. Il ne s'agira pas de se livrer pas à une analyse rigoureuse et ciblée car ce n'est pas l'objet de cet ouvrage en revanche, une problématique particulière liée à ce que nous pourrions nommer la *personnalité musicale* de l'artiste sera isolée.
Les diverses facettes qui composent cette personnalité seront ensuite tour à tour examinées, facettes pouvant parfois sembler aux premiers abords plutôt contrastées.

En effet, ces conduites semblent à première vue à la fois spontanées et très structurées, individuellement existentielles et bien souvent cathartiques. La personnalité du musicien peut de ce fait, paraître à la fois raisonnée et instinctive, passionnée et rationnelle, vulnérable et solide. C'est pourquoi, dans un souci de compréhension, cette personnalité aux multiples contrastes sera développée dans ce chapitre.

II - THEME : L'ERREUR DE DESCARTES SELON A.R. DAMASIO

Sous l'angle de la neuropsychologie, cet ouvrage expose schématiquement trois aspects généraux et complémentaires :

1 - La participation intégrante du corps dans l'activité cérébrale cognitive, perceptive et bien sûr émotionnelle.

2 - La prépondérance du rôle des émotions dans la perception et dans les hautes activités cognitives.

3 - Le concept de la conscience dans le paysage cérébral.

1 - Théorie

Au début de ce livre je soulignais l'idée et l'intérêt d'apprendre à considérer l'être humain comme un tout et c'est bien finalement la trame de fond de l'ouvrage de Damasio qui met en évidence l'unicité inhérente à l'homme. De ce fait pour bien comprendre sa pensée, il est utile de « se défaire » de notre mode de réflexion où prime la dualité raison / émotion, corps / cerveau ; réflexion demeurant tellement présente dans le langage scientifique et médicale de notre monde occidental que nous avons tous tendance à penser en séparant, en opposant au lieu d'unir. La théorie de René Descartes a, nous devons l'admettre, contribué à modeler ainsi notre pensée et la célèbre formulation, *« Je pense donc je suis »* a consolidé mentalement cette opposition systématique, ce conflit entre le corps

1 - A. R. Damasio dirige le département de neurologie de l'Iowa aux Etats-Unis et enseigne à l'institut d'études biologiques de La Jolla.

et le cerveau, ou du moins cette primauté du cerveau sur le corps et de la raison sur les émotions.
Il est vrai que la fameuse pensée cartésienne exerce encore son poids dans la plupart des démarches intellectuelles et scientifiques et reste considérablement imprégnée dans notre paysage mental.

A ce titre, nous pouvons dire que Damasio inverse l'idée en affirmant :

« *Je suis donc je pense.* »

Est-ce ainsi que nous devons comprendre l'erreur de Descartes ?

Nous y reviendrons à la fin de l'exposé. Pour l'instant nous allons approfondir l'idée de l'auteur.

Damasio annule dans sa théorie et ses hypothèses l'idée d'une dualité présente entre le corps et le cerveau et insiste plutôt sur une forme d'unicité, considérant le corps et le cerveau comme une unité interne. Il précise d'emblée que tous deux forment une unité indissociable et intégrée, par l'intermédiaire de circuits neuraux et biochimiques, par lesquels les messages sont acheminés dans un sens ou dans l'autre. Son objectif n'est pas non plus de démontrer l'inverse, c'est-à-dire la primauté du corps sur le cerveau mais simplement de développer l'étroite collaboration existante entre l'un et l'autre. Le corps n'étant pas simplement là pour recevoir des messages du cerveau dans l'unique but de survie mais apporte, lui-même, des éléments de compréhension et d'adaptation pour et par son environnement.

Je vais citer à ce propos cet exemple simple illustré par l'auteur lui-même :

« *Pensez à ce qui se passe lorsque vous regardez un paysage que vous aimez particulièrement. La rétine et le cortex visuel ne sont pas les seuls à être impliqués. Certes, la cornée est passive, mais le cristallin et l'iris, non seulement laissent pénétrer la lumière, mais modifient leurs dimensions et leurs formes en réponse au spectacle qui se trouve devant eux. Le globe oculaire est actionné par plusieurs muscles, de façon que les objets soient repérés efficacement, et la tête et le cou prennent également des attitudes optimales. Si tous ces réglages et beaucoup d'autres ne sont pas effectués, vous risquez de ne pas voir grand-chose. Ils dépendent de messages allant du cerveau au corps et d'autres, en rapport avec les précédents, allant du corps au cerveau.*

Ensuite les messages relatifs au paysage sont traités à l'intérieur du cerveau. Des structures sub-corticales, comme les tubercules quadrijumeaux, entrent en activité, de même que les cortex sensoriels fondamentaux et les divers cortex d'association et centres du système limbique qui y sont reliés. Tandis que toutes sortes de connaissances se rapportant au paysage sont appelées sur la scène mentale par le truchement des représentations potentielles localisées dans ces diverses aires cérébrales, le reste du corps est amené à participer au processus.

Tôt ou tard les viscères vont réagir aux images que vous êtes en train de voir, et aux images que votre mémoire est en train d'engendrer, en rapport avec ce que vous voyez. Au bout du compte, vous allez constituer un souvenir du paysage que vous regardez. Il consistera en la trace neurale d'un grand nombre des changements que j'ai juste décrits, certains ayant pris place dans le cerveau lui-même (comme l'image élaborée à partir du monde externe, ainsi que les images élaborées à partir de la mémoire), d'autres ayant pris place dans le corps proprement dit.

Percevoir l'environnement ne se résume donc pas à ce que le cerveau reçoive directement des signaux d'un stimulus donné, sans parler même de la réception directe d'images. L'organisme se modifie activement de telle sorte que l'interaction puisse prendre place dans les meilleures conditions possibles. Le corps proprement dit n'est pas passif. » (1994, p. 303)

Le descriptif de l'observation d'un paysage qui nous plaît n'est pas sans surprendre tant les réactions suscitées sont nombreuses.

Elles vont au-delà de la simple illustration réductrice du schéma stimulus-réponse, elles vont même au-delà du schéma d'apprentissage tel qu'il est mentionné dans le premier chapitre et qui est je le rappelle : Stimulus - représentation mentale - concept d'associations - Réponse.

Effectivement, la participation active et complémentaire du corps et du cerveau met en relief plusieurs points :

1 - Cette action simple (regarder un paysage qui nous plaît) véhicule et active un nombre considérable d'actions physiques, physiologiques, sensorielles, cognitives (représentations mentales, mémoire) et émotionnelles.

2 - L'ensemble de la personnalité humaine agit avec l'environnement dans un souci et une volonté de se faire plaisir d'une part et d'apprendre, de comprendre, de vivre en symbiose avec soi et avec le monde. La simple action de regarder un paysage se fait donc dans une finalité plaisante mais aussi structurante (volonté d'échanger, d'apprendre, de consolider un acquis agréable certes mais un acquis cognitif également puisque des associations sont faites exactement de la même façon que dans l'apprentissage).

3 - Le schéma stimulus-réponse est beaucoup plus complexe puisqu'il suppose une participation entière de l'individu.

4 - Si pour une action aussi simple que le fait de regarder un paysage plaisant, la participation entière de l'individu s'exerce, il demeure naturel de supposer que ce même type de fonctionnement se reproduira dans d'autres activités, y compris les hautes activités cognitives.

5 - En conséquence nous pouvons dire que tout laisse à supposer que dans l'apprentissage pur de la musique ou dans l'expérience musicale des activités similaires se manifestent et englobent de surcroît l'individu tout entier (et non simplement un acquis cognitif associé à une émotion).

6 - Le descriptif des phénomènes neuropsychologiques à la vue d'une image plaisante nous montre que ceux-ci déclenchent une véritable richesse de processus car nous aimons justement ce paysage. L'émotion naissant alors du sentiment *« d'aimer un paysage »* est primordiale car elle laisse supposer que le contexte émotionnel suscite d'une part notre attention (nous n'aurions peut-être pas remarqué ce paysage s'il nous laissait indifférent) et d'autre part, c'est bien le contexte émotionnel déclenché par ce sentiment

d'amour qui a permis de mettre en place les différentes connexions dont le corps et le cerveau en sont la scène et les acteurs.

La prééminence émotionnelle dans la perception et dans les hauts processus cognitifs est par cette illustration, parallèlement démontrée.

A présent, nous allons pouvoir mettre en évidence le second aspect développé par Damasio concernant le rôle prépondérant de l'émotion dans toute activité humaine et qui nous sera, par la suite, utile pour affiner notre compréhension des émotions propres à l'activité musicale et à la vie intérieure du musicien.

Selon la théorie de l'auteur présentée ici, les émotions seraient en fait un marqueur somatique (corporel) nous permettant d'évaluer le caractère désirable ou non d'une décision. Selon l'émotion ressentie, nous serions donc orientés, par exemple, vers l'approche (émotion positive) ou la fuite (émotion négative). L'émotion donne une étiquette (positive ou négative) à une situation.
Ceci soutiendrait l'hypothèse selon laquelle des marqueurs somatiques liés aux rencontres précédentes avec des stimuli seraient réactivés lorsque l'individu se retrouverait confronté aux mêmes stimuli, permettant de faire un choix plus judicieux.
Cette hypothèse, développée dans le premier chapitre et qui précisait, souvenons-nous, l'importance de l'association entre l'activité cognitive et l'émotion vécue par la situation d'apprentissage ou autres, admet toutefois une précision supplémentaire :

L'émotion est le critère permettant d'affiner ses propres choix. Elle intervient non seulement grâce au corps mais elle permet de plus l'instauration de choix plus judicieux. Elle fait donc partie intégrante de l'activité cognitive, en ce sens qu'elle n'est pas passive. Elle n'est pas là simplement pour extérioriser une impression diffuse et impalpable. Elle agit dans la rencontre de l'homme et de son environnement que ce soit dans l'apprentissage pur ou dans d'autres activités humaines.

Cette constatation nous amène tout naturellement au dernier aspect concernant l'émotion et qui repose sur la dimension individuelle liée à la prépondérance du rôle émotionnel dans la perception et l'apprentissage :

Damasio explique à ce sujet que les marqueurs somatiques sont acquis par l'intermédiaire de l'expérience individuelle, sous l'égide d'un système d'homéostasie interne et sous l'influence d'un ensemble de circonstances comprenant *« les entités »* et *« les évènements »* qui interagissent avec l'organisme. À cela s'ajoute parallèlement les conventions sociales et les règles éthiques.

Dans le premier chapitre j'avais insisté sur la tendance dans certains domaines de la recherche psychologique (comme la psychologie cognitive) à ne pas tenir compte des caractéristiques individuelles car pour des raisons protocolaires cela était impossible. De ce fait, l'aspect personnel, toujours éludé, faisait souvent perdre de vue cette constante et ses implications.
De la même manière, le critère émotionnel qui constitue pour une grande part l'aspect fondamental de l'adaptation humaine, en étant fondu dans la généralisation, peut du même coup laisser se perdre des informations précieuses relevant de ce critère à la fois complètement humain mais aussi toujours inédit car toujours personnel. Il n'est donc pas excessif de considérer que les caractéristiques individuelles demeurent des moteurs à l'action pour l'être humain d'une façon toute générale mais aussi toute personnelle.

Le caractère humain dans ce qu'il recèle d'unique est une prise en considération fondamentale.
Il est donc adéquat de prendre en compte cette constante pour comprendre le fonctionnement humain (y compris le fonctionnement neurobiologique) ainsi que sa capacité à s'adapter selon une personnalité propre, selon une problématique propre et selon des interactions avec son propre environnement.
Et, c'est bien là que réside toute l'originalité et la pertinence du travail de Damasio qui n'hésite pas à prendre en considération et à intégrer, dans la mesure du possible, les données purement

individuelles pour tenter de comprendre toute la richesse inhérente à l'homme et à sa personnalité aussi inédite qu'il existe d'êtres humains.

De façon générale, nous pouvons formuler l'hypothèse que les émotions ne sont donc pas une sorte d'encombrement venant parasiter le bon fonctionnement de la raison mais simplement la forme neurobiologique la plus originale donnée à l'être vivant d'appréhender son univers avec sa personnalité, de forger sa raison en accord avec soi, de combiner avec art le monde environnant et ses propres caractéristiques, d'évaluer avec sensibilité les critères liés à son univers social ainsi qu'à l'éthique, de concilier les valeurs sociales aux siennes, de développer son esprit critique, de valider et de consolider son monde affectif dans lequel se mêlent pulsions, sentiments et désirs.

La liste n'étant pas exhaustive mais plutôt en rapport à l'essentiel, nous permet néanmoins de voir déjà se profiler l'idée de ce que nous nommons, au-delà de la personnalité, la conscience.

Nous arrivons ainsi au dernier aspect général de l'ouvrage de Damasio que nous développons ici : La conscience ou le moi neural :

Pour l'auteur, les images[2] ainsi que la perception des émotions et des marqueurs somatiques constitueraient la base neurale du moi. La vérification de cette hypothèse pourrait organiser un peu l'idée tellement suggestive de la conscience et donc apporter quelques éléments neurobiologiques de compréhension.
Toutefois, il est important de préciser que pour Damasio, le moi neural ne constitue pas une unité centrale unique, « *une sorte de sujet qui connaîtrait notre esprit, ni que cette entité résiderait dans un site particulier du cerveau* ». (1994, p.319)

---

2 - La notion d'image est pour Damasio une représentation potentielle. Le cerveau ne peut stocker une image fidèle ou un « film » d'un épisode de notre vie comme on pourrait le faire dans une bibliothèque ou une vidéothèque car il y aurait très vite des problèmes d'encombrement. Le cerveau traite donc les souvenirs sous forme de restitution de données potentielles. (Voir *Annexes*, note 2).

Ce que veut dire l'auteur revient à expliquer que nous tendons à projeter un *regard* constant sur le monde. Il explique judicieusement que ce *« regard se fonde sur un état biologique relativement stable, indéfiniment répété. »* (1994, p.266).

L'origine de cette stabilité provient de la structure et du fonctionnement organique ainsi que sur les données de l'expérience personnelle évoluant par palier. Selon l'auteur, il existe un rappel continu d'images remis à jour et qui concerne notre identité. Il peut représenter des souvenirs du passé ou des programmes pour l'avenir. Ce rappel continuel est pour Damasio la trame de fond d'une part importante de l'état sous-tendant le moi.

Nous devons bien retenir dans cette hypothèse concernant le moi neural de Damasio qu'à chaque instant l'état sous-tendant le moi est susceptible d'une totale élaboration. C'est un état de base évanescent et en reconstruction potentielle continue sans que l'individu n'en sache quoi que ce soit sauf, bien sûr, si quelque chose ne se déroule pas comme prévu dans la reconstruction.

L'hypothèse selon laquelle les processus biologiques agissent dans le fonctionnement du moi neural est une hypothèse qui me semble judicieuse d'autant qu'elle expliquerait les différences de compréhension, de perception et d'adaptation au monde environnant selon les individus et les personnalités. Les influences du milieu ne peuvent être l'unique source des différences individuelles, tout comme ne peuvent l'être non plus les critères génétiques liés à l'inné. Il semblerait donc que les interactions neurobiologiques s'exerçant à l'intérieur de soi en rapport avec le milieu et avec la personnalité s'organisant perpétuellement seraient un concept de compréhension plausible et pertinent qui demeure bien entendu à vérifier avec les recherches ultérieures menées en ce domaine.

***

Ces trois aspects de l'œuvre de Damasio évoqués très brièvement nous donnent quelques éléments de compréhension pour ce qui nous

intéresse dans ce chapitre, le monde intérieur du musicien que nous allons pouvoir mettre en parallèle et explorer.
Toutefois, avant d'apporter la conclusion sur *L'erreur de Descartes*, il est important d'ouvrir une petite parenthèse supplémentaire à ces trois aspects.
Cette petite parenthèse relève d'un point développé par Damasio et qui nous intéresse particulièrement dans cette réflexion sur le musicien puisqu'il concerne l'intuition :

Pour l'auteur, l'intuition relèverait également de processus biologiques mais il reste prudent quant à cette hypothèse. Selon lui, l'intuition, *« mystérieux moyen par lequel nous arrivons à la solution d'un problème sans le soumettre au raisonnement »,* (1994, p.258) possède un rôle dans la prise de décision. Il augmenterait l'incitation à agir grâce à un mécanisme biologique mis en œuvre et agissant parfois de façon cachée, parfois non, réalisant pour nous une présélection et faciliterait ainsi notre décision.

Pour Damasio enfin, l'intuition serait le mécanisme permettant l'accès à la créativité. Il rappelle à ce sujet que plusieurs scientifiques vont dans le même sens que lui. Cela est le cas par exemple pour Léo Silzard[3] qui écrivait :

« Le scientifique créatif a beaucoup en commun avec l'artiste et le poète. Il doit faire preuve de pensée logique et de capacité d'analyse mais c'est loin d'être suffisant pour faire un travail créatif. Les idées nouvelles qui ont conduit à de grandes percées n'ont pas été déduites logiquement des connaissances préexistantes : les processus créatifs, sur lesquels repose le progrès scientifique, opèrent à un niveau inconscient. » (1994, p.260)

Jonas Salk[4], (*The anatomy of reality*, New-York, Praeger, 1985) autre scientifique, plaide la même cause en proposant l'idée que la créativité repose sur l'action combinée de la raison et de l'intuition.

3 - L. Silzard (1898-1964), physicien et biologiste (biologie moléculaire).
4 - J. Salk (1914-1995), biologiste, inventeur du vaccin contre la poliomyélite.

Nous développerons dans le chapitre suivant les processus liés à la créativité et nous retiendrons pour l'instant simplement que l'intuition serait un mécanisme d'origine biologique intervenant dans la créativité et la création et impliquerait donc fortement l'expression musicale.

***

L'ouvrage de Damasio met globalement en évidence que l'individu est unique mais très certainement aussi doté d'une extrême fragilité puisque tout, y compris le corps, la personnalité et le « Moi », se trouvent imbriqués dans de complexes combinaisons neurobiologiques.

Le lecteur pourra alors peut-être penser qu'il est difficile voire même aussi dévaluant de réduire l'être humain et ses composantes les plus louables (comme l'amour, l'altruisme, la création, la sensibilité) à des mécanismes biologiques et neuraux. Mais, à mon sens, cela ne doit pas être perçu comme une compréhension réductrice de ces phénomènes. Nous devons plutôt envisager cette orientation biologique comme une prise de conscience de l'extrême vulnérabilité de l'être humain en ce sens qu'il est biologiquement complexe et pourtant toujours unique.

Cette constatation ne facilitera pas le travail du chercheur mais elle lui permettra d'aider peut-être plus efficacement les individus en souffrance.

Revenons à présent à Descartes[5]. Quelle est donc son erreur ?
Selon Damasio, l'erreur de Descartes se situe bien évidemment dans ce qu'il a instauré au sujet de la séparation catégorique entre le corps et l'esprit. Il a de plus suggéré que la raison et le jugement moral ainsi qu'un bouleversement émotionnel ou une souffrance provoquée

---

5 - Damasio s'interroge sur le sens du fameux « *Je pense donc je suis* » et se demande si, replacé dans le contexte de l'époque, le sens qu'on lui donne aujourd'hui serait peut-être différent de ce qu'avait voulu exprimer Descartes. Voir *Annexes*, note 3.

par une douleur physique, pouvaient exister indépendamment du corps. Quant aux opérations les plus délicates de l'esprit, elles n'auraient selon Descartes rien à voir avec l'organisation et le fonctionnement d'un organisme biologique.

Pour Damasio, cette pensée cartésienne a certainement été à l'origine, dans la moitié du XXème siècle, de la conception d'un esprit comparable à un logiciel informatique.

De la même façon, l'idée d'un esprit séparé du corps a orienté tout autant la recherche que la médecine occidentale tant dans l'étude de la maladie que dans son traitement. Damasio se positionne à ce sujet en annonçant d'emblée que :

« *L'impact psychologique des maladies affectant le corps n'est généralement pas pris en compte, ou seulement envisagé dans un second temps. Le processus inverse, la façon dont les problèmes psychologiques retentissent sur le corps, est encore plus négligé.* » (1994, p. 338)

Nous devons admettre que cette « coupure cartésienne » a fait abandonné l'approche holiste dans laquelle l'esprit et le corps ne faisaient qu'un.
Je peux ajouter également que l'une des variantes de l'erreur de Descartes est de ne pas voir que l'esprit humain est incorporé dans des processus biologiquement complexes mais uniques, finis et fragiles. De ce fait, elle empêche de nous rendre compte, selon Damasio, de la tragédie que représente la prise de conscience de cette fragilité, de cette finitude et de cette unicité :

« *Et lorsque les êtres humains sont incapables d'apercevoir la tragédie fondamentale de l'existence consciente, ils sont moins enclins à chercher à l'adoucir et peuvent de ce fait avoir moins de respect pour la valeur de la vie.* » (1994, p. 339)

2 - Pratique :

2 - a Intérêt de la théorie de Damasio dans la compréhension de la personnalité du musicien.

Afin d'introduire le rapprochement légitime qu'il est possible de faire entre les points développés précédemment de la théorie de Damasio et la personnalité particulière que forge le musicien au fil des années et de l'expérience, je vais laisser encore la parole à ce même auteur en apportant une illustration pertinente du lien judicieux existant entre sa théorie et la compréhension du fonctionnement mental du musicien :

« (...) Ainsi il semble bien qu'il existe un fil conducteur reliant sur le plan anatomique et fonctionnel, la faculté de raisonnement à la perception de raisonnement et au corps. C'est comme s'il existait une passion fondant la raison, une pulsion prenant naissance dans la profondeur du cerveau, s'insinuant dans les autres niveaux du système nerveux, et se traduisant finalement par la perception d'une émotion ou par une influence non consciente orientant un processus de prise de décision... La raison, de sa forme pratique à sa forme théorique, se développe probablement sur la base de cette pulsion innée ressemblant à l'acquisition d'une compétence supérieure dans la pratique d'un art. Si vous n'avez pas l'incitation de la pulsion, vous n'acquerrez jamais la maîtrise d'un art. Mais si vous possédez cette pulsion cela ne garantit pas automatiquement que vous deviendrez un maître. » (1994, p. 331- 332)

Damasio offre là une belle métaphore entre son explication et le processus d'apprentissage de la pratique artistique ainsi que la grande énergie de base, dont nous n'avons encore guère parlé, et qui se trouve être, bien sûr, la pulsion.

En effet, si j'ai choisi d'illustrer la théorie de Damasio pour mieux comprendre la personnalité et le monde intérieur du musicien, c'est qu'elle offrait des explications pertinentes qui nous permettront

d'isoler des caractéristiques particulières liées à l'artiste et bien évidemment au musicien.
Au début de ce chapitre, j'évoquais la personnalité du musicien comme étant, aux premiers abords, contrastée mais à la lumière de la théorie de Damasio, nous pouvons nous demander finalement si ce contraste n'est pas plutôt biologiquement fondé ?

Si pour Damasio, la passion fonde la raison, l'émotion et l'intuition donnent le ton à la perception, à l'attention, à la prise de décision ainsi qu'à toutes les hautes stratégies cognitives qui s'élaborent ; l'artiste, dans une participation inédite et entière de l'être, agirait en fait, en harmonie avec ses composantes neurobiologiques qui constituent sa nature-même. La pratique instrumentale serait ainsi l'occasion de vivre cette osmose avec soi et en extension avec l'instrument et la musique.

Quoi de plus naturel alors que le choix d'un être humain à pratiquer un art et à se structurer avec lui ! Puisque l'usage de cette pulsion innée (ou énergie, ou désir) en se fondant dans une personnalité naissante et dans une finalité artistique va être aussi l'occasion de sublimer les affects et de transcender l'être.

L'hypothèse selon laquelle le musicien construira sa personnalité sur ce fondement semble de ce fait pertinente.

Deux questions essentielles pourtant se dégagent de cette hypothèse :

- Le musicien construira-t-il sa personnalité entière sur ce fondement présent en lui-même mais « orienté artistiquement » ?
L'incitation à la pulsion permet l'accès à la démarche artistique mais ne garantit pas l'accès au statut d'artiste.
Qu'en est-il de cette énergie de base ? Et comment peut-elle permettre le rayonnement artistique tout en épanouissant la personnalité ?

- Nous avons vu que par son fondement même l'être humain est fragile.
Cette fragilité se trouve-t-elle davantage exposée par la pratique artistique ou au contraire vient-elle se renforcer à son contact ?

Je propose d'approfondir ces questions afin de dégager la problématique du musicien-artiste après avoir présenté les questionnaires ainsi que les entretiens.

2 - b Exposé des questionnaires et entretiens

2 b -1 Présentation

Le travail de recherche préalable a cet ouvrage a été, comme je l'ai expliqué dans la préface, l'occasion de manifester un intérêt pratique (et non pas expérimental) auprès des différents corps musicaux (élèves, étudiants, musiciens professionnels - soliste et orchestre - et / ou professeurs, compositeurs et enfin chefs d'orchestre).
Cette enquête ne touche que l'apprentissage, la pratique, l'interprétation et la création de musique dite classique.
J'ai du reste essayé de mener ce travail préalable d'une façon élargie de manière à ne pas collaborer avec un monde musical exclusivement français.
Je suis donc allée dans le sens d'une enquête la plus « européenne » possible.
Quant à la composition, j'ai élargi mon champ d'investigation jusqu'aux Etats-Unis afin de le déployer au maximum et prendre ainsi en considération le critère social relevant parfois d'un intérêt bien particulier à l'égard de l'apprentissage par exemple mais aussi à l'égard des facteurs socioculturels pouvant s'exprimer dans toute conduite musicale.

Il est à noter toutefois que les musiciens sont pour la plupart de grands voyageurs et je pense qu'au fil de leurs destinations musicales, ils s'enrichissent et peuvent aussi appréhender autrement cette notion relative à la dimension historique et culturelle. Nous devons envisager alors cette notion avec prudence sachant que certes, une culture et une histoire existent et se véhiculent dans l'apprentissage, l'expression et les conduites personnelles mais parallèlement nous devons envisager aussi l'idée qu'un musicien français, par exemple, est surtout un musicien qui a principalement fait une majeure partie de ses études en France et, c'est aussi en ce sens que nous devons en grande partie saisir la nuance.

Au niveau du contenu, l'enquête se divise en deux puisque j'ai pu soit remettre des questionnaires à remplir de façon anonyme, soit j'ai effectué un entretien semi-guidé et j'invite le lecteur à se référer à la fin de l'ouvrage dans la partie « *Annexes* » pour davantage d'informations à ce sujet.

Quels ont été mes critères ?

Tout d'abord, je dois préciser qu'en aucun cas ici cette enquête ne donne lieu à une recherche à visée expérimentale, aucun protocole ne sera donc établi. En revanche, pour une meilleure compréhension à la fois de mes raisons et de ma finalité, certaines précisions seront apportées.

Pour les raisons, je les ai déjà exposées dans la préface, il s'agissait pour moi d'aller puiser des informations pertinentes de façon à structurer ma réflexion au niveau de l'expérience musicale de la manière la plus neutre et la plus objective possible.

Concernant la finalité, je dois en préciser le contour :
J'ai beaucoup réfléchi à la façon dont je devais effectuer ce travail préalable.

J'aurais pu choisir un célèbre musicien (comme Liszt, Mendelssohn, Ravel, Mozart ou autres..) ou bien pourquoi pas, un interprète, comme certains le font (*cf.* les multiples écrits sur Glenn Gould par exemple) et mener une analyse à partir de sa biographie, de son œuvre, de ses interviews..., et d'en tirer des conclusions pertinentes (ou non).

J'aurais pu également dresser le profil d'un certain nombre d'interprètes très médiatisés et sélectionnés judicieusement à partir des entretiens parus dans la presse (pour exemple François-René Duchable ou encore Hélène Grimaud).

J'aurais pu encore cibler davantage mon enquête en réduisant à une population-cible comme celle des étudiants en musique ou des solistes ou encore des compositeurs et effectuer ainsi une recherche rigoureuse avec questions donnant lieu a un développement ciblé (calcul statistique, courbe représentative, moyenne...) et en tirer des conclusions objectives et protocolaires.

Toutes ces possibilités ne me séduisaient pas véritablement. Je les trouvais plutôt restrictives et pas véritablement en accord avec l'idée que j'avais de ma recherche.
Pourtant je devais faire un choix.

J'ai parallèlement réalisé que le terme « musicien » définissait aussi un peu un concept, une idée, une image.
Cela ne me plaisait guère et ne rentrait pas beaucoup dans le cadre de mon enquête se voulant plus complète tout au moins plus humaine.
Cette prise de conscience a très certainement contribué à mettre en place le constat suivant et la prise de décision concernant mon choix d'enquête :
Se questionner sur « le musicien » induit pour une grande part l'idée de comprendre sa « personnalité musicale ».
Pour ce faire, il était donc nécessaire de prendre en compte déjà un grand nombre de professions musicales (tous niveaux et tous instruments confondus afin de pouvoir ainsi m'offrir toute la richesse de cette expérience.

Je dois dire qu'à ce niveau, j'ai été particulièrement gâtée, je considère, et cela n'engage que moi, avoir fait le meilleur choix possible. Et il est important de souligner à ce sujet que nous avons, parmi nous, des musiciens et des compositeurs fabuleux qui font vivre la musique tous les jours ; alors pourquoi attendre qu'ils soient relativement « âgés » ou disparus pour écrire sur eux ?
Pourquoi ne pas profiter de la finesse et de la justesse de leur pensée pour mieux comprendre un domaine de recherche dans lequel nous nous investissons tant ?

Dans un souci de connaissance, il est tout de même plus objectif (et de surcroît plus agréable) de recueillir des informations directement auprès d'un public actif dans le domaine étudié plutôt que d'analyser des propos recueillis dans la presse ou un profil étudié dans un livre qui a déjà probablement subi une « déformation » et qui de plus, la plupart du temps, date !

Une dernière considération sera avancée au sujet de mon choix d'enquête :

Tous les éléments de compréhension ayant émergé de cette étude sont la réflexion même et donc le corps de cet ouvrage, en ce sens qu'ils ne se résument pas à la simple partie que je vais développer ensuite.

C'est pourquoi, je suis infiniment reconnaissante à tous les enfants, adolescents et adultes ayant participé à ce travail préalable, d'autant que l'authenticité dont la plupart ont fait preuve à l'égard de cette enquête a été pour moi une source d'aide précieuse tout comme la confiance témoignée. (Ce n'est pas toujours facile d'exprimer une part aussi intime de soi et surtout à une « inconnue » !)

Enfin, l'enthousiasme manifesté pour ce projet m'encourage à persévérer dans la recherche les concernant.

Un dernier point à préciser concerne la distribution des questionnaires et des entretiens[6] :

Trois cents questionnaires et entretiens ont été pris en compte : Cent quarante par des musiciens professionnels (solistes et musiciens d'orchestre en majorité, puis compositeurs et en minorité les chefs d'orchestre) répartis comme suit : soixante-seize d'entre eux ont suivi l'entretien, quatre-vingt, le questionnaire (parmi les 140, seize d'entre eux ont pu participer à l'entretien et remplir également le questionnaire.)

Il est à noter que je n'ai pas ajouté le titre « professeur » car il est de

6 - Les entretiens sont semi-guidés laissant libre l'artiste d'exprimer ce que bon lui semble au sujet de son expérience. Puis, en fonction des informations données, j'ai pu orienter l'entretien afin d'approfondir ou de développer certains points qui pouvaient me sembler importants (questions plus précises relatives à l'aspect

toute façon compris au sein des spécialisations puisque souvent musiciens solistes, musiciens d'orchestre ou compositeurs enseignent également.

Les cent soixante questionnaires et entretiens restants étaient bien évidemment ciblés selon le public à qui ils s'adressaient et se répartissent ainsi :

- Les élèves de 6 à 14 ans. Entretien oral et observation de leur pratique instrumentale en cours. Quarante entretiens.

- Les élèves de 15 à 18 ans. Elèves de la seconde à la terminale, section T.M.D. et option musique : remise d'un questionnaire à remplir dans un délai limité. Cinquante huit questionnaires.

- Les étudiants. Section musicologie et école supérieure de musique (France, Allemagne, Belgique, Italie et Angleterre) : questionnaire à remplir et questions verbales (pour certains d'entre eux). Soixante deux.

Deux dernières indications sont encore à mentionner :

1 - Pour des raisons de confidentialité et de respect de l'individu, j'ai simplement choisi de dégager une problématique générale liée à la personnalité grâce aux éléments que j'ai pu extraire de l'analyse des questionnaires ainsi que de la réflexion issue des entretiens. Aucun cas particulier ne sera donc mentionné.

2 - Les questionnaires regroupaient une partie concernant d'une part la démarche personnelle dans la pratique instrumentale pure et d'autre part des questions liées au sexe, à l'âge ainsi qu'à la latéralisation globale et fine.
Ces questions très ciblées et précises exigeaient donc des réponses du même ordre. Elles étaient destinées de ce fait à une analyse

---

créatif, au rapport privilégié à l'instrument, au stress présent dans cette profession...). *Cf. Annexes*, *Notes sur le guide d'entretien* et *Glossaire*, note 4.

préalable en psychologie cognitive demandant un dépouillement strict et une analyse plus objective (menés en laboratoire et en travaux dirigés par des étudiants en psychologie). Les résultats paraîtront, je le souhaite, ultérieurement en annexe.

2 b -2 Exposé

Je ferais très certainement un grand plaisir à Antonio Damasio en annonçant de suite que de l'analyse des questionnaires ou des entretiens, un fil conducteur rejoint l'ensemble des musiciens qu'il soit enfant, adolescent ou adulte (toutes disciplines et spécialités confondues), ce fil conducteur est, le lecteur l'aura certainement deviné, l'émotion.

Effectivement, je pense que tous les musiciens, en l'exprimant à leur manière, s'accordent sur les états émotionnels considérables véhiculés par la musique et le climat musical. Ils n'y adressent à ce propos aucune connotation péjorative :

« La musique c'est l'émotion, »...
« La musique n'est qu'émotion »...
« Le monde de la musique est immensément émotionnel »...

Je pourrais ainsi remplir le livre.

Concernant les enfants jeunes (de six à dix ans), l'expression de l'émotion est bien sûr imagée mais citée toujours très simplement et de manière authentique. Ils diront par exemple :

« *Des fois quand je joue, j'ai les yeux qui pleurent* » ou encore :
« *Quand je joue ça, ça me fait rire* » ou :
« *Là, je joue mal parce que j'aime pas cet endroit...* »

Les plus grands (collégiens et lycéens) manifesteront par pudeur beaucoup plus difficilement leurs émotions, ils ne l'écrivent guère dans leur questionnaire et le mentionnent rarement mais pourtant certains *débats* collectifs menés auprès d'eux permettent de réaliser que leur implication émotionnelle est présente mais pour une grande majorité, pas encore véritablement consciente.

De façon générale, plus les jeunes avancent dans l'âge, plus ils en ont conscience.

Avec l'expérience et les années, les musiciens, aux alentours de la quarantaine, vont aller encore plus loin, puisque, sans que je leur demande, ils manifestent souvent l'envie de faire directement le lien avec les émotions de base qui ont contribué à faire d'eux des musiciens professionnels. Ils me confient alors des épisodes très particuliers de leur vie et dont le choc émotionnel a déclenché l'investissement musical et le dépassement par cette voie inédite.

J'entends alors souvent l'idée que la musique par exemple : « *construit ou reconstruit* », que la musique permet : *« de transformer la rage en beauté »*, que la musique, encore, a été : *« une planche de salut », « un exutoire », « un refuge »...*

Sans m'étendre sur ce sujet par respect de la confidence faite, je peux simplement souligner que le musicien sait combien l'état émotionnel guide son parcours musical et que sa personnalité, dans l'aspect sensible du terme, s'est forgée doucement à partir de l'émotion nourrissant non seulement son monde intérieur mais également l'expression de celui-ci.

Pourtant une dernière précision au sujet du domaine émotionnel peut encore être apportée :

Bien souvent les musiciens mentionnent l'idée qu'ils mettent de côté leurs émotions lors du travail à l'instrument.
Ils distinguent toujours le travail à l'instrument de la scène. Si cette façon d'agir est évidemment fondée, il est aussi peut-être important de préciser que nul ne peut mettre de côté ses émotions. Ce qu'il serait juste de dire se situerait plutôt ainsi :

Lors du travail pur, les musiciens s'efforcent simplement de focaliser leur attention sur la dimension rationnelle et sûrement intuitive. Leurs qualités discriminatoires étant particulièrement fines, ils peuvent ainsi avoir l'impression d'avoir « ôté » les émotions mais elles sont là. On ne leur manifeste pas d'intérêt, c'est tout.

Pour conclure sur le sujet, nous retiendrons l'idée que le musicien n'utilise pas ses émotions de façon inconsciente et incontrôlée dans sa démarche artistique, bien au contraire, il cohabite avec ses émotions qui s'intègrent normalement à ses structures de connaissances. Elles demeurent actives, ne l'oublions pas !

Les émotions et la réactualisation de celles-ci, pourront de plus les aider à travailler sur eux-mêmes, la musique étant aussi, comme le disent souvent ceux qui la font : « *Une école de soi* ».

***

Le dépouillement des questionnaires et l'analyse des entretiens m'ont permis de mettre en évidence certains termes spontanés qui reviennent très souvent dans les propos :

En dehors de l'émotion, ces termes concernent l'enthousiasme, le désir, la passion, l'énergie et le partage.
Nous développerons ces aspects à la fin de ce chapitre ainsi que dans le dernier chapitre.

Concernant le choix instrumental, il sera développé davantage dans la dernière partie de ce chapitre, je peux néanmoins dire, dès à présent, qu'il semblerait que plus on avance dans l'âge, plus il est difficile pour les musiciens de préciser leur pensée concernant le choix de l'instrument (pourquoi lui et pas un autre).

Effectivement, les enfants, les adolescents et les jeunes adultes semblent très proches de leur choix instrumental et en discutent (ou le décrivent) longuement. Leur approche semble être encore relativement sensori-motrice. Cet aspect profondément sensoriel s'exprime dans des descriptions comme celle-ci :

« Mon rapport à la musique est passionnel, mon rapport à l'instrument l'est encore plus. J'aime sa forme, son « design », le

son qu'il produit ainsi que sa majesté qui grandit de plus belle lorsqu'on en joue. J'aime sentir la musique s'effiler sous mes doigts et partir ailleurs et m'évader avec elle. »

La grande majorité des adultes (dès la trentaine) n'expriment guère ce genre de propos, que ce soit les musiciens ou les compositeurs, il semblerait que par pudeur peut-être ou par souci de rationalité encore, ils se contentent simplement de préciser à ce sujet qu'ils n'ont pas eu de doute quant à leur choix instrumental ou dans leur vocation à composer. Ils sont conscients du lien particulier mais ce lien, ils ne l'approfondissent pas et développent davantage l'accès à la musique, même après insistance de ma part.
Il semblerait également que les messieurs-musiciens manifestent davantage de difficulté à exprimer leur relation particulière à l'instrument que les dames-musiciennes.
Les femmes resteraient-elles plus proches du domaine sensori-moteur ou du moins conserveraient-elles plus de facilité à l'exprimer ? Je laisse au lecteur le soin d'y apporter ses propres recherches ou ses propres réflexions…

Il existe bien entendu des exceptions à toutes règles, ceci est le cas ici aussi :

Trois femmes sur la totalité n'ont pas su approfondir sur le sujet et ont formulé le même type de réponses que celles masculines.
Deux hommes ont développé sur le sujet :

Le premier a clairement manifesté son intérêt au sujet du rapport exclusif qu'il entretient depuis toujours avec son instrument de musique et m'a même demandé des précisions sur la symbolique instrumentale.

Le second a simplement ajouté :

« Quand je ne vais pas bien, le violon ne va pas bien aussi car il est le prolongement de moi-même. »

La totalité des adultes (musiciens professionnels) interrogés en entretien n'ont jamais changé d'instrument durant leur cursus, à l'exception de quatre. La totalité des compositeurs interrogés ont considéré comme secondaire leur rapport à l'instrument en comparaison de ce que l'écriture musicale pouvait susciter chez eux, et ce, très jeunes (certains dès l'enfance et la plupart aux alentours de l'adolescence).

Tous les chefs d'orchestre interrogés manifestent clairement l'intérêt incontestable de leur pratique instrumentale parallèle et complémentaire à leur travail d'orchestration.

Les diverses comparaisons ne seront pas développées davantage car elles ne sont pas le propos de l'ouvrage et je demanderais au lecteur de ne tirer évidemment aucune conclusion hâtive sachant que la mention de certaines anecdotes n'a comme finalité que l'expression de l'importance des différences individuelles que ce soit au niveau de l'âge, du sexe, de l'orientation musicale, du parcours, etc.

Concernant les questions guidées relatives à l'intuition et à la raison, il semblerait que la majorité des musiciens sont plutôt conscients de l'action combinée de ces deux fonctionnements mentaux dans leurs expériences musicales.

Les enfants et les adolescents font plus souvent référence au monde intuitif que les adultes, pourtant les adultes savent parfaitement l'utiliser dans leurs stratégies de travail.

Les musiciens-experts se demandent bien souvent néanmoins jusqu'à quel point ils doivent écouter leur intuition ?
Sous l'éclairage de la théorie de Damasio, cela reviendrait à peu près à dire : « Jusqu'à quel point dois-je écouter mon Moi (neural) ? »
Manque de confiance ou souci de l'adaptation socioculturelle ?
Il semble qu'intervient, dans les préoccupations esthétiques et expressives chez le musicien professionnel, le souci d'adaptation dans le sens de la reconnaissance. De ce fait, toutes les préoccupations liées à l'image de soi peuvent survenir, ce qui induit une résonance naturelle avec le sentiment même de soi, autre problématique que nous développerons.

Concernant les préoccupations générales des musiciens, elles sont différentes selon l'âge mais un point commun existe : Le stress que véhicule cette profession (même les petits en souffrent parfois !) et concerne bien souvent une problématique liée à la gestion du temps ! Le trac reste aussi très présent dans les propos dès l'adolescence et ne disparaît pas forcement du champ des préoccupations à partir du moment où le musicien est devenu professionnel et de plus reconnu ! (Parfois, c'est même pire !)

Les compositeurs n'ont évidemment pas la même représentation du trac dans la mesure où ils ne vivent pas la même exposition face à un public.

Pour les interprètes comme pour les compositeurs, le souci de reconnaissance est permanent.
Chez les jeunes musiciens s'associent des inquiétudes d'ordre matériel et social. (Socialement, le statut du musicien n'est pas toujours placé à sa juste valeur.)

Chez les étudiants et surtout les lycéens, la grande question est :

« Devenir ou ne pas devenir musicien professionnel. »

Ils sont souvent passionnés, débordants d'enthousiasme quand ils évoquent leurs expériences musicales (notamment dans l'échange et le partage vécus de manière inédite dans la situation de concert !). Passionnés également quand ils évoquent le rapport à l'instrument. Très inquiets en revanche, au sujet de leurs projets relatifs à la musique. Bien qu'anxieux et souvent désorientés, ils souhaitent pour la plupart, intégrer un conservatoire supérieur de musique. Ils placent une foi et un espoir considérables envers leurs professeurs en qui ils ont très souvent entièrement confiance (même si parfois, ils admettent que le rapport entretenu avec eux n'est pas forcément épanouissant et que du reste, ils en souffrent).
Il est à noter que ce même retour m'a très souvent été fait par les musiciens professionnels qui ont connu des expériences presque traumatisantes avec certains de leurs professeurs et qu'ils ont pu jusqu'à remettre en question leur projet de carrière dans le monde musical.

Parmi les préoccupations, celles relatives au corps restent importantes.
Beaucoup trop d'adolescents ont tendance à le nier, pourtant, nous le savons, sa prise de conscience favorise son « bon usage » dans la pratique instrumentale. Ils pourraient ainsi, rechercher davantage la détente, comme le font les adultes conscients du côté essentiel de cette action qui ne se résume pas simplement à détendre les parties du corps sollicitées par l'instrument.

Claudio Arrau[7] n'hésitait pas à préciser lors de ses entretiens menés avec Joseph Horowitz :

« *Très tôt, je me suis aperçu que le fait de jouer détendu encourage la veine créatrice, simplement parce qu'on est plus naturel ; parce que le corps s'implique tout entier, parce que l'âme et le corps ne font qu'un.* » (1985, p. 154)

J'aime cette constatation car elle permet de prendre conscience en quelques mots des caractéristiques essentielles inhérentes au musicien : L'importance de la détente du corps (car qui dit détente du corps dit aussi détente et disponibilité du mental !), l'unicité et la participation entière de l'être, et enfin, sa finalité étant, bien entendu, la capacité à ouvrir son monde intérieur permettant l'accès à la fameuse « veine » créatrice.

Le chapitre suivant traitera des différents aspects propres à la créativité et la création, seuls quelques mots à ce sujet vont être alors ajoutés ici.

Les enfants et les adultes experts sont très sensibles à la question de la créativité.

Chez les enfants, c'est spontané, inné et ludique.

Chez l'adulte, c'est une quête, un accès à l'idéal, à l'état de grâce, à la perfection et à l'absolu.

---

7 - C. Arrau, était pianiste, né au Chili en 1903, mort en Autriche en 1991. Ayant débuté comme enfant prodige dès l'âge de quatre ans, il connut l'une des carrières les plus longues et les plus admirées de la musique classique.

Je dois dire, et cela n'engage que moi, que certains adultes en ont le secret et l'exprime tout naturellement, cela fait partie d'eux, c'est un peu comme une évidence.
Chez d'autres, cela semble plus obscur, difficilement manifeste, s'ils sont des musiciens confirmés, ils ne semblent pas pour autant toujours dans l'esprit artistique (au sens créatif du terme).
Quant aux compositeurs, ils accèdent directement de par leur statut de compositeur à la création (un peu comme l'artiste-peintre) et leur problématique semble se rapprocher davantage de l'artiste (au sens large) que du musicien (au sens strict).
Nous y reviendrons également dans le chapitre trois.

Et entre deux, les lycéens et étudiants, qu'en est-il de leur accès à l'esprit créatif ?

Chez l'étudiant et parfois le jeune adulte, le propos relatif à la créativité ne semble guère approprié et nous ne pouvons être objectifs en tirant des conclusions dans la mesure où ils évoluent dans un processus très directif à l'intérieur duquel résultats et réussites sont attendus. De ce fait, ils investissent énormément le mode rationnel et « le collectif et social » est souvent prépondérant sur l'individuel. La vie de l'étudiant et ses exigences poussent à cet état d'esprit social qui le « formate » en quelque sorte. La part d'individualité est alors enfouie et ne va pas vraiment se manifester lors d'un entretien ou au sein d'un questionnaire.
Aucune considération particulière ne sera donc avancée à leur sujet, d'autant qu'il est difficile de s'intérioriser à cet âge.
C'est également le cas pour les lycéens qui ont des difficultés à s'ouvrir sur eux-mêmes mais y parviennent plus facilement et semblent encore davantage dans un « processus d'enfance ». Ainsi, ils profitent de ce que la musique peut leur apporter de plaisir pur.
Souvent ils jouent d'un second instrument (« *pour s'amuser* »), montent des groupes de musique rock, font des transcriptions pour leur instrument de morceaux sélectionnés parmi leurs « *groupes favoris* » et se plaisent à jouer leur musique (et à en parler longuement !).
Cette façon d'agir ouvre la porte à la créativité car elle est ludique et de ce fait, elle est à encourager dans la mesure où elle ne vient pas déranger de trop le bon déroulement de leurs études.

3 – Réflexions

Il est évident que je n'ai pas du tout approfondi ni même énuméré tous les aspects qu'ont pu m'apporter l'analyse de ces questionnaires et entretiens, mon objectif dans cette partie, étant simplement de dégager un profil et des caractéristiques globales de façon à extraire des éléments de compréhension dans ce que peut représenter la personnalité du musicien qui demeure évidemment généralisée. Comme chacun le sait, à cela, il sera indispensable d'y apporter sa touche personnelle et de l'adapter à soi, à son histoire et à ses propres préoccupations.

Globalement, trois aspects prépondérants semblent néanmoins présents chez le musicien :

- Le désir de reconnaissance
- Le rapport difficile au temps
- La quête esthétique et le souci de perfection

Chez l'enfant, les aspects prépondérants dans les conduites musicales semblent davantage liés au jeu, au rapport manifeste à l'instrument, à la curiosité, au développement de l'imaginaire, au désir de plaire et très souvent à l'envie de faire plaisir.
Chez l'adolescent, ils correspondent à un projet, un objectif mais aussi à un moyen de partager socialement une conduite expressive dans le plaisir et le jeu. La notion de partage revient fréquemment dans leurs propos. Il est à noter toutefois que l'adolescent s'interroge sur lui-même car il est à cet âge en quête de sa personnalité et il en va de même musicalement. Les questionnaires développent généralement longuement leurs préoccupations musicales (soucieux d'une recherche de méthode de travail, s'interrogeant sur le choix de leur cursus...). Globalement, ils se questionnent, se cherchent et sont eux-mêmes dans une recherche, une forme de cheminement mental ne demandant pas pour autant de réponses immédiates.

L'étudiant et le jeune adulte sont essentiellement centrés sur leur espoir de carrière et sont inquiets quant à leurs *capacités* et *potentiels* en matière de « talent » musical. Souvent ces jeunes doutent de leurs qualités et osent difficilement les exprimer. Le doute, le stress et le manque de confiance sont malheureusement très présents chez eux.
Pour conclure sur les grandes idées qui se dégagent naturellement du dépouillement des questionnaires et des entretiens, je peux dire que le lien à la musique est essentiellement affectif et que les musiciens sont naturellement désireux d'exprimer leur expérience et le font avec une quantité importante d'enthousiasme et de passion s'exprimant dans le choix de leurs mots, dans leurs expressions langagières teintées d'émotions et d'amour pour leur art, mais aussi dans leurs gestes et leurs regards. L'authenticité et la vérité qui s'y révèlent la plupart du temps est éloquente. Et ce, dès le plus jeune âge.

***

L'unicité de l'homme dont nous parle Damasio semble être illustrée par le musicien qui a opté pour un mode d'expression judicieux et subtil lui permettant de favoriser pleinement l'épanouissement de ce fonctionnement naturel.

Grâce à sa démarche artistique, le musicien harmonise ses conduites et en ce sens, la personnalité artistique qui se forge avec le temps paraît en parfaite adéquation avec le mode de fonctionnement humain.

D'une part, nous l'avons vu dans le premier chapitre, la musique est inhérente à l'homme qui s'épanouit à son contact.
D'autre part, pratiquer la musique favoriserait le bon fonctionnement neurobiologique humain.

L'artiste respecterait-il donc particulièrement sa condition humaine et serait mieux que quiconque la mettre à profit ?

Je pense que la réponse à cette question pencherait davantage en faveur du « oui » mais toutefois, il reste prudent d'émettre des réserves car la personnalité artistique développée par le musicien ne peut pas constituer la totalité de l'individu et se substituer au « grand tout » qui est propre à chacun de nous.

Si les réponses aux questionnaires et entretiens ont démontré que dans l'ensemble la population des musiciens est une population plutôt saine, elle peut présenter toutefois ses zones d'ombres :

Le formidable enthousiasme, l'énergie, la passion sont autant de termes, comme je l'ai dit, qui reviennent fréquemment dans les propos des artistes et tant mieux car ils ont directement à voir avec cette fameuse pulsion dont nous parle Damasio (mais qui est aussi développée par les psychanalystes tels Freud et Groddeck, sous le terme du *ça*). Cette pulsion, « *cette flamme qui demande de la force mais qui en retour en donne aussi* » est la trame de fond de la personnalité musicale (personnalité propre aux critères artistiques). Elle participe sans cesse à la vie du musicien qui lui accorde toujours une oreille attentive mais cette personnalité là n'est pas entièrement représentative de l'intégralité de l'être humain.

A ce propos, Edith Lecourt[8], dans son ouvrage intitulé *L'expérience musicale, résonances psychanalytiques* parle d'identité musicale ou sonore pour expliquer le support psychique que constitue le son, en ce sens que globalement, dès la naissance, il soutient le psychisme en l'aidant à se construire.
Dans un souci évident de compréhension des termes dans cet ouvrage ne s'adressant pas obligatoirement à des spécialistes, il ne sera conservé que le terme « identité » pour lequel je vais à présent ouvrir une petite parenthèse :

Ce qu'il est nécessaire en effet de retenir se situe pour une large part dans la compréhension profonde du terme « identité ». En ce sens que l'identité touche l'essence de l'être et l'essence de l'être n'est

8 - E. Lecourt, docteur ès lettres et sciences humaines, psychanalyste, musicienne, professeur de psychologie clinique et de psychopathologie, Paris V. Secrétaire générale de l'Association Française de Musicothérapie (*Annexes*, note 5).

pas franchement musicale ou sonore, elle peut être sensible, affective, vulnérable mais pas musicale, elle peut simplement contribuer à développer une structure qui tendra à s'accomplir, à se réaliser, à se dépasser et à s'épanouir dans le son. Ce monde sonore, assurant, de plus, la sécurité affective tellement nécessaire à chacun.
C'est la raison pour laquelle, la musique touche l'être au plus profond mais l'être demeure, il me semble, tout d'abord, lié au sentiment-même de soi, y compris si le sonore est constituant de ce sentiment d'exister car, comme l'explique si bien Edith Lecourt, il y contribue.
Néanmoins, selon moi, il est important de bien relier l'identité avant tout à l'être et non au son.
Si l'être humain fonde sa sécurité affective dans le son, je considère que cela relève avant tout de la particularité humaine.
Par cette précision, qui me semble importante, j'insiste donc sur l'intérêt de prendre en compte l'être lié à l'identité comme base constitutive, la sécurité liée au son renforcera, quant à elle, l'être et par là, le sentiment d'exister.
De ce point de vue, l'être et le son restent distincts bien que très proches.

Il en va de même dans le cas du son intérieur c'est-à-dire notre propre voix par exemple. Cette voix implique bien entendu notre identité mais elle n'est pas toute l'identité. L'identité est encore davantage qu'une voix ou qu'un son émis par le corps :
La voix ainsi que les bruits issus du corps permettent dès la naissance la prise de conscience d'un sentiment d'exister et renforcent par ce fait l'identité. Mais la voix n'est présente que de manière expressive. Si elle constitutive de l'identité, elle n'existe néanmoins que dans l'expression de celle-ci :

Notre voix est unique, elle nous reflète et nous exprime.

L'identité, quant à elle, est liée à l'être car elle n'a pas besoin de l'expression pour exister mais pour se construire.

Voix ou bruits issus du corps sont de ce fait constitutifs de l'identité mais ne sont pas l'identité.

L'identité demeure alors liée à l'être. Elle est une unité constante, un tout dont le sonore est un espace structurant et permanent qui sera susceptible de participer et même de s'intégrer au développement de la personnalité expressive.
Le monde sonore, tel un espace psychique dans le mental humain, s'impliquera alors dans la personnalité naissante représentée bien souvent sous le terme quasi- générique (faute de mieux !) : du *Moi.*
Un *Moi*, du reste, toujours en interaction avec le milieu, le critère interactif étant parallèlement la base même du lien unissant l'homme au sonore. C'est une constante et c'est pourquoi le sonore structure non seulement l'identité mais sollicite aussi la personnalité expressive de l'individu.

Le *Moi* et la personnalité se forgent dans l'adaptation et dans la rencontre avec le milieu. Le son s'inclut aussi dans cette rencontre.

L'identité (liée à l'être et au sentiment de soi) existe en dehors de l'interaction :

… « *Seul avec soi-même, dans le silence, en fermant les yeux* »…Ce que nous ressentons, c'est ce que notre identité a laissé naître : Le sentiment d'exister.

Si le lecteur comprend ce que je viens d'écrire, c'est que l'identité existe bien indépendamment de la personnalité expressive de l'individu.

***

A la réponse à la première question relative à la personnalité musicale, je peux dire que l'hypothèse selon laquelle une personnalité sonore et musicale dont la pulsion serait l'incitation, peut être construite et peut être développée par l'être humain selon sa motivation, son histoire, selon la qualité de son environnement, selon son intérêt aussi à l'expression et à l'échange que constituent les conduites musicales.

Quant à la seconde question, relative à la vulnérabilité de l'être humain. Se trouve-t-elle renforcée par la personnalité purement musicale (qui aide au dépassement, à l'unicité) ou au contraire fragilisée ?
La difficulté et les pressions exercées au sein des professions musicales ne sont certes pas favorables à consolider l'artiste, qui comme nous l'avons vu, aspire à la reconnaissance. Collectivement et socialement, la personnalité artistique aurait plutôt tendance à s'affaiblir mais parallèlement l'enthousiasme, normalement inhérent au musicien, viendrait nourrir cette personnalité à la moindre expérience gratifiante, ce qui équilibrerait la donne.
Je pense que l'éventuelle vulnérabilité de l'artiste se situerait davantage d'un point de vue individuel que collectif et toucherait de ce fait plutôt l'être que la personnalité artistique. La carence au niveau du sentiment même de soi que peut présenter un être humain, constitue à mon sens la voie royale aux conduites pathologiques qui peuvent venir se greffer à la personnalité artistique et utiliser ainsi l'art de façon pathologique (ce qui n'a, bien sûr, rien à voir avec la réalisation de soi ou même la sublimation !)
En d'autres termes, toute la richesse du monde intérieur du musicien permettra certainement de structurer et de consolider l'être en soi mais à l'inverse, l'être en soi en souffrance peut aussi fragiliser le monde intérieur de l'artiste et favoriser de ce fait, une ouverture vers des conduites pathologiques si on n'y prend pas garde !

La spécificité propre au musicien est bel et bien cette capacité d'accéder au développement intérieur et sensible de ce lien sécurisant au sonore que tout être humain ressent dès la naissance et qui le soutient affectivement[9]. Ce développement qui ne donne lieu, nous l'avons vu dans le chapitre précédent, a aucune prédisposition génétique particulière, pourra devenir mode d'expression personnelle grâce à l'action combinée de la personnalité et de l'apprentissage. Le musicien agira de façon à intégrer cette attrait particulier au sonore

9 - Dans l'article internet *Du désir musical*, diffusé par l'Harmattan, j'expose l'intérêt de cette expérience fondatrice au sonore. Je renvoie le lecteur à la lecture de cet article ainsi qu'aux travaux de D.W. Winnicott ainsi que D. Anzieu.

dans la structuration même de sa personnalité de façon à ce que le sonore vienne toucher et éveiller son être profond afin d'être capable de vivre une expérience musicale laissant l'être dans sa totalité biologique, physiologique et humaine y participer.

Cette personnalité artistique - espace intérieur principalement sensible, pulsionnel et émotionnel insufflant à l'artiste un enthousiasme inédit et un imaginaire (conscient ou non) très développé - laissera alors participer tout l'être. C'est la raison pour laquelle, si l'être en soi est fragile, ce monde intérieur peut le devenir également.

A partir de ce thème, nous allons développer certains aspects inhérents à la vie du musicien et nous terminerons le chapitre sur le développement du sentiment de soi qui servira de transition au troisième chapitre concernant, quant à lui, la créativité se fondant aussi sur cette problématique mais vu sous un angle différent.

III - VARIATIONS SUR UN MEME THEME

Variation 1 - Quelques généralités

Dans le premier chapitre, nous avons compris que l'apprentissage musical puise ses origines dans un apprentissage sensori-moteur même si ultérieurement le musicien développe des stratégies cognitives de haut niveau.
Au début de ce chapitre, nous avons émis l'hypothèse que les conduites émotionnelles et intuitives fondent la raison, en ce sens qu'elles permettent naturellement d'unifier l'être humain. L'expérience musicale étant une expérience laissant participer l'être dans sa globalité, nous avons mis en évidence l'idée que la musique servait, en ce sens, de pilier au développement d'une personnalité particulière que nous nommons la personnalité musicale.
Dans cette partie, nous allons voir différents aspects liés au développement de cette personnalité et qui puisent leurs origines dans l'enfance.
Pour ce faire, il est utile de mettre en évidence un lien en rapport avec certains facteurs inhérents à l'enfance et que nous devons prendre en considération.

Il est alors intéressant de garder présent à l'esprit l'idée que la période de l'enfance est aussi celle du choix instrumental sur laquelle repose les fondements de la structuration psychique inhérente à un individu qui choisira de devenir musicien et qui sollicitera tout au long de sa vie ce mode de fonctionnement global puisant son modèle de base sur des conduites propres à l'enfance.

Quelles sont donc ces conduites ?

Il existe selon moi deux conduites essentielles dont la première se situe dès la naissance et exprime la notion de sécurité affective :

La problématique de la sécurité est une problématique liée à l'être humain. L'histoire nous montre combien il a utilisé des projections affectives nées de ses espoirs et de ses angoisses, pour expliquer l'homme, sa société et l'univers. Ces explications lui procuraient un sentiment de sécurité. Puis au fil du temps, par son progrès social, scientifique et technologique, l'homme s'est libéré de la crainte qu'il éprouvait pour son existence même et a commencé alors à se questionner sur la validité des images utilisées autrefois. Des explications rationnelles ont remplacé ces images. Pourtant, dans des périodes de tension ou de grande fatigue, l'homme n'hésite pas à se réfugier dans la notion puérile qu'il est, lui-même, ainsi que son environnement, au centre de l'univers.

J'ai introduit la notion de sécurité affective dans une optique élargie à l'homme et son histoire afin de bien saisir le concept existentiel et profondément humain que recèle cette notion de sécurité et ce, pour bien comprendre qu'elle est notre problématique fondamentale :

Pour qu'un être humain ait la sensation d'exister, il doit aspirer à la sécurité affective.

D'un point de vue sonore et sous l'angle de la sécurité que pouvons nous en dire ?

Avant l'âge du choix instrumental, l'échange sonore, nous l'avons vu avec la théorie d'Edith Lecourt, est déjà très constructif et sécurisant pour l'être humain. Nous ne le développerons pas davantage mais nous ajouterons simplement que, comme le dit Didier Anzieu[10] : *« L'espace sonore est le premier espace psychique ».* Dans la notion d'espace, nous devons comprendre l'espace transitionnel au sens où l'entend D.W. Winnicott, c'est-à-dire un espace considéré comme un repère sécurisant lorsque

10 - D. Anzieu (1923-1999), psychanalyste français, il a travaillé sur les enveloppes psychiques (*cf. Le moi-peau)* et a également cherché à montrer

l'enfant est séparé de sa mère où de ses proches. Dans cet espace de transition, le monde sonore est un repère qui permet à l'enfant une sécurité affective essentielle.
Ce que nous devons retenir est l'idée que quelle que soit notre histoire elle repose sur cette sécurité par rapport au son.
Il est donc légitime de formuler l'hypothèse que pour le musicien les conduites musicales ultérieures garderont comme postulat de base ce fondement capital lié à la sécurité affective.

A ce sujet, le pianiste Maciej Pikulski soulignait l'importance de la dimension affective dans la motivation humaine à pratiquer cette profession. Il précisait :

« L'amour et l'affection étant les moteurs de l'être humain, l'idée cachée de gagner de l'amour fait justement partie de la motivation essentielle à devenir musicien. »

Quant à la seconde conduite essentielle, elle est en rapport avec la pensée particulière de l'enfant
A l'âge du choix instrumental, soit entre cinq et huit ans en moyenne, la pensée de l'enfant est une pensée animiste.
Pour bien comprendre cette pensée, avant d'en donner sa définition, elle sera illustrée par deux exemples :

- Il y a de cela quelques mois, assise sur un banc, dans un jardin, je lisais confortablement un livre très intéressant quand subitement, une voix d'enfant appelant sa grand-mère m'extirpa de ma lecture. Je levais les yeux et je vis un petit garçon de cinq ans tout au plus, qui, debout sur un banc, observait avec tristesse une petite annonce fixée sur un poteau et sur laquelle se trouvait la photographie d'une moto à vendre. Sa grand mère s'approcha de lui et l'enfant lui dit avec

l'importance fondatrice de la musique dans la construction de l'identité des nourrissons (*cf. Le corps de l'œuvre)*. Dans cet ouvrage, il définit d'ailleurs le concept de l'inspiration avec grande justesse en écrivant : « *Etre inspiré, c'est renouveler sa naissance (...) quitter une existence souterraine ou sous-marine pour passer à une vie aérobie, relativement indépendante, c'est voler de ses propres ailes, c'est opérer une rupture avec la vie à ras de terre, avec le milieu imposé, avec les habitudes de pensées et d'expression. » (1981, p.86).*

inquiétude : *« Oh, regarde Mamie, il y a une moto qui s'est perdue ! »*

Cette touchante constatation témoigne que cet enfant a fait très probablement le lien avec les multiples annonces de chiens ou de chats égarés et dont leurs maîtres placardent les rues de leur photo dans l'espoir de les retrouver.
Ce qui est encore plus intéressant relève de l'esprit propre à l'enfance considérant qu'il est tout à fait concevable qu'une moto se perde au même titre qu'un animal de compagnie. Il accorde à la moto (objet inanimé) une existence comparable à tout être vivant.

Dans un registre davantage en accord avec la musique, voici le second exemple :

- Récemment, j'ai assisté à un concert de très jeunes enfants. Durant l'entracte, une petite musicienne de huit ans tout juste, m'expliquait avec beaucoup de tendresse, qu'elle avait donné à son violon un nom secret, qu'elle le « *cajolait comme un petit frère* » et que le soir, elle lui racontait des histoires avant de dormir.

Cette adorable confidence témoigne de la pensée particulière de l'enfant qui concède aux objets une existence propre et cette pensée animiste est définie d'ailleurs dans l'*Encyclopedia of the Social Science,* (New-York, Macmillan, 1948) par Ruth Benedict de la façon suivante :

« L'enfant tient pour établi que ses relations avec le monde inanimé s'alignent sur le même modèle que celles qui le lient au monde animé des êtres humains : il câline comme il le fait avec sa mère, les jolis objets qu'il aime ; il frappe la porte qui s'est refermée sur lui. »

Pour Bruno Bettelheim[11] à cette description, il est juste d'ajouter :

11 - B. Bettelheim, (1903-1990) était psychiatre et psychanalyste. Il s'est beaucoup intéressé à la psychose infantile. Sa vie personnelle a sûrement influencé ses recherches d'adulte puisqu'en 1938, il a été déporté à Dachau puis à Buchenwald. Il a donc été confronté à l'expérience de ce qu'il nommera la « situation extrême », situation que l'homme ressent comme devant irrémédiablement le détruire. Cette expérience orientera toute son activité

« *Qu'ils caressent ces objets parce qu'il est persuadé qu'ils aiment, comme lui, être caressés ; et il punit la porte parce qu'il est certain qu'elle a fait exprès de se refermer, par pure méchanceté.* » (p. 76, 1976)

Tout comme le démontre aussi la théorie piagétienne, la pensée de l'enfant reste animiste jusqu'à l'âge de la puberté et même si pour faire plaisir aux adultes ou pour ne pas être tourné en ridicule, l'enfant fait semblant de croire que les « choses » ne peuvent ni ressentir, ni agir, il sait au fond de lui ce qu'il en est.

Pour Bettelheim encore il n'existe pas, pour l'enfant, de limite bien précise entre l'animé et l'inanimé.
Pour l'enfant, l'inanimé possède une vie proche de la nôtre et l'auteur nous dit à ce sujet :

« Si nous ne comprenons pas ce que les rochers, les arbres et les animaux ont à nous dire, c'est que nous ne sommes pas suffisamment en harmonie avec eux. Pour l'enfant qui cherche à comprendre le monde, il paraît raisonnable d'espérer une réponse de la part de ces objets qui éveillent sa curiosité. Et, comme l'enfant est égocentrique, il compte sur l'animal pour lui parler des choses, qui pour lui ont une signification, comme le font les animaux dans les contes de fées et comme l'enfant lui-même parle à ses animaux vivants ou en peluche. L'enfant est persuadé que l'animal comprend et réagit affectivement même s'il ne le manifeste pas ouvertement ». (1976, p. 77).

C'est un peu dans cet esprit là que le musicien devenu professionnel et expert a un jour émis le désir de pratiquer la musique et de choisir un instrument.

L'instrument sera alors un choix avant tout affectif et chargé d'une vie au sens où cet instrument parlera et comprendra l'enfant. Il

---

ultérieure quand, ayant échappé à l'extermination et émigré aux USA, il dirigera *l'école orthogénique*, de Chicago, qui est le centre le plus connu du traitement de la psychose infantile. Il enseignera également l'éducation, la psychologie et la psychiatrie à l'université de Chicago.

deviendra fondamentalement l'objet transitionnel investi du même pouvoir que le fameux *doudou*. De plus, cet instrument sait parler, sait répondre.
C'est l'enfant, lui-même, qui participe de surcroît à son apprentissage.

Nous pouvons alors formuler l'hypothèse que l'instrument de musique choisi par l'enfant sera à la fois lié à un besoin dont l'origine se situe quelque part dans la sécurité et dont le fondement révèle une pensée animiste plaçant en l'instrument un nombre considérable d'affects.
De la même façon que l'apprentissage sensori-moteur est la base de l'apprentissage musical, bien que par la suite, il se trouve amélioré et consolidé par des stratégies fines et par des facteurs discriminatoires judicieux propres au musicien et à son expérience, la pensée animiste de l'enfant est le mode de pensée sur lequel se forge le lien puissant que le musicien entretiendra sa vie durant à son instrument et en extension à la musique.

Nous avons vu dans le premier chapitre que les représentations mentales venaient s'affiner au fil de l'expérience mais que le cœur restait lié aux expériences premières et de la même façon, les images mentales étaient stockées et réactualisées grâce aux émotions nouvelles et aux données cognitives nouvelles.
Il est juste de souligner que, dans la même optique, la pensée animiste resterait prépondérante dans l'appréhension sensible que le musicien porte au monde sonore mais s'adapterait de façon subtile et se rapprocherait par ailleurs bien souvent, et à juste titre, de *Dame Nature,* peut-être alors comme en écho au lien affectif que chaque enfant entretient avec la nature.

L'imaginaire resterait donc très présent dans l'expérience musicale, les images mentales surgiraient non pas comme une image devant un écran mais comme une conduite neurobiologique réveillant par là, les qualités intuitives et en extension le mode de pensée animiste de l'enfance, dont l'imaginaire fait partie. Le musicien adulte pouvant être conscient ou pas de ce fonctionnement bien particulier lié aux images mentales.[12]

Les conduites musicales, vecteurs expressifs du facteur affectif, se situeraient peut-être alors à mi-chemin entre l'animisme propre à l'enfance et à la raison propre à l'adulte, à mi-chemin entre l'imaginaire et les stratégies cognitives…

***

C'est Bruno Bettelheim qui apportera la conclusion à cette partie par une judicieuse remarque relative au besoin de sécurité propre à l'homme et constitutif de toute conduite musicale :

« Plus l'homme se sent en sécurité à l'intérieur de lui-même, plus il peut se permettre de croire que le monde où il vit n'a qu'une importance mimine dans le cosmos. Dès que l'homme se sent à sa place dans son environnement humain, il se soucie peu de l'importance de sa planète dans l'univers. D'autre part, moins l'homme se sent en sécurité en lui-même et dans son environnement, plus il se replie sur lui-même parce qu'il a peur, ou plus il a envie d'aller conquérir pour le seul plaisir de la conquête, ce qui est le contraire d'une recherche de sécurité qui libère notre curiosité. » (1976, p. 84) [13]

…Et l'expérience musicale ne se situerait-elle pas, elle aussi, à mi-chemin entre le repli sur soi et le désir de curiosité ?
Entre le manque (et le besoin de le combler) et le désir de sublimation, de dépassement, de quête ?
Entre la recherche de sécurité affective et la curiosité sous-tendant aussi le désir de découverte et de liberté ?

---

12 - J'ai pu noter que la moitié des musiciens interrogés en moyenne n'ont pas conscience de la participation de l'imaginaire dans leur expérience musicale. Toutefois, « ne pas avoir conscience » ne signifie pas que l'imaginaire n'agit pas dans le travail à l'instrument, sur scène ou autres. Bien au contraire, les images mentales forment des chaînes d'associations (représentations mentales ou potentielles) dont souvenirs et expériences se mêlent savamment. Certains musiciens ont conscience d'une partie de ces images (les images explicites) alors que d'autres pas du tout. D'une manière ou d'une autre, elles restent présentes et actives dans le rapport à la musique et à l'instrument.

13 - *La psychanalyse des contes de fées,* B. Bettelheim (*cf.* Bibliographie).

Variation 2 - La relation musicien-instrument

« Ma harpe est pour moi comme une personne, lorsque je joue c'est comme si « sa voix » était une compagnie. »

Pour introduire ce sujet, j'ai choisi de laisser la parole à une jeune lycéenne confiant sa relation inédite à l'instrument, sujet passionnant que nous allons développer à présent.

Avant d'étudier ce lien privilégié, il est judicieux de se demander quelles sont les raisons pouvant pousser le jeune enfant à choisir un instrument plutôt qu'un autre. En dehors de la pensée animiste et des raisons purement affectives que nous venons d'évoquer, nous pourrions mentionner aussi l'idée que c'est le son qui plaît, bien sûr, mais est-ce la seule raison ?
Je ne le crois pas.
Si en qualité d'adulte, chaque musicien rationalise l'origine de son choix instrumental et raconte donc sa petite histoire avec probablement beaucoup de sincérité cela demeure néanmoins une histoire reconstituée par les images, les souvenirs et les propos de l'entourage, et même, si consciemment cette histoire est certainement juste bien que reconstruite, elle ne demeure que la surface, l'apparence, l'aspect dénotatif.

Et qu'en est-il de l'aspect connotatif ?

L'enfant de cinq à huit ans, à l'âge du choix instrumental, s'intéresse au son mais aussi à d'autres aspects (la forme, la couleur, la façon dont on en joue...). Ce sont les aspects auditifs et certainement visuels qui renverront plus tard à construire l'histoire consciente et rationnelle. Mais au-delà de ces notions plus ou moins conscientes, l'intuition n'agirait-elle pas ? En ce sens qu'elle effectuerait une présélection qui serait naturellement en accord avec l'être et ses besoins profonds que le son mais aussi certains symboles liés à l'instrument réveilleraient et viendraient agir directement sur la personnalité en plein développement de l'enfant.

On peut alors s'amuser à imaginer ce qui pourrait bien séduire l'enfant sous cet angle et je vais donc donner des orientations possibles de critères sélectifs qui, de façon symbolique et intuitive, agiraient aussi dans le choix instrumental. Seuls les instruments proposés à l'enfant dans cette tranche d'âge seront mentionnés (seront donc volontairement ôtés les instruments du style, saxophone, orgue ou encore contrebasse se pratiquant plus tardivement).

J'aimerais déjà préciser que s'il n'existait pas de conduites intuitives pré-sélectives en accord avec les besoins et la personnalité spécifique de chaque enfant de cet âge, ils choisiraient tous les percussions, en ce sens qu'elles sont variées, d'aspect ludique, aux possibilités rythmiques qui séduisent tant les petits car, qui dit rythme à cet âge, dit aussi ponctuation, repère, jeu, synchronisation, complicité, socialisation, amusement et plaisir. Nous savons que les enfants s'inventent naturellement des jeux, des chansons dont le rythme en est la finalité. Symboliquement, les percussions sont partie intégrante de leur univers. Si à cela, on ajoute le marimba et ses sonorités magiques, profondes, douces et saisissantes à la fois, l'enfant normalement succombe. Or, il n'en est rien, tous les enfants ne succombent pas aux percussions et heureusement, car imaginons un instant la configuration de nos orchestres !

Certains enfants vont préférer par exemple la harpe ou le violoncelle car ces instruments bien qu'imposants pour un petit, se laissent pourtant enlacer délicatement quand on en joue. Ils reposent en confiance sur l'épaule. En revanche, on utilise les doigts pour la harpe qui se promèneront délicieusement sur la grande quantité de cordes aux sons divins et féériques. Alors que pour le violoncelle, on utilisera l'archet, on sentira résonner les sons profonds (et profondément humains) à l'intérieur de soi, et cette résonance en écho apportera peut-être alors cette sécurité si réconfortante[14].

---

14 - Le rapport banal mais juste du son du violoncelle à la profondeur de la voix humaine n'est pas sans laisser inconsciemment évoquer la voix sécurisante et apaisante vitale au bien-être psychique du nouveau-né. Le son comme support psychique en ce sens qu'il permet la sécurité affective tellement nécessaire à l'être

Et le piano…

Quant à lui, il est encore plus imposant, solide et fermement ancré au sol. Il est aussi séduisant à sa façon par son aspect sobre mais contrasté grâce aux touches noires et blanches qui s'organisent de façon très structurée dans toute sa largeur. Le piano est aussi un peu secret et mystérieux car il est un instrument à cordes mais pourtant il ne le montre pas, il faut l'ouvrir et aller voir tout doucement à l'intérieur pour comprendre.
C'est le contact des touches qui actionnera le fonctionnement et à ce moment précis, il laissera entendre les sons, qui donneront très certainement une vague idée de l'infini…
On en joue assis comme la harpe et le violoncelle mais aussi comme le clavecin, qui lui, est moins grand, et très joli, souvent décoré, il fait penser tout comme la harpe, au « *palais des princes et des princesses* ». Il est parfois composé d'un clavier, parfois de deux, les touches présentent une empreinte dans laquelle on placera la pulpe du doigt pour entendre des sons envoûtants…

Et la guitare, alors ?

La guitare, elle, on en joue assis certes mais sa forme est plus petite donc plus maniable, on l'enlace tout contre soi, elle épouse le corps, elle est plaisante, on a envie de faire la fête avec elle, et puis, ses sons sont chaleureux, gourmands…

Et, qu'en est-il des petits instruments ?

Avec les cordes, le violon et l'alto, on utilisera l'archet et comme pour les vents (flûte, clarinette...), on jouera très souvent debout.
Pour les petits instruments à cordes, on vient les placer tout près du visage pour jouer un peu comme si on leur « *faisait un câlin* »…, l'épaule va aider à les maintenir, la partie inférieure du corps est plus

humain, est mis en évidence par de nombreuses théories (E. Lecourt, D. Anzieu, D.W. Winnicott). Intuitivement, nous pouvons émettre l'hypothèse que le son du violoncelle, formerait cet espace transitionnel dans lequel l'enfant pourrait y trouvait métaphoriquement un confort affectif certain et conséquent peut-être encore plus qu'avec les autres instruments. (Ses sonorités se rapprochant tant de la voix humaine.)

libre, il n'est pas nécessaire de rester assis. On peut bouger, on se sent peut-être plus à l'aise debout. L'instrument est dans les hauteurs, plus aérien que terrestre mais très proche de soi, il faut être très complice avec l'instrument et bien l'écouter pour produire de jolis sons...

Les vents, eux, sont encore par définition, plus aériens, car on en joue avec la bouche qui produira l'air nécessaire pour fabriquer le son grâce à l'action combinée et organisée des doigts. Les sons produits seront à la fois cristallins et veloutés, De plus, ces instruments sont petits et aussi très beaux car le métal les fait briller, étinceler. Symboliquement, avec les vents, on joue un peu avec la lumière des étoiles ou de la lune...

Je pourrais ainsi poursuivre longtemps et affiner encore ce petit descriptif symbolique susceptible de séduire intuitivement l'enfant mais je vais pourtant m'arrêter là et j'ajouterai simplement que cet acte repose aussi sur l'expression intuitive de cette pulsion que nous évoquions précédemment et qui, par associations, viendra réveiller l'être profond qui choisira un instrument en accord avec un besoin intérieur désireux d'être comblé afin justement d'épanouir la personnalité en pleine structuration.
Ce petit descriptif mis en avant a pu, peut-être aussi, sembler banal et puéril mais nous ne devons pas le sous-estimer, cela pour deux raisons majeures :

D'une part, ces symboles suggérant la participation de l'intuition dans le critère de décision ne sont certes pas anodins et j'invite le lecteur à y penser de façon toute personnelle et suggestive et de manière plutôt intuitive et très peu rationnelle!

D'autre part, il est essentiel de savoir que tout grand musicien aussi remarquable et talentueux qu'il soit, a été aussi un enfant dont les choix intuitifs ont un jour reposé sur ces critères d'ordre symbolique à l'intérieur desquels la personnalité et l'être résonnent.
Cet acte symbolique est essentiel puisque c'est sur cet acte de base que tout musicien a commencé à développer ses facultés musicales, sa passion pour cet art et son lien si particulier qu'il entretient tout au

long de sa vie avec l'instrument choisi.

Nous pouvons noter toutefois qu'à cette prise de décision peuvent s'ajouter aussi les cas d'enfants qui choisissent de jouer d'un instrument pour faire comme maman, papa, la grande sœur, le cousin ou l'oncle ou encore pour faire plaisir à papa, maman, la grand-mère, la marraine etc..
Dans ces cas présents, l'enfant, en général, change d'orientation instrumentale ou malheureusement manifeste son souhait de ne plus poursuivre cet apprentissage.
Parfois encore peuvent se combiner plusieurs facteurs comme un choix intuitif d'ordre symbolique et une volonté de reproduire un schéma familial ou une volonté de faire plaisir. Ceci est fréquent et pourtant délicat car l'enfant pourra évidemment poursuivre brillamment ses études puis même s'orienter dans une carrière musicale professionnelle réussie mais il aura très certainement en grandissant plusieurs remises en question à faire et devra très probablement travailler sur lui et « casser » certains schémas sous peine qu'ils perdurent inconsciemment et viennent tôt ou tard parasiter l'épanouissement et l'équilibre mental global.

Cette parenthèse faite, nous allons à présent développer davantage le lien musicien-instrument :

Une fois le choix fait, l'enfant va, au fil du temps et de l'apprentissage, découvrir toutes les possibilités de cet instrument qui grandira avec lui.
Un peu comme un ami, il l'aimera, parfois beaucoup, parfois moins, parfois presque plus du tout mais les liens affectifs puissants maintiendront la relation exclusive.

Cette force affective existante dans ce lien inédit et présentant les caractéristiques du modèle kleinien[15] (clivage amour-haine) mérite

---

15 - M. Klein, psychothérapeute et psychanalyste (1882-1960), a mis en avant l'hypothèse selon laquelle l'enfant, dans ses premiers temps de vie, met en place une ambivalence amour-haine dès qu'il prend conscience que la relation à la mère est parfois satisfaisante (bonne mère) et parfois frustrante (mauvaise mère). C'est

un approfondissement sous l'éclairage de la psychanalyse.
En effet, le rapport entretenu avec l'instrument évoque tous les aspects que nous pouvons partager avec une personne comme le précisait notre jeune « lycéenne-harpiste ». Une personne qui serait un ami comme l'évoquait aussi récemment le claveciniste et chef d'orchestre Christophe Rousset[16] qui ajoutait à ce propos :

« *Dans certains moments de désarroi, je me réfugie devant le clavier et je joue. C'est ainsi, je ne peux pas le contrôler.* »

Si l'instrument est une personne, un ami, c'est donc véritablement un être cher qui permet aussi l'accès à une régression nécessaire, l'accès à la confidence, mais également l'acceptation d'un manque que l'instrument vient combler.

Nous pouvons nous demander dès lors pourquoi parler de manque alors que justement, l'enfant a trouvé en l'instrument choisi la possibilité de s'exprimer et de renouveler tout ce qui intuitivement et symboliquement lui plaisait et lui permettait cette résonance à l'unisson avec sa personnalité ?

De toute évidence le principe du manque n'est pas véritablement lié au choix instrumental qui correspond, quant à lui, davantage à un besoin structurant. Combler ce besoin renforce l'être en soi et construit la personnalité.
Quant à ce manque existentiel, il serait, lui, lié aux affects et à leurs problématiques. L'ami imaginaire, symbolisé dans l'instrument, produisant les sons, réveillerait les affects, qui viendraient agir de

---

le clivage de l'objet (amour-haine), relation objectale bonne ou mauvaise. Ce clivage est au service du Moi car il protège l'objet dont une partie au moins se trouve acceptée, la mauvaise partie exclue. Le clivage introduit aussi la limite entre le dedans et le dehors. M. Klein écrit à ce sujet : « *Bien que ce clivage interne et externe soit de nature fantasmatique, l'enfant ne le ressent pas moins comme tout à fait réel, de sorte que ses sentiments, ses objets comme ultérieurement ses pensées sont coupés les uns des autres.* » Nous pouvons considérer alors que le rapport à l'instrument peut, lui aussi, être de nature ambivalente : parfois l'instrument perçu comme objet aimant parfois non, relation puisant sa source sur la relation première à la mère.

16 - C. Rousset, claveciniste et chef d'orchestre de l'ensemble de musique baroque, *Les Talens Lyriques,* fondé par lui-même en 1991.

façon pulsionnelle, sous forme de clivage amour-haine, pulsion de vie-pulsion de mort.

André Green écrit à ce sujet :

« *Les affects originaires sont irrémédiablement perdus avec les objets de notre enfance. Seule revit la déception de leur perte. La désillusion à laquelle nous cherchons indéfiniment consolation.* »[17] (1973)

Cette consolation recherchée trouve probablement aussi sa symbolique dans le choix instrumental. Pour le musicien, il s'agira de s'exprimer musicalement pour justement la sublimer, la transcender, la magnifier.

Concernant l'affect, que dire de plus ?

Sous l'angle de la psychanalyse et de la définition donnée par André Green :

« *L'affect serait une anticipation du corps du sujet avec la rencontre d'un autre corps imaginaire, érotique ou agressif (...). Les affects originaires sont liés au corps de la mère, comme les affects secondaires sont liés à la Loi du père.* »[18] (1973, p. 122)

D'un point de vue plus symbolique et bien évidemment inconscient, si nous effectuons un lien avec le rapport instrumental et musical, nous pourrions émettre l'hypothèse que globalement, les sonorités musicales se rapprocheraient davantage de la relation maternelle (la voix maternelle) alors que l'étude des partitions, la rigueur nécessaire à l'apprentissage, la théorisation et tous les codes propres à la musique seraient davantage liés à la « Loi du père ».

Sans entrer dans les concepts complexes de la théorie psychanalytique, nous retiendrons simplement que toute relation fait toujours écho quelque part à notre relation première qui est la relation mère-enfant. A cela peut s'ajouter une conduite secondaire liée à la relation triangulaire inconsciente (conflit œdipien).

---

17 - 18 - A. Green, psychanalyste, *Le discours vivant.*

Sous le regard de la psychanalyse, la relation musicien-instrument n'échappe pas à la règle et il est important de se souvenir que le musicien adopte une relation d'ordre imaginaire et symbolique avec l'instrument :

- Imaginaire, en ce sens que l'instrument est un peu cet ami imaginaire, ce corps imaginaire qui détient tous les affects et leurs problématiques : Les premiers affects (liés au manque et à la recherche d'une consolation) puis les autres découlant la plupart du temps des premiers. L'instrument est bien ce prolongement de soi, mais un prolongement purement affectif, pulsionnel et sensoriel en ce sens que la relation imaginaire serait davantage liée au corps. Il est donc tout à fait banal et évident de dire que si le corps (incluant aussi le mental) souffre trop, la relation à l'instrument souffrira, elle aussi.

- Symbolique, car comme nous l'avons expliqué, elle réfère au choix de départ et de son intention de s'accorder à l'être (enfoui et intérieur) et au besoin d'épanouir la personnalité (davantage tournée vers l'extérieur) aspirant à l'expression dans une volonté de se structurer.

C'est cette conduite symbolique qui tendra à équilibrer les conflits car elle sera susceptible d'induire la sublimation et le dépassement de soi. Elle favorisera également l'ouverture sur l'extérieur, la musique étant aussi échange et partage. Elle permettra enfin d'insuffler l'enthousiasme et la passion guidés et nourris par la pulsion se plaçant sous forme d'énergie, dans la vie le plus souvent, car comme l'écrit si justement Steiner :

« L'énergie que constitue la musique nous fait ressentir l'énergie qu'est la vie ; elle nous met dans une relation d'expérience immédiate avec l'ineffable par l'abstrait ou le verbal, mais non moins tangible, fait premier de l'être. »[19] (1994, p. 48)

19 - Citation issue de l'ouvrage de G. Steiner, *Réelles présences, les arts du sens.*

La relation musicien-instrument est certes inédite car à la fois naturelle et atypique :

Naturelle puisqu'elle transpose sur un instrument des liens imaginaires et symboliques. Ce mode relationnel qui est *a fortiori* spécifiquement humain possèdera donc naturellement les mêmes conduites.

Atypique, bien sûr, car ce n'est pas un être humain mais un instrument qui partagera cet échange bouillonnant de vie dans lequel plusieurs processus identificatoires et transférentiels se produiront. Ces processus mêlés d'affects primaires et secondaires, d'émotions les plus vives et de sensations fines et subtiles trouveront leur résolution dans un désir sous-jacent de se réaliser, à chaque nouvelle expérience gratifiante. L'osmose née du contact musicien-instrument n'aura de cesse de permettre à l'être de s'épanouir sachant que certaines conditions toutefois demeureront nécessaires, conditions parmi lesquelles nous pouvons très certainement citer en premier lieu, l'authenticité envers soi-même.

Variation 3 - L'image de soi

L'image de soi, autre problématique essentielle dans la compréhension du monde intérieur du musicien, doit faire l'objet de toute notre attention, en ce sens qu'elle participe et s'intègre d'une façon considérable à l'expérience musicale.

Toutefois, il est important d'introduire au préalable ce que révèle précisément cette notion d'image.

L'image de soi prend très certainement sa source dans ce que nous appelons communément le « stade du miroir »[20] : ce stade, ayant lieu aux alentours de l'âge de deux ans, signifie pour l'enfant le moment où il se reconnaît dans le miroir comme étant lui. L'image dans le miroir est son image ; le reflet du miroir est le reflet de lui-même. L'enfant prend conscience de son unité physique, conscience de son schéma corporel et conscience de ses particularités aussi.
Petit à petit, il comprendra que cette image dans le miroir est ce qu'il donne à voir aux autres. Ce qu'il donne à voir aux autres, et qu'il a donc intégré lui-même, constitue l'image de soi.

L'image de soi est ce qui entoure l'individu. C'est le paysage autour et à l'intérieur de soi. C'est aussi l'ensemble des images de soi passées, présentes et futures.
Pour être positive, l'image de soi doit être authentique, en accord avec soi et cohérente avec l'extérieur du monde.

Symboliquement, l'image de soi est aussi une mise à l'épreuve sociale, elle nous expose, et peut aussi nous mettre en situation de vulnérabilité. Il me semble alors que l'image de soi relève plus directement de la personnalité car elle est en permanence en interaction avec le milieu. La problématique liée à l'image de soi, relevant évidemment de ce que nous voulons bien voir (ou ce que nous pouvons voir) et en extension de ce que nous acceptons de

---

20 - Le stade du miroir est une étape psychique définie par la psychanalyse et s'associant pour une large part à F. Dolto et J. Lacan. Le stade du miroir fait référence à deux notions fondamentales : la notion du « Je » et la notion du schéma corporel. Pour Lacan, le stade du miroir a une valeur décisive dans

donner à voir aux autres.
Il est évident que les valeurs du milieu dans lequel vit l'enfant seront déterminantes dans l'image que celui-ci constituera de lui-même.

Les émotions qui interviennent certes en réponses aux stimulations internes et externes sont également des signaux d'alarmes qui nous parlent de notre image.
Par exemple, le fait de pleurer est le signe d'un effondrement de l'image de soi. Quelque chose a disparu de notre image.
A l'inverse, le rire est révélateur d'une construction de l'image. Par exemple, un enfant qui rit est un enfant qui est en train d'intégrer son environnement à l'image de lui-même.

Schématiquement, nous le comprenons, l'image de soi se construit avec l'individu et elle est également toujours en mouvance selon les expériences positives ou négatives qu'il peut vivre. Il est à noter que l'image de soi n'est pas l'estime qu'on peut avoir pour soi. Cela peut être mis parfois en rapport mais il s'agit de deux constituantes complémentaires mais différentes.

La mise en parallèle avec la problématique inhérente au musicien n'est pas difficile à comprendre.

Deux facettes sont globalement à considérer au niveau de l'image de soi :

- L'image de soi : Ce qu'on peut voir de soi ou / et ce qu'on veut voir de soi.

- L'image de soi : Ce qu'on renvoie à autrui : L'image de soi consciente et inconsciente.

Pour le musicien, cela est un peu plus délicat car qui dit musicien dit rapport à la scène, rapport au public. L'image de soi soulève donc une triple problématique :

---

l'amour pour soi, c'est une image globale physique que l'enfant doit affronter (en rapport avec l'image morcelée du bébé). Chez Lacan, ce stade est surtout de l'ordre du visible alors que chez Dolto, c'est non seulement visible mais aussi sensible et psychique. Le stade du miroir confirme *une individuation narcissique primaire.* L'enfant fait aussi le constat qu'il existe un écart entre son image et lui.

Aux deux facettes énoncées, nous pouvons ajouter une facette supplémentaire propre au musicien et relevant du rapport au public.

Cette facette induit trois idées évidentes :

- La première se situe au niveau du lien musicien-instrument : Pour le musicien, l'image de soi est aussi une image qui se vit et se partage avec l'instrument de musique choisi.

- La seconde idée se rapporte au lien existant entre la personnalité musicale et l'image de soi (dans ce cas, « l'image de soi-musicienne »).

- La troisième idée, découlant des deux autres, soulève un constat important : Le musicien n'est pas toujours un musicien. Etre musicien, c'est aussi, ne l'oublions pas, une profession, un rôle social, même s'il implique fortement et totalement la personnalité, voire l'individu tout entier. L'être humain qui choisit ce métier doit en avoir pleinement conscience, la confusion des genres pourrait être déstabilisante pour l'équilibre d'autant que la limite est déjà fine et fragile. Ainsi le surinvestissement de l'image de soi dans l'expérience musicale (sur scène par exemple) ne doit pas se faire au détriment de l'image, dirons-nous, hors scène. Il est primordial de réussir à maintenir un équilibre car le but du jeu n'est pas de se perdre dans une image unique véhiculée par le culte de la scène et de se laisser absorber par la haute part d'égocentrisme (très proche de celle de l'enfance par ailleurs) que la situation scénique peut véhiculer. Les musiciens solistes ainsi que les chefs d'orchestre sont particulièrement exposés et donc, de ce point de vue là, vulnérables, bien que je trouve, que dans l'ensemble, ils manifestent beaucoup de prudence et sont conscients du « danger ».

Effectivement, les musiciens voient très souvent le rapport à la scène comme un rapport avant tout gratifiant avec le public.

Dans ce cas, le public est structurant, bénéfique.

Dans d'autres cas encore, le rapport à la scène est lié à la notion de partage avec le public, à l'idée d'un don d'une part d'eux-mêmes, un don puisant très certainement son origine dans un contexte émotionnel. C'est le partage des émotions. Souvent les musiciens parlent d'ondes ou de vibrations qui se dégagent entre eux et le public.

Dans un dernier cas enfin, il s'agit de montrer au public de quoi ils sont capables. C'est un peu un exercice du style : « *Je vais briller, en mettre plein la vue* ».
Cette dernière attitude qui peut sembler curieuse est parfois pour le musicien un acte de revanche ou une façon de s'imposer. C'est une manière de reconstituer peut-être aussi une image de soi altérée par les difficultés inhérentes à cette profession dont je l'ai déjà dit le besoin de reconnaissance est un moteur « énergétique ». Ce n'est malheureusement pas toujours la meilleure énergie qu'il stimule et ce n'est donc pas toujours pour le confort de la femme ou de l'homme présents derrière l'image du musicien, artiste virtuose, qui doit faire ses preuves continuellement.

Nous pouvons préciser toutefois à ce sujet, qu'il reste délicat de savoir précisément ce qu'il est important ou pas de montrer ou de connaître de soi car cela est évidemment très personnel et tout à fait particulier selon les individus. Il s'agit en fait « *de cas par cas* » mais nous pouvons toutefois tirer une grande ligne à ce sujet en énonçant globalement que certains musiciens pourront être à l'aise dans ce rapport particulier au public qui peut aussi correspondre à un « rapport de force ». Tout dépendra de l'individu, de ses aspirations et de sa façon de concevoir ses interactions humaines. Si cela reste en accord avec l'être en soi, si le musicien y trouve une forme d'épanouissement. Pourquoi pas ? L'important étant, il me semble, d'une part, d'avoir conscience de sa propre image et que d'autre part, cette fameuse image s'harmonise à sa « petite vérité intérieure ».

Il est nécessaire enfin de connaître ses limites afin de ne pas s'épuiser à vouloir toujours exiger davantage de soi de manière à accéder à une image telle que nous la voulons, telle que nous la fantasmons mais qui parfois peut rester inaccessible car trop ambitieuse, trop idéalisée. L'être en soi sera alors frustré et cela peut mener à des conflits internes, voire à long terme, à des conduites pathologiques ou à des états dépressifs sous-jacents.

Globalement, il semblerait que la prise de conscience que l'image de soi peut parfois manquer d'authenticité, de réalisme ou d'objectivité permettrait aussi de comprendre l'intérêt à ne pas tendre à rester prisonnier de cette image là, d'autant que nous devons garder à l'esprit que l'image est aussi liée à nos différentes fonctions (sociales, professionnelles...).
Dans ce cas précis, l'image fait partie de soi mais elle ne constitue pas la totalité de notre être. Si cette condition évoquée est valable pour chacun d'entre nous elle reste doublement valable pour les artistes et surtout les musiciens.

Pour quelles raisons ?

Pour des raisons évidentes liées en premier lieu à la participation entière de l'être dans l'expérience musicale demandant de l'authenticité : L'être et l'image doivent être en harmonie, l'expérience musicale étant bien davantage qu'une fonction professionnelle même si paradoxalement elle demeure une profession. Cela, nous devons l'admettre, ne simplifie pas la tâche de l'artiste

En effet, la participation entière de l'être liée à l'exposition fréquente à un public, à des critiques, à des jugements n'est pas toujours favorable à l'épanouissement de l'être au travers de l'image... L'artiste sur qui on pose un regard permanent est de ce fait principalement vulnérable par rapport à l'image. Il est à noter à ce sujet que d'autres univers professionnels tels l'enseignement ou la politique restent un peu dans cette optique mais dans une moindre mesure car il s'agit pour eux de développer d'une façon adéquate un rôle et normalement, une responsabilité professionnelle. Ce rôle relève de l'image et peut parfois fragiliser l'individu mais il n'implique pas forcément sa participation entière et n'est donc pas aussi difficile à gérer que les professions artistiques où authenticité et participation impérieuse de l'être sont de rigueur (le métier de professeur, quant à lui, demande de l'authenticité mais pas un don de soi au sens développé au regard du musicien). Quant au monde artistique lui-même, il semble que les chanteurs, musiciens, danseurs, acteurs soient davantage exposés à l'image que les plasticiens, sculpteurs ou photographes par exemple...

Effectivement, il existe une situation d'immédiateté présente dans certaines professions artistiques plutôt que d'autres et qui, d'une certaine façon, alourdissement mentalement le rapport à l'image.

A ce sujet, le compositeur Eric Tanguy[21] évoquait récemment les similitudes et les différences qui selon lui existaient entre le compositeur et l'interprète. Il expliquait très justement l'importance de cette situation d'immédiateté présente chez l'interprète et qui n'existe pas de la même manière chez le compositeur pour qui le rapport au public est fantasmé.
Le lien direct et immédiat que vit le musicien est véritablement inédit et ouvre donc une problématique toute particulière vécue exclusivement par l'interprète et non le compositeur.
En ce sens, nous pouvons ouvrir une parenthèse sur l'idée que le compositeur se rapprocherait alors davantage de l'artiste peintre, par exemple, puisque tous deux, travaillent dans le silence et devant une page blanche : *« Le travail dans le silence c'est un peu le saut dans le vide et même s'il existe des influences conscientes ou inconscientes, la page blanche est le propre du compositeur »*, disait Eric Tanguy.
Et cette *page blanche* ne serait-elle pas d'ailleurs le support à la fois concret et symbolique propre à la création ?

***

En vue de synthétiser les éléments inhérents au concept de l'image de soi en rapport avec le musicien, nous pouvons dire qu'à l'intérieur de ce concept existe toute la richesse et la force que l'interprète aura

21 - E. Tanguy, né en 1968, est un compositeur français, (Victoires de la Musique Classique 2004 et 2008). Pensionnaire à l'Académie de France à Rome (1993-1994), il a été l'invité spécial d'H. Dutilleux au Tanglewood Music Center (Etats-Unis). Il a été également compositeur en résidence en Champagne-Ardenne (1995), à Lille (1996) et, de 2001 à 2003, à l'Orchestre de Bretagne.

su développer au fil des années et qu'il aura su mettre aussi dans sa relation à l'Autre mais il existe également tous les éléments susceptibles d'être divulgués malgré soi, que l'on veuille ou non.

J'ai pu dire dans cette partie de veiller à ne pas rester prisonnier d'une image mais cela peut s'avérer dans certains cas sensiblement illusoire car en fait, nous le sommes tous un peu ! Ne serait-ce que par les données essentielles que peuvent constituer notre milieu socioculturel, nos origines etc.....Données exprimées d'ailleurs d'une manière ou d'une autre par le musicien au travers de son jeu et qui révèlent également une certaine image renvoyée au public.

Florent Héau expliquait à ce propos que le son était justement à la fois personnel et culturel.
Il est évident que l'empreinte personnelle développée possèdera toujours une facette liée à l'aspect culturel qui s'intègrera forcément à l'image.
Il est utile de souligner aussi l'idée que l'image de soi s'exprime intérieurement et extérieurement par le son reflétant également la personnalité. Cette image se donne alors à voir et à entendre.

L'authenticité que révèlera le musicien dans sa pratique instrumentale aidera par là à accéder à une forme d'harmonie entre l'image et l'être et ce, grâce à l'expression musicale.

En parlant de son expérience, notre clarinettiste ajoutait encore un point important qui mérite d'être souligné. Il disait :

« *La note est nourricière, c'est pourquoi si on bute sur les choses au lieu d'entrer dedans, on ne peut pas prendre possession de l'oreille et du son afin de trouver sa propre sonorité.* »

Il est évident que dans « *propre sonorité* », j'entends authenticité et lorsque Florent Héau ajoute qu'il faut « *aller au-delà de sa propre personne* », c'est un peu en ce sens que nous pouvons trouver, au-delà de l'image, notre être profond car c'est celui-ci que la musique touche et qu'il est nécessaire d'accorder à l'image et à la personnalité entière si le musicien veut être authentique dans son expression musicale.

S'il *bute*, il ne verra et n'entendra que la surface, l'apparence, le « semblant sonore ». S'il *entre dedans*, il donnera de la consistance, de la profondeur, de la couleur à chaque note investie alors de la richesse intérieure de l'être et de son empreinte réelle et profonde. Et par delà l'image, c'est bien cette richesse là qui saura atteindre l'auditoire, grâce à l'échange émotionnel, l'empathie ou les neurones-miroirs.

Le souci d'authenticité reste donc un critère déterminant dans la recherche consciente de l'image de soi. Si le musicien ne prend pas conscience de cet aspect, il risque de s'exposer à des conflits intérieurs qui pourront venir parasiter son expression musicale en générant de surcroît une dose importante d'anxiété.

Les professeurs d'instrument ont par ailleurs souvent conscience de cet aspect capital que constitue la recherche d'un son propre qui s'accordera à la « personnalité musicale » de l'élève car ils savent qu'il est essentiel que le son trouve une forme d'épanouissement et d'autonomie en étant directement lié à la sensibilité de l'élève (et non pas à celle du professeur). C'est ainsi que bien souvent les professeurs s'emploient à utiliser de belles métaphores pour exprimer cette idée auprès de leurs élèves comme par exemple :

« Le son de ta harpe doit mûrir, ne laisse pas ton instrument être une pomme verte. »[22]

J'aime cette image qui est encore une belle métaphore du son et de l'instrument avec la nature comme les musiciens savent très souvent si bien le faire.[23]

***

Afin de conclure sur le sujet, nous dirons que le musicien possède une image qui touche à la fois la personnalité et la recherche de son.

---

22 - Citation empruntée à N. Lebrun, harpiste, et professeur au CNR de Nice.

23 - Dans l'observation des propos des musiciens, souvent les métaphores à la nature restent très présentes dans leurs explications, que ce soit dans un souci de clarté comme outil pédagogique par exemple ou que ce soit encore pour exprimer

En ce sens, si l'enfant est mis rapidement dans un état d'esprit où il a conscience, grâce à un travail d'écoute approfondi, que le son est le reflet de la personnalité, il pourra l'épanouir en accord avec ce qu'il veut bien mettre (ou peut mettre dans son image).
L'écoute extérieure est donc à privilégier.
Avec l'âge et l'expérience, l'écoute attentive extérieure deviendra aussi intérieure. Le musicien apprendra à laisser travailler intérieurement le son afin de lui permettre de gagner l'être et pourra alors approfondir encore son expression selon des critères esthétiques évidents mais également selon le sentiment qu'il a de lui-même et la volonté de l'accorder à l'image.
Cette notion d'une écoute intérieure attentive renvoie très certainement à l'idée que l'important est « *d'avoir conscience de* » ...car « *avoir conscience* » signifie aussi savoir avec finesse ce qu'on est prêt à mettre dans l'expression de son art, savoir mesurer avec justesse ce qu'on souhaite exprimer, savoir extérioriser de façon authentique et personnelle son monde intérieur.

Avoir véritablement conscience de soi est très certainement le secret de la pratique artistique révélatrice et épanouissante car, émerge parallèlement l'idée d'un accès à l'affirmation sous-tendant l'acte de création proprement dit mais nous y reviendrons.

---

leur rapport à la musique ou leurs conduites musicales, il semblerait que la Nature reste une puissante source d'inspiration. Mais ceci n'est pas particulièrement une constatation inédite issue de ma recherche : Dans l'histoire de la musique, l'inspiration à la nature reste un thème inépuisable. Souvenons-nous à ce titre d'O. Messiaen qui, relatif à son *Catalogue des oiseaux* disait : *« Dans la hiérarchie artistique, les oiseaux sont les plus grands musiciens qui existent sur notre planète. »*, ou encore F. Liszt, qui pour illustrer la technique du *rubato* précisait *: « Supposez un arbre que le vent fait ployer. Entre ses feuilles passent les rayons du soleil et la lumière tremblotante qui en résulte, c'est le rubato. ».* Ce rapprochement à la nature, comme s'ils comprenaient ce que celle-ci avait à leur dire, n'est pas sans nous rappeler le monde animiste de l'enfance pour lequel le musicien conserverait une conduite résiduelle le rendant plus proche de la Nature, du rêve et de l'imaginaire de façon naturelle et spontanée, et qu'il utiliserait bien souvent comme support pédagogique, l'image étant plus accessible que le mot.

Variation 4 - Problématique du trac

Le trac est un stress spécifique.
Avant d'approfondir le sujet, il serait intéressant de développer attentivement la notion générale que revêt le terme « stress. »

Le stress est considéré comme une conduite psycho-émotionnelle. Si les agressions peuvent être multiples et diverses, corps et cerveau réagissent biologiquement toujours de la même façon. Le stress est constitué de réactions neurophysiologiques et psychiques déclenchées par des événements ressentis comme menaçants. Le stress est donc une réponse naturelle à un stimulus qui agresse notre cerveau et notre corps.
Pour comprendre comment notre cerveau réagit, il faut savoir que le système endocrinien possède l'originalité propre de moduler à l'aide d'hormones pratiquement toutes les réactions normales de notre organisme. C'est donc un système permettant de s'adapter à toutes les variations qui lui sont imposées aussi bien de l'extérieur que de l'intérieur.

C'est Henri Laborit[24], médecin, chirurgien, biologiste, (inventeur des neuroleptiques) et professeur de neurophysiologie du système nerveux, qui a proposé le modèle le plus complet du stress, dont les données restent des sources référentielles.
Le mot stress a été vulgarisé par les travaux de Selye[25] qui décrivent de manière exhaustive les réactions de l'individu face aux agressions de l'environnement.

Le professeur Laborit, quant à lui, distingue deux types de stress :
Un premier purement physiologique et un second psychosocial.

Nous pouvons annoncer dès lors que le trac serait un stress spécifique situé globalement à la jonction entre ces deux types de stress définis par Henri Laborit.

---

24 - H. Laborit (1914-1995), biologiste et philosophe du comportement animal et humain.
25 - H. Selye (1907-1982), endocrinologue et pionnier des études sur le stress.

Le stress physiologique fait intervenir deux systèmes biologiques, le système adrénosympathique qui intervient en premier lieu puis le système endocrinien qui suit.
Le premier système (adrenosympathique) est un système nerveux périphérique particulier, il contrôle le fonctionnement des organes internes comme le cœur, les vaisseaux, les poumons, le système digestif, l'appareil urogénital. Schématiquement, nous pouvons dire qu'en réponse nerveuse à l'agent stresseur, la sécrétion des catécholamines telles que l'adrenaline et la noradrénaline[26] ainsi que la stimulation qu'elles engendrent au sein des organes comme au sein des centres nerveux provoquent principalement les réactions suivantes :

- la vasoconstriction des vaisseaux périphériques pour réserver le flux sanguin aux organes principaux (cœur, poumons, et cerveau).
- l'augmentation de la tension artérielle et l'accélération du cœur.
- l'accélération de l'oxygène des organes et des muscles.
- la vascularisation préférentielle des muscles.

Au sein du système nerveux central se manifestent deux phénomènes physiologiques fondamentaux : la concentration de l'attention et l'augmentation de la vigilance. Ces phénomènes physiologiques permettent la fuite ou la lutte. Les catécholamines induisent également un état d'anxiété pouvant aller jusqu'à l'angoisse, état faisant intervenir le système limbique qui gouverne l'affectivité. Cet état d'anxiété ou d'angoisse sera d'autant plus élevé si le sujet ne peut passer à l'action, s'il y a inhibition de l'action. Il s'agit alors d'une *inhibition en tension.*

Quant au second système qui intervient (neuroendocrinien), sa réponse est principalement de secréter le cortisol grâce à la glande

---

26 - L'adrénaline est à la fois une hormone et un neurotransmetteur appartenant à la famille des catécholamines. Elle porte aussi le nom d'épinéphrine, du grec, *epi* et *nephros* signifiant *sur le rein.* L'adrénaline est sécrétée en réponse

endocrine. Ce dernier joue un rôle majeur dans l'homéostasie du milieu intérieur en maintenant le taux de sel, le volume plasmatique et par conséquent la tension artérielle. Le cortisol permet également le maintien de l'activité musculaire et intellectuelle.
L'inhibition de l'action qui intervient dans un second temps se fait en partie sous l'action du cortisol et se traduit par de l'anxiété et de l'angoisse. Intervient enfin la sécrétion du C.R.F. (cortico-releasing-factor) qui contrôle la sécrétion de l'ACTH hypophysaire[27] par le cerveau neurovégétatif lui-même *coiffé* du système limbique pouvant être considéré comme le « cerveau affectif ».

Quant au stress psychosocial, nous pouvons considérer qu'il peut mettre globalement en action le même système de réponses par l'organisme que le stress physiologique sauf que son mécanisme est beaucoup plus complexe. Ce n'est plus une simple réaction physiologique, ni un mécanisme instinctif (un comportement stéréotypé) à une agression extérieure, mais un phénomène interactif. Le stress psychosocial fait intervenir la mémoire et l'apprentissage. Le cerveau affectif (limbique) sera également fortement impliqué. Les fonctions exposées en plus de celles décrites précédemment concernent alors la mémoire certes mais aussi l'imagination et l'association d'images (traitées par le cortex).

Le trac à proprement parler est bien un stress qui se situe à mi-chemin entre le stress physiologique et le stress psychosocial, en ce sens, que le trac, dont les symptômes sont davantage physiologiques, connote pourtant une anxiété liée aussi à la situation scénique.
Nous savons que la prestation publique est relativement interactive et c'est précisément cette idée là qui déclenche les

---

à un état de stress ou en vue d'une activité physique, accélérant le rythme cardiaque, augmentant la force des contractions du cœur et de la pression artérielle. Enfin, la noradrenaline, produite en excès dans la situation de stress, engendre, elle aussi, des difficultés. (Voir note 6, *Annexes*).

27 - L'ACTH : l'adréno-cortico-trophic hormone ou hormone corticotrope (corticostimuline) sécrétée par le lobe antérieur de l'hypophyse stimule la sécrétion de cortisol, d'hydrocortisone et d'androgènes par la cortico-surrénale, à condition que celle-ci soit saine. L'ACTH est utilisée en thérapeutique pour subvenir à une insuffisance hypophysaire ou cortico-surrénalienne.

symptômes physiologiques du trac : jouer devant un public.

Nous ne développerons pourtant pas en détail toutes les manifestations symptomatiques du trac et je renvoie le lecteur aux multiples ouvrages qui traitent de ce sujet. Nous nous en tiendrons ici aux raisons principales qui peuvent être la cause de la manifestation du trac.
Nous pouvons considérer qu'il existe un trac à plusieurs niveaux (ou plusieurs formes de trac) mais que celui-ci est toujours négatif. (À ne pas confondre avec le stress qu'on peut qualifier, à juste titre, de négatif ou de positif) :

Le stress négatif produit le trac.

Le stress positif, c'est une pulsion de vie en éveil, une pulsion vivement sollicitée par un individu conscient qu'il va bientôt effectuer un acte de grande importance pour lui, un acte constructif car il pourra être gratifiant. Dans ce cas, le stress est porteur et bénéfique, à condition de savoir le gérer en l'accueillant positivement et en confiance.

Ce qu'il est important de remarquer à présent est en rapport avec l'âge et l'apparition du trac.

Si l'enfant, de façon générale, n'est pas sujet au trac, celui- ci peut apparaître dans la période de l'adolescence.

La correspondance entre l'apparition du trac et la période de l'adolescence renvoie évidemment à une problématique liée à plusieurs dimensions :

- Rapport à la prise de conscience : l'enfant a grandi et a davantage conscience de l'importance de l'enjeu (dimension liée au jugement, à la critique et à ses propres capacités qu'il met à l'œuvre).

- Rapport à l'image de soi : l'enfant est dans une période de transition complète. Mentalement, il *évolue*. Physiquement, il change. L'image de lui-même subit des transformations de l'intérieur et de l'extérieur qu'il a parfois du mal à gérer.

- Rapport à l'Autre : L'adolescent est sur un mode conflictuel, car il ne se sent véritablement à sa place nulle part, puisqu'il évolue entre deux âges : il n'est pas un adulte mais n'est plus un enfant. Il a besoin de casser ses anciens repères afin de s'identifier petit à petit au monde des adultes. Pour se faire, il doit s'opposer aux adultes de manière à briser les liens enfantins qu'il entretenait et les remplacer par de nouveaux liens mais cela se fait dans la durée. D'autant, qu'inconsciemment, les fixations de la petite enfance réapparaissent sous de nouvelles formes. Ces fixations réactualisées créent des conflits intérieurs importants qu'il doit régler aussi dans la durée. Durant toute cette période, le mode conflictuel de l'adolescent est donc nécessaire mais déstabilisant.

Il est ainsi fréquent qu'à cet âge le trac apparaisse. Ce trac doit normalement disparaître avec la résolution des conflits liés à l'adolescent et à l'acceptation et l'épanouissement de sa nouvelle image. La qualité de l'environnement (entourage, professeurs) sera bien entendu déterminante dans la résolution du trac. J'insiste à ce sujet sur l'importance de ce que l'entourage peut véhiculer au niveau du stress et des tensions et qui risquent de venir accentuer le trac. Il est même possible d'émettre l'hypothèse que la façon dont les professeurs et l'entourage auront su gérer leur problématique en rapport au trac, à l'image et à la confiance en soi, cela déterminera de façon conséquente la manière dont l'adolescent, lui-même, résoudra ses problèmes.

En d'autres termes, si par exemple, un professeur n'a pas su régler son propre trac, il pourrait le communiquer, inconsciemment à ses élèves (d'autant plus si, eux-mêmes, ont déjà une propre tendance au trac).

De la même manière, un entourage stressé, anxieux, en manque de confiance (conscient ou non) en les propres capacités de l'enfant pourra projeter négativement sur celui-ci qui verrait alors le phénomène du trac s'accentuer.

Au niveau du trac de façon générale, je vais dresser également une petite classification personnelle qui peut être divisée en deux grandes parties. Dans la première, seront indiqués les tracs ponctuels et dans la seconde, les tracs existentiels.

1) Les tracs ponctuels : A l'intérieur de cette partie, nous pouvons inclure :

- le trac lié à l'adolescence (si celui-ci perdure, il s'agira à ce moment là d'un trac existentiel mais normalement le trac inhérent à l'adolescence doit disparaître !)
- le trac lié à la fatigue, l'état physique ponctuellement fragilisé pour une raison non chronique bien sûr !
- le trac induit par un nouveau programme suscitant des tensions car suggérant une part « d'inconnu ». Nous pouvons y inclure des exemples tels que : un programme mal préparé (manque de travail ou de temps), une situation inédite : (concours, concert filmé, enregistré...), ou encore une situation scénique liée à des composantes extérieures au musicien comme une mauvaise qualité d'accueil par exemple, générant un stress négatif pouvant se transformer en trac

2) Les tracs existentiels : Dans cette partie, nous pouvons inclure toutes les autres formes de tracs :

- tracs chroniques

- tracs psychosomatiques (douleurs physiques permanentes non liées à un problème médical, blocages, tensions permanentes...)

La chronicité et la répétition connotent un mal être existentiel inhérent bien souvent à une problématique liée à l'image de soi et renvoyant en profondeur à un manque de confiance en soi, voire un manque d'estime pour soi. Le problème, dans ce cas sera au cœur-même du sentiment de soi, autre constante que nous développerons à la fin de ce chapitre.

Nous verrons également que la détente prioritaire du corps pour lever les tensions ainsi que sa bonne maîtrise favorisent en général la gestion du trac car celui-ci doit « se regarder en face ». Nous devons aller avec lui et non contre lui si nous voulons parvenir à dépasser les blocages, les inhibitions, les douleurs et les désagréments quelquefois très importants qu'il peut causer. Nous devons comprendre par là que si le corps manifeste toutes ces conduites inhabituelles dans ce type de situation, c'est simplement qu'il exprime un mental apeuré, anxieux et désorganisé dont les émotions intenses viennent s'exprimer dans le corps mais aussi dans le cerveau qui oublie (problèmes de mémoire), qui ne trouve ni la concentration ni l'attention nécessaires dans ce type de situation où toutes les capacités sensibles, intellectuelles et physiques sont *a fortiori* indispensables.

Considérer son corps sous une forme inhabituelle, avec un regard neuf et curieux désireux de le détendre, amènera un apaisement au mental et cette conduite aura bien souvent pour effet une prise de conscience de la problématique toute particulière qui nous concerne.

***

Au sein de cette partie, il est indispensable d'ouvrir parallèlement deux petites parenthèses particulières en rapport à la gestion du trac : Une concerne le critère de confiance lié à l'intuition et l'autre concerne les émotions :

- A propos du critère de confiance, je peux dire qu'il est probablement inhérent à l'intuition. En effet, sous l'expression quasi-générique employée bien souvent du : « *Je me fis à mes intuitions* », nous pouvons relever l'évidente idée de la confiance en soi nécessaire véhiculée par la teneur de cette formulation. Nous pouvons de ce fait émettre l'hypothèse que dès que nous parlons *« intuition »* nous évoquons aussi la confiance. Il est donc pertinent d'envisager aussi l'hypothèse que la réciproque fonctionne pareillement : Quand nous évoquons la confiance ou le manque de confiance, nous induisons de façon sous-jacente la dimension toute naturelle liée à l'intuition.

Celle-ci doit alors être sollicitée dans la gestion du trac afin d'optimiser la confiance en soi.

- Au sujet des émotions présentes dans la situation de trac induite par la prestation scénique, nous pouvons émettre d'abord la constatation suivante : Souvent, dans le milieu musical, j'entends dire qu'il faut apprendre à gérer les émotions, à les canaliser, à les maîtriser. Or, ce n'est pas tout à fait exact car les pauvres émotions qu'on vient accuser injustement ne sont pas en cause ! Elles ne sont, la plupart du temps, que l'expression d'un certain état mental. Ce n'est pas l'expression qu'il faut changer mais les raisons qu'il faut comprendre. Il est par ce fait aisé de mesurer toute la pertinence de cette prise de conscience qui permettra de régler ce conflit interne que l'organisme tente comme il le peut d'équilibrer dans une situation, qui de toute évidence, le stresse de façon négative et le rend par là vulnérable. C'est la raison profonde de cette vulnérabilité qui doit attirer notre attention, les émotions n'en étant que l'expression.

***

La conclusion sur le trac existentiel doit être faite en insistant sur l'idée qu'il est lié à une problématique touchant davantage l'être et le sentiment de soi. Il se manifestera par des problèmes de manque de confiance. Ce trac doit faire l'objet de toute notre attention car le musicien dans la situation de prestation scénique est vulnérable. L'individu qui manque de confiance voire d'amour pour lui-même pourra adopter une conduite qui consistera à aller puiser ce qui fait défaut à l'intérieur de lui, chez l'autre. Or, dans la situation scénique, l'artiste se retrouvant seul devra puiser la force et l'amour nécessaires en lui-même. Souvent, l'amour symbolique et imaginaire pour l'instrument et la passion pour la musique qu'il va faire vivre du silence grâce à l'osmose entre lui et l'instrument suffisent à transcender un manque de confiance ou d'amour en une formidable et massive dose d'énergie sublimatoire qui va, si elle est bien gérée, produire l'ineffable et merveilleuse expérience musicale, ce fameux état de grâce si cher aux musiciens. Malheureusement, cela ne fonctionne pas toujours ainsi et parfois la carence est tellement importante ou particulièrement sensible que le musicien aura besoin de soutien et la scène lui paraîtra (inconsciemment ou consciemment) insurmontable d'où le trac qui peut s'instaurer subrepticement ou brutalement.

Fréquemment, le musicien professionnel, maître des stratégies les plus fines, saura mettre en place des sortes de palliatifs pour gérer et « *tenir le coup* » lorsque le trac est présent. Si le public en ressort très souvent heureux puisqu'il a assisté à une belle prestation, le musicien, quant à lui, en sort, affaibli et fragilisé.

Cela ne peut constituer une solution à long terme car l'individu ainsi s'épuise, ce qui est le contraire de l'épanouissement.

Variation 5 - Gestion du stress : Les différentes techniques adaptées au musicien

Le trac est comme nous l'avons compris un stress spécifique négatif, à ne pas confondre avec le bon stress lié à la pulsion qui dynamise. Nous allons à présent tenter de saisir la pertinence et l'aide que peuvent apporter certaines techniques dans la gestion des symptômes liés au trac ainsi que dans la gestion du stress de façon générale.

Si le trac est un stress, il n'existe évidemment pas que ce type de stress au sein de cette profession mais également une multitude de petits états stressants inhérents à la vie du musicien. Nous veillerons à les intégrer également car ils doivent pareillement attirer toute notre attention.
Le trac, nous l'avons vu, peut être existentiel ou ponctuel mais d'une façon ou d'une autre, il risque d'être accentué par toutes les petites situations stressantes parallèles :

Pour l'étudiant ou le jeune musicien, il s'agira davantage d'un stress induit par les concours et les examens et par la tension extrême véhiculée par ces situations. A cela nous pouvons ajouter la crainte de l'échec, l'inquiétude liée aux possibilités retreintes de carrières aussi bien en orchestre qu'en qualité de soliste d'autant que la limite d'âge fixée par les concours génère un stress supplémentaire. Les possibilités d'intégrer l'enseignement sont également rares et souvent précaires. Le statut de musicien n'est pas toujours valorisé socialement. De plus, l'étudiant doit mener une vie active au niveau des concerts afin d'apprendre encore et toujours, de s'enrichir et surtout d'accéder à la reconnaissance des pairs et du public, critère indispensable dans ce métier. La gestion du temps difficile commencera dès lors à se faire sentir et se poursuivra malheureusement chez le musicien dont la carrière est lancée et qui devra évoluer entre sa pratique personnelle et ses programmations de concert. À cela s'ajoutera sa vie privée et souvent ses cours (car le musicien professionnel enseigne la plupart du temps en supérieur, master-classes...). Gérer correctement son temps relève bien souvent d'une véritable prouesse car les concerts, les voyages, le temps consacré à l'instrument, les répétitions, l'enseignement génèrent un stress permanent pouvant retentir non seulement sur la prestation sous forme de trac mais également sur l'être en soi (le stress chronique engendre une fatigue qui fragilise l'être et qui peut mener à des états dépressifs sous-jacents).

La solitude de l'instrumentiste soliste en tournée peut également mener à des états stressants dont la fatigue et l'anxiété sous-tendent bien souvent, dans ce cas, des conduites dépressives et parfois malheureusement des tendances vers des attitudes désespérées reflétant l'état de faiblesse de l'être. Cet état dépressif est, comme nous pouvons aisément le concevoir, lié fréquemment à ce mal être induit par les déplacements fréquents, l'exposition à la scène et paradoxalement la solitude. On ne se rend peut-être pas toujours bien compte à quel point la solitude fait souvent partie du métier de musicien !

Dans les attitudes désespérées, je pense bien sûr, au recours à certaines formes de dépendance (alcool, drogues sous forme médicamenteuse - somnifères, anxiolytiques...ou autres -, ainsi que la prise d'antidépresseurs de façon quasi-continue). Il existe enfin dans les différentes formes de stress induites par cette profession, peut-être un autre aspect à ne pas sous-estimer : Le déséquilibre que peut produire la situation scénique et le retour à la normale.

Nous l'avons vu la situation scénique génère soit un stress positif soit un stress négatif. D'une manière ou d'une autre, c'est-à-dire que l'expérience soit gratifiante ou pas, elle véhicule une telle charge énergétique et émotionnelle qu'elle pousse l'individu vers une forme d'extrême. Lorsque le concert est fini, il y aura toujours, tôt ou tard, une retombée. Le contrecoup pourra provoquer alors une grande fatigue voire une forme de mélancolie. Il est important de veiller à l'état particulier que produit cette retombée car la fréquence de cet état dans la durée peut aussi induire des états dépressifs à long terme.

Enfin les tensions du corps générées par cette profession stressante et fatigante tant au niveau physique qu'intellectuel sont également à surveiller.

Avant de dresser un petit « inventaire » des techniques susceptibles d'apporter un soutien dans l'univers musical, nous remarquerons simplement l'existence d'un grand manque au sein de l'univers artistique. Il est à déplorer qu'il n'existe pas de la même façon que nous pouvons le trouver dans le monde sportif par exemple, une forme de « coaching » envers les artistes ce qui leur permettrait sans doute un meilleur épanouissement et une plus grande conscience d'eux-mêmes ainsi que des « dangers » liés à leur métier.

A l'heure actuelle, certains professeurs, conscients de la difficulté que peuvent rencontrer leurs élèves, n'hésitent pas à faire intervenir des spécialistes susceptibles de les sensibiliser à certaines techniques existantes et de leur donner ainsi une écoute et une aide conséquentes. A ce sujet, le pianiste Patrick Zygmanowski[28], m'expliquait récemment qu'il laissait intervenir régulièrement des spécialistes au sein de sa classe (psychiatre, ostéopathe...)
Cette attitude juste et responsable de la part des professeurs met bien en évidence à la fois l'importance de cette sensibilisation auprès des jeunes artistes ainsi que le constat d'un manque existant dans le monde artistique. Ce n'est normalement pas aux professeurs, qui sont déjà fort occupés, d'organiser ce genre d'intervention.

Il existe certes des organismes chargés de mettre en place des conférences et séminaires au sein du supérieur (comme l'ARIAM ou Médecine des Arts en France par exemple) mais ces manifestations de grand intérêt sont généralement centrées dans la capitale et dans une moindre mesure dans les grandes villes et ciblent exclusivement les élèves musiciens du supérieur (ainsi que leurs professeurs !)

Il me semble pourtant que cela devrait exister dans tous les conservatoires et écoles de musique également en région si nous avons à cœur d'effectuer un travail de qualité auprès des jeunes élèves, notamment les adolescents qui parfois peuvent être en souffrance et apprécieraient sans aucun doute ce type de manifesta-

---

28 - P. Zygmanowski , né en 1970, est pianiste et professeur à l'école normale de musique Alfred Cortot à Paris.

tions. Il en va de même pour les enfants qui, eux aussi, savent déjà comprendre beaucoup !
Cela peut paraître quelque peu utopique d'imaginer un « coaching » dans le paysage artistique mais soyons conscients toutefois que ce ne devrait pas être le cas...
Et nous pouvons citer à ce sujet, Joseph Quoidbach, kinésithérapeute belge, spécialisé dans les troubles du musicien, qui disait :

« Le musicien, même s'il ne s'y identifie pas est un athlète, un coureur de fond qui se doit d'être à l'écoute de son corps, l'entretenir pour que celui-ci puisse lui permettre de produire la musique telle qu'il l'a ressentie, comprise, le corps ne peut s'interposer dans l'interprétation musicale. »[29] (2004, Paris)

Cette judicieuse remarque va nous permettre de mettre en évidence l'intérêt de la prise de conscience attentive du corps pour le musicien.

Nous avons déjà exploré le rôle majeur de l'empreinte tactile dans le premier chapitre, nous avons également évoqué l'importance des tensions véhiculées par la vie stressante ainsi que par le travail pur à l'instrument qui sollicite d'une part, très souvent, une posture atypique et d'autre part fait intervenir, parfois à l'excès, certaines parties privilégiées du corps nécessaires dans l'exécution instrumentale.

Avoir une bonne conscience du corps et un bon usage de celui-ci (comme le développait Alexander dans sa technique) permet de comprendre dans un premier temps les messages du corps et mettre ainsi l'accent sur les tensions inutiles.
Dans un second temps, il sera important d'apprendre à détendre le corps afin de favoriser non seulement la détente du mental mais de parvenir aussi à gérer son corps en accord avec soi, (en accord avec

---

29 - J. Quoidbach, kinésithérapeute belge, spécialisé en préventions des troubles des musiciens. La citation est issue d'une conférence donnée à Paris en Avril 2004 à l'Institut Supérieur de Musique et de Pédagogie intitulée : *Systèmes préventifs des pathologies courantes consécutives à la pratique d'un instrument.* . Monsieur Quoidbach souligne à cette occasion l'importance de la sophrologie pour la prévention des troubles et pathologies chez le musicien.

sa taille, sa carrure, ses forces, ses faiblesses, les points de tension liés à la position à l'instrument, sa propre gestuelle dans le jeu instrumental, son mode de vie particulier...)

En somme, savoir trouver le ton juste demeure une nécessité et un travail personnel car chaque individu est évidemment unique (y compris s'il fait le même métier et qu'il joue du même instrument !)

Prendre enfin conscience que gérer le stress c'est avant tout apprendre à apprécier la détente du corps simplement pour le plaisir du constat suivant : « *J'ai agréablement conscience de me sentir bien !* »
À ce titre citer Yves Davrou[30] remarquait justement :

« (...) Mais on nous a appris que le silence du corps rassure. Lorsque nous l'entendons, c'est seulement lorsqu' il se plaint. J'ai mal à la tête, j'ai mal aux dents, j'ai mal partout ! Mais pourquoi n'aurions-nous pas bon à la tête, bon aux dents, bon partout ! » (2003, p. 18)

La prise de conscience de la justesse dans l'usage de son corps peut être favorisée évidemment par certaines activités physiques (comme le yoga ou le Tai-Chi) mettant l'accent sur la perception intérieure et extérieure du corps en même temps qu'elles favorisent la détente et la maîtrise sans tension du geste juste et centré.

Afin d'approfondir cette connaissance sur soi et d'améliorer le lien existant entre le mental et le corps (« *Un esprit sain dans un corps sain.* », comme le disait Juvénal !), la kinésithérapie et l'ostéopathie sont des techniques préventives indispensables pour tout musicien qui aspire au respect de son corps (et de son mental !)

30 - Le docteur Y. Davrou a publié de nombreux livres ayant trait au développement personnel et à la relaxation, toujours dans une optique pratique d'application. Dans le cadre de la sophrologie, il a également diffusé des techniques de relaxation particulièrement intéressantes puisqu'elles sont destinées à l'usage des enfants de 7 à 14 ans.

Enfin pour affiner encore cette connaissance tout en apprenant la relaxation et l'écoute attentive de soi, la sophrologie est une méthode bien intéressante.
Toutes les techniques particulières destinées principalement aux musiciens ne seront pas développées ici et j'invite le lecteur intéressé à se référer à l'ouvrage *Sophrologie et Créativité*[31] dans lequel j'expose ces techniques. Nous pouvons dire simplement que la sophrologie pour le musicien, en plus de travailler sur le corps et sur le mental, permet d'optimiser les capacités mnésiques et créatives, permet également la préparation et la mise en condition de certaines situations spécifiques (concert, concours, gestion d'un stress particulier, travail personnel sur le trac...)

Il en va de même pour les thérapies brèves (comme la programmation neuro-linguistique) donnant des résultats dans la prévention du trac ou dans la résolution de conflits intérieurs en permettant en premier lieu leur prise de conscience et en agissant ensuite directement sur notre façon de penser : L'objectif étant globalement de changer nos habitudes et de les remplacer par d'autres, mieux adaptées, grâce à des techniques très particulières d'action sur soi.
Changer son petit schéma intérieur est la plupart du temps révélateur de soi car cela permet la mise en lumière de nos conflits, de nos inhibitions ou de nos angoisses.
En ce sens, thérapies brèves et méthodes de relaxation peuvent être très efficaces pour le musicien, le tout étant principalement de trouver la bonne activité, le bon thérapeute et la bonne méthode ! (s'accordant à soi et qui ne sera donc pas forcément la même que le collègue ou ami musicien !)

---

31 - Dans l'ouvrage *Sophrologie et Créativité* paru en 2006 chez l'Harmattan, un exposé des techniques en sophrologie pour le musicien permet de prendre en compte d'une part, des techniques de relaxation, de gestion du stress ainsi que de travail sur soi, et d'autre part, de saisir la pertinence de ces techniques au regard de la problématique toute personnelle du musicien. Quant au contenu global de l'ouvrage concernant les processus liés à la créativité, il a la pertinence et l'originalité d'ouvrir le champ aux processus liés à la création. Il fait de plus le lien entre la sophrologie et les bénéfices qu'elle contribue à offrir dans l'épanouissement créatif et personnel.

Concernant les méthodes, afin de mieux les cerner, je vais en dresser une petite classification :

Elles se nomment déjà « brèves » en opposition aux thérapies classiques type psychanalyse, qui, elles, à l'inverse, sont souvent longues. Elles offrent toutes des stratégies d'action pour travailler sur une problématique personnelle et elles peuvent se regrouper ainsi :

Les thérapies analytiques brèves : se réclament de la filiation de Milton Erikson[32]. Nous pouvons citer les thérapies stratégiques, les thérapies familiales de Palo Alto[33], la programmation neuro-linguistique (PNL).
Les thérapies comportementales et cognitivistes : Certaines de ces thérapies ont parfois pu manquer de souplesse, se montant à certains égards relativement directives. Tout dépendra en fait du thérapeute et de sa capacité à exercer avec créativité et compétence, c'est-à-dire d'avoir la capacité de cibler avec justesse la problématique du patient et de lui proposer une technique lui étant particulièrement bien adaptée. Ces techniques ne manquent pas d'intérêt et sont la plupart du temps riches et inventives. Parmi ces thérapies, nous pouvons peut-être y inclure, à titre informatif, l'art-thérapie et la musicothérapie.
La musicothérapie, vaste champ d'investigation de l'univers sonore et vaste domaine thérapeutique, ne constitue pas pourtant un intérêt majeur pour le musicien qui chercherait à travailler sur lui, à l'exception peut-être du souci de compréhension de l'impact du son chez l'homme ainsi que les diverses analyses des conduites musicales en groupe illustrées par les travaux d'Edith Lecourt entre

32 - M. Erikson, psychiatre, (1901-1980) a donné ses lettres de noblesse à l'hypnose que l'on considère à ce titre comme étant une méthode toute particulière et que l'on nomme : L'hypnose ericksonienne. Il montre par cette technique que l'inconscient d'un sujet est capable de trouver une réponse personnelle et créative. M. Erikson a aussi donné naissance à la thérapie brève et a fortement influencé les créateurs de la programmation neuro linguistique (PNL).

33 - L'école de Palo-Alto est une école dont le courant de pensée et de recherche a

autres. Quant à l'art-thérapie, technique thérapeutique innovante et riche, pour des raisons évidentes, ne relève pas d'un intérêt particulier pour le musicien. C'est pourquoi elle ne sera pas développée pas ici, sachant toutefois que le lecteur peut s'y référer par simple intérêt ou par pure curiosité.
Les thérapies humanistes : Nous pouvons citer principalement l'analyse transactionnelle et la Gestalt. Afin de ne pas rendre cet ouvrage trop technique, ces méthodes thérapeutiques ne seront pas développées non plus mais le lecteur reste libre de se documenter lui-même à leurs sujets.
Concernant le musicien, nous pourrions presque y inclure la Technique Alexander[34] ainsi que la sophrologie adaptée au paysage artistique ou encore la sophrologie analytique[35]. Ces méthodes sont douces et elles offrent également des outils pour travailler sur soi et prendre conscience de la façon la plus juste d'agir en accord avec soi, ses préoccupations ou encore avec l'environnement.

En guise de conclusion, il est important d'ajouter simplement que nous ne devons pas perdre de vue que la thérapie classique, du style psychothérapie analytique ou psychanalyse, reste une technique importante pour un travail sur soi en profondeur.
Ce qu'il est essentiel de retenir à ce niveau se situe bien évidemment dans le bon choix que nous pouvons faire pour nous.
Savoir en ce sens trouver la bonne méthode reste un acte essentiellement personnel sachant que toute problématique demeure bien entendu toujours inédite.
Toutefois une évidence commune existe :
Souffrances et mal-être puisent bien souvent leurs origines d'un manque d'estime ou de confiance en soi. Le sentiment même de soi

---

pris naissance à Palo Alto (Californie) dans les années 50. Ce courant est à l'origine de la thérapie familiale et de la thérapie brève. Les deux grands noms associés à l'école de Palo Alto sont G. Bateson et P. Watzlawick. Leurs recherches sont développées dans l'ouvrage récent du Docteur Megglé, *Les thérapies brèves,* (voir référence bibliographie).

34 - La technique Alexander est une méthode pratique destinée à l'origine aux acteurs, (Alexander était lui-même acteur). Voir *Annexes*, note 7.

35 - Sophrologie caycedienne et analytique, *Annexes*, note 8.

se trouve alors fragilisé et c'est ainsi que les conflits peuvent naître ou se réactualiser et induisent de toute façon un état de vulnérabilité qu'il est nécessaire de consolider sous peine de ne plus parvenir à gérer le stress tellement présent dans l'univers artistique.

La résultante pourra alors donner naissance à d'importantes fatigues, d'éprouver parfois une certaine forme de mélancolie, ou encore une sensibilité particulière à la solitude, un mauvais rapport à soi et en extension à l'expression musicale, une trop grande disparité entre l'exaltation de la prestation scénique et le *retour à la normale* ou enfin un trac répétitif, une dévalorisation fréquente etc....

***

Afin de se vivre bien et de vivre alors sa musique de manière bénéfique, gratifiante, épanouissante et structurante, rien ne doit être laissé au hasard.

Variation 6 - Le sentiment de soi

« J'ai toujours été intrigué par ce moment si particulier où, assis dans le public, nous voyons tout à coup le rideau s'ouvrir et un artiste s'avancer en pleine lumière, ou bien, en adoptant l'autre perspective, par ce moment où l'artiste, tapi dans une semi-obscurité, voit lui-même ce rideau s'ouvrir, révélant les lumières, la scène et le public.
Je me suis rendu compte il y a quelques années de cela, que la qualité émouvante de ce moment, quel que soit le point de vue auquel on se place, vient de ce qu'il incarne une sorte de naissance, le franchissement d'un seuil, ce qui sépare l'abri sûr mais restrictif du monde du possible et du risque qui se trouve au-delà et plus avant. (...) Je me rends compte que le fait d'avancer en pleine lumière est aussi une puissante métaphore pour la conscience, pour la naissance de l'esprit connaissant, pour l'apparition simple et néanmoins considérable du sentiment de soi dans le monde du mental. »[36] *(2000, p. 15)*

Nous avons commencé ce chapitre par l'exposé de la théorie de Damasio, j'ai donc jugé tout naturel de laisser la parole à ce même chercheur pour introduire la dernière partie de ce chapitre traitant de ce qui est l'essence même de la compréhension humaine et de la prise de conscience de soi : Le sentiment même de soi, concept titre de cet autre ouvrage de Damasio, dont j'ai pu extraire cette fabuleuse ouverture.
Effectivement, cette illustration par cette métaphore à l'entrée sur scène de l'artiste est infiniment éloquente et nous renvoie au cœur de notre problématique.

Le lecteur, s'il est musicien, aura très certainement parfaitement conscience de ce moment inédit lié à l'entrée sur scène, ce sentiment si exaltant que revêt cet acte car il symbolise bien une naissance, un sentiment profond d'exister, la sensation diffuse mais vraie d'être vivant.

36 - Citation issue de l'ouvrage d'A. Damasio, *Le sentiment même de soi,* p. 12, Odile Jacob (voir bibliographie).

Cette sensation « *d'être vivant* » constitue le sentiment de soi, sentiment renfermant à la fois toute la richesse mais également toute la complexité et l'unicité de l'être humain.

Nous avons déjà évoqué plusieurs aspects liés au sentiment de soi dans ce chapitre :

- Le sentiment même de soi relèverait davantage de l'être en soi alors que la personnalité relèverait, elle, davantage du paraître, de l'expression et de l'image de soi, en ce sens qu'elle est toujours en interaction avec le milieu.
- Le sentiment de conscience de soi prendrait naissance par l'intermédiaire du moi-neural comme nous l'avons vu avec Damasio, et qui s'explique, souvenons-nous, par de multiples opérations neurobiologiques mettant en œuvre le corps et le cerveau.

Pour bien comprendre comment se constitue l'apparition du sentiment de soi dans le monde du mental, il est important de mettre en évidence au préalable trois points essentiels :

1 - Selon la théorie de Damasio ainsi que selon certaines recherches scientifiques[37], il existerait un rôle prépondérant des fonctions associées au thalamus dans la conscience du sentiment de soi. La contribution des autres structures liées à la conscience est en revanche encore peu claire (comme celles des ganglions de la base et du cerebellum ainsi que l'hippocampe)[38].

2 - Les résultats expérimentaux et cliniques de la neuropsychologie, de la neuroanatomie et de la neurophysiologie ont pu mettre en lumière deux espaces mentaux distincts : L'espace imagé et l'espace dispositionnel.

---

37 - Voir glossaire (*Annexes*, note 9).

38 - En revanche, selon Damasio, il semblerait que parmi les fonctions associées au thalamus, la mise en corrélation des signaux, le contrôle de l'activité cérébrale dans diverses régions et le relais de signaux sont cruciales pour la conscience.

L'espace imagé est celui dans lequel apparaissent explicitement des images relevant de tous types sensoriels, dont certaines correspondent à des contenus mentaux manifestes (c'est-à-dire accessibles à la conscience) alors que d'autres demeurent inconscientes.
L'espace dispositionnel est l'espace qui contient le savoir de base et les mécanismes grâce auxquels les images sont reconstruites à partir de souvenirs. Les contenus de cet espace restent implicites.
Ces aspects sont complexes et ne seront pas approfondis davantage bien qu'ils offrent toutefois la possibilité de réaliser que l'idée même de conscience et de sentiment de soi dans le monde du mental est une hypothèse que les chercheurs prennent en compte et développent de plus en plus dans le cadre de leurs recherches. Ceci permet de mesurer toute leur importance dans la compréhension de l'être humain ainsi que leurs implications évidentes dans l'identité propre à chacun et dans le concept d'échanges avec l'environnement (échanges musicaux ou pas).

3 - La conscience de soi (symboliquement et biologiquement) prendrait naissance dans un sentiment. Quand j'écris le terme « *sentiment* » je le distingue de « *l'émotion* » même si parfois la distinction reste fine et subtile.

En quoi réside justement cette distinction ?

Il est difficile de saisir la nuance entre les deux termes puisque le sentiment fait naître des émotions et c'est en ce sens que nous devons la cerner. Le sentiment est sûrement davantage tourné vers l'intérieur alors que l'émotion est davantage tournée vers l'extérieur. En revanche tous deux demeurent étroitement liés et constituent principalement le fondement même de l'être pour lequel nous pouvons probablement ajouter l'intuition.

Damasio a proposé l'hypothèse que *« les dispositions reposent sur des groupes de neurones dits zones de convergence. A la distinction entre espace imagé et espace dispositionnel correspond donc une distinction entre des cartes de configurations neuronales explicites (...) et les zones de convergence situées dans le cortex de niveau supérieur et certains noyaux subcorticaux. »* (2000, p. 332).

Pour Damasio, « *La conscience comme l'émotion, vise à la survie de l'organisme et que tout comme l'émotion, la conscience s'enracine dans la représentation du corps. (...) Ce qui donne à penser que même si l'émotion et la conscience sont des phénomènes différents, leurs sous-bassements* (neurobiologiques) *sont peut-être bien liés.* » (p. 233, 2000)

***

D'un point de vue constitutif, nous pouvons dire que symboliquement, la prise de conscience du sentiment de soi est liée à une sensation de naissance, d'existence inédite et nous allons développer à présent le sujet en approfondissant la compréhension de cette réalité intérieure constituée par le sentiment de soi et la conscience de ce sentiment, bases fondamentales de toutes nos autres prises de conscience :

Il existe une multitude de notions de conscience :

Par exemple, quand on s'installe au piano et qu'on s'apprête à jouer, nous avons conscience de notre corps assis juste devant le piano sur la banquette, conscience que nous mettons en place une position particulière, des gestes particuliers, une disponibilité intellectuelle particulière dont l'objectif est de se mettre en condition pour jouer. Au niveau du cerveau, des flux mentaux d'images interviennent sans cesse pour induire cette prise de conscience et amener l'individu entier à son objectif étant, je le rappelle, la disponibilité physique et intellectuelle nécessaire au jeu pianistique. Interviendront dans cette situation, les fameux espaces imagés et dispositionnels :
Les flux mentaux d'images provenant des espaces seront le premier aspect de la prise de conscience. A cela s'ajoutera un second aspect qui relève des différents sentiments induits par les multiples émotions produites par la mise en situation.
Un troisième aspect interviendra enfin pour lequel il n'existe pas de contrepoint externe, stimuli ou stimulation ou lien avec l'extérieur venant interférer : Cet aspect est le sentiment de soi, qui comme l'écrit Damasio, est « *la composante cruciale de n'importe quelle notion de conscience* ». (2000, p. 310)

J'attire l'attention du lecteur sur l'importance de ce dernier aspect qui est la trame de base constituante de notre être, sans ce sentiment de soi, la conscience d'être n'existe pas et c'est bien l'enracinement de la conscience dans le sentir, qui nous permet d'expliquer le sentiment de soi. Or, symboliquement, nous pouvons aisément réaliser qu'un sentiment de soi carencé, fragile soit vulnérable et défaillant quant à la prise de conscience de ce sentiment. Sachant, de surcroît, que toutes les autres prises de conscience sont induites par le sentiment de soi, nous comprenons toute la problématique qui réside à l'intérieur de cette notion essentielle.

En effet, « *avoir conscience de soi* » étant déterminé par le sentiment même de soi, nous pouvons mettre en parallèle l'idée que tous les aspects que forment notre personnalité, toute la richesse de notre identité mais également tous nos doutes, nos incertitudes, nos conflits découleront quelque part de ce fameux sentiment de soi.
Une personnalité en souffrance peut provenir d'une fragilité de ce sentiment même de soi. Et pareillement, un état de stress permanent peut induire une fatigue chronique et fragiliser à long terme l'être en soi.
Dans la partie précédente, je mettais justement en évidence l'idée de la carence en confiance et en estime de soi inhérente à une fragilité de l'être.

Effectivement, cette fameuse fragilité de l'être est sûrement la trame de base de ce manque de confiance si fréquent et si problématique et nous pouvons formuler l'hypothèse qu'un sentiment de soi fragile soit induit par un manque de confiance en soi, un manque d'estime voire d'amour pour soi.
Partir à la recherche de ce sentiment serait alors une façon de prendre conscience de soi et serait aussi, quelque part, le « secret » d'un équilibre personnel et d'un travail sur soi de qualité.

Or, le musicien de par son exposition fréquente à la scène est d'une certaine façon dans cette quête de soi, pour soi.

Au début de ce chapitre, j'évoquais l'idée fréquente employée par les musiciens pour définir leur expérience, à savoir l'expression musicale comme école de soi. C'est un peu dans cette optique là que nous pouvons dire que l'artiste cherche l'équilibre, le dépassement et la résolution des conflits en vivant cette expérience inédite de renaissance, d'affirmation de ce sentiment d'exister. Cette conduite ne peut avoir pour effet que de consolider le sentiment même de soi.

En revanche, nous devons garder à l'esprit que si le sentiment même de soi peut se trouver consolidé, cette exposition inhérente à la scène reste un effort et un travail de longue haleine. S'il consolide l'être, il peut aussi le fragiliser car qui dit renfort du sentiment de soi, dit également prise de conscience de ses propres fragilités, de ses zones d'ombre, de ses conflits, de son image et le travail sur soi restera toujours à faire.

Consolider l'être est essentiel, se vivre pleinement et harmonieusement en est une autre même si finalement à l'intérieur de soi, c'est toujours une grande symphonie où tous les instruments se mêlent, instruments à la fois semblables dans leur finalité mais différents dans leur aspect, leur fonction, leur utilisation et leur expression. Symphonie pour laquelle un bon chef demeure indispensable pour orchestrer avec finesse et justesse. Ce chef peut renvoyer métaphoriquement à l'être rempli d'affects et c'est bien l'affect qui mènera le rythme, l'empreinte, l'échange et l'intensité.

Travailler sur les affects permettra toujours tôt ou tard de consolider l'être en soi et par là, trouver la bonne couleur qui reflètera pleinement et justement ce fameux sentiment de soi, cette conscience du sentiment même d'exister dans le monde du mental.

***

Dans son recueil intitulé *Materialism*, la poétesse Jorie Graham[39] a écrit un magnifique poème nommé : *Notes on the reality of the Self*, dont en voici la version originale qui sera traduite ensuite :

39 - J. Graham est née à New York en 1950, poétesse et éditrice de plusieurs volumes de poésie. Son recueil de poésie *Materialism* a été publié en 1995.

The question of who I was consumed me.
I became convinced I should not find the image of the person that I
was : Seconds passed. What rose to the surface in me
plunged out of sigh again. And yet I felt
the moment of my first investiture
was the moment I began to represent myself
the moment I began to live- by degrees- second by
second – unrelentingly- Oh mind what you're doing ! –
do you want to be *covered* or do you want to be *seen*? –
And the garment – how it becomes you! – starry
with the eyes of
others,

Weeping –

(La question de qui j'étais me consumait. / je me persuadai que je ne devais pas trouver l'image de la personne que j' / étais : les secondes s'écoulaient. Ce qui faisait surface en moi / disparaissaient de ma vue aussitôt. Et pourtant j'avais l'impression / que le moment de ma première intronisation / fut le moment où j'ai commencé à me représenter / le moment où j'ai commencé à vivre – par degrés – seconde après / seconde - sans répit – Oh mon esprit, que fais-tu? - / veux-tu être *couvert* ou veux-tu être *vu*? - / Et ton habit – comme il te va bien! – émerveillé avec les yeux / des autres, / en pleurs -)

Ce poème sert de conclusion à cette partie et à ce second chapitre.

J'avais prévu une analyse de cette illustration qui amènerait naturellement la conclusion générale à ce chapitre.

Tout bien réfléchi, je pense que la meilleure façon de laisser s'exprimer la teneur de ce poème est encore de permettre au lecteur de l'accueillir, de le penser, de le laisser résonner à l'intérieur de soi et mûrir en toute liberté :

A son rythme, dans le temps, la durée, dans la capacité qu'il aura à en saisir toute sa finesse, sa pertinence, sa symbolique, ses images et entendre peut-être l'écho en soi, qui ne sera que personnel, riche, inédit, chaque prise de conscience possédant une couleur propre en accord avec l'unicité et l'originalité de l'être, en accord avec ce sentiment si précieux...d'être...

CHAPITRE TROIS

Petite improvisation sur la Créativité...

I - PRELUDE

Au sujet de la création dans l'expérience musicale, David Chesky[1], compositeur américain, me disait :

« *The act of creation is very strange to me*
I do not understand the process, but I realize my job is not really to understand the process but just to create
I just hear the notes in my head
I think myself and all artist need to create to justify their existence
We have not yet liberated ourselves and need self world approval. »

Cette réflexion faite par un artiste au sujet des processus créatifs chez l'artiste me semble d'un intérêt considérable en ce sens qu'elle résume à la fois la problématique des processus créatifs et l'aspect paradoxal dans leur explication logique :

La problématique concerne l'essence même de l'acte de créer :
« *Créer pour justifier son existence, créer pour se libérer soi-même, créer dans un besoin d'approbation, de reconnaissance* » :

Tous ces thèmes déjà considérés dans le second chapitre sont liés profondément à l'être en soi, à son développement et à son épanouissement. Ils cernent aussi les grandes facettes propres à la personnalité de l'artiste également évoquées précédemment : Sublimation, transcendance, dépassement, idée de gagner l'amour et la reconnaissance…
L'aspect paradoxal, quant à lui, réside dans la difficulté pour un artiste de tenter de trouver une explication rationnelle dans les

1 - D. Chesky, compositeur américain né en 1956, puise son inspiration dans plusieurs courants musicaux (principalement classiques mais également *jazz* et toutes musiques « *all arround the world* » susceptibles de le toucher émotionnellement et artistiquement).

processus créatifs :
« *L'acte de création est très étrange pour moi* », « *Je ne suis pas là pour comprendre finalement mais juste pour créer* », « *J'entends simplement les notes dans ma tête* »...
Souvenons-nous que le premier chapitre évoquait justement les spécialisations hémisphériques et la difficulté à exprimer notre ressenti à la vue d'une œuvre d'art. Je précisais qu'il était très difficile d'expliquer avec le cerveau gauche ce qui émanait plus directement du droit. Et c'est bien là que réside tout le paradoxe des processus créatifs qui proviennent plus directement du droit mais qui appartiennent pourtant, pour une part en tout cas, au gauche également. Ce paradoxe se trouve être néanmoins au regard des processus cérébraux comme un tout parfaitement gérable mais l'artiste au lieu de le penser, de le parler, de le dire va le vivre, le ressentir et l'exprimer au moyen de son art, instrument ou support :

Nous pourrions donc émettre l'hypothèse que c'est l'intuition (aidée par le sensori-moteur) qui mène la danse, l'imaginaire (souvenirs et associations d'images mentales) ainsi que les processus cognitifs (liés plus directement à la raison) interviennent ensuite. Le tout étant bien entendu, « nappé » ou « garni » d'affects, d'émotions et de sentiments.
Ce formidable processus guidé par la pulsion (dont nous avons parlé également dans le second chapitre) donne le ton, l'enthousiasme et l'énergie nécessaire.

Cette pulsion, que nous pouvons nommer « *motivation* », ou plus exactement « *désir* » est le moteur nécessaire à ces processus créatifs et nous renvoie directement à la fameuse « *pulsion de vie* » (telle qu'elle est décrite par les psychanalystes) et qui paraît indispensable à l'expérience artistique (l'art se plaçant toujours du côté de la vie !).

C'est comme le disait encore Florent Héau, « *ce feu sacré* » qui lorsqu'il est actif dans l'expérience musicale donne des merveilles car il permet cet accès à la création, espace dans lequel l'être peut se laisser porter. « *Feu sacré* » qui est, le lecteur l'aura compris, la pulsion de vie (ou le désir d'affirmation de l'être ainsi que la manifestation expressive et donc créative de celui-ci).

Comme dans tous les domaines propres à l'art, c'est en ce sens que la création existe aussi bien chez les compositeurs que chez les musiciens et chefs d'orchestre mais pour les uns comme pour les autres les modes d'expression en sont différents.

C'est ce que ce chapitre se propose tour à tour d'explorer en gardant comme point de départ l'idée de l'esprit créatif comme expression de ce sentiment de soi grâce à la pulsion de vie sur laquelle repose tout être. Pulsion de vie qui est, je le rappelle, liée à la fois au désir et de façon sous-jacente au manque (d'où ce besoin d'amour et de reconnaissance pour lesquels les affects mènent le jeu).

Le premier chapitre de ce livre a mis en lumière les différents processus en œuvre lors de l'expérience musicale. Le second chapitre a globalement levé le voile sur les différents aspects propres à la « *personnalité musicale* » et a permis de dégager une problématique liée au musicien. Ce dernier chapitre développera alors plus directement les différentes facettes inhérentes à l'esprit créatif du musicien et du compositeur pour lequel nous avons déjà pu cerner une constante :

L'expression de la pulsion de vie et de façon sous-jacente, l'affirmation de soi.

La question pertinente qui semble s'imposer à présent est la suivante :

Comment l'artiste recourt-il à cette dimension nommée l'esprit créatif ?
En d'autres termes, que peut bien signifier plus concrètement l'esprit créatif ?

En dehors des processus liés à la stimulation extérieure et mettant en place les aspects physiques, psychologiques, physiologiques et neurobiologiques observés dans les deux premiers chapitres, il existe très certainement un lien symbolique d'un intérêt manifeste pour la compréhension du monde intérieur de l'artiste et qui résiderait dans le rapport évident du rêve et de l'accès au paysage artistique : Lien qui va faire à présent l’objet de toute notre attention.

II - CORRESPONDANCE ENTRE LE REVE ET L'ACCES AU PAYSAGE ARTISTIQUE

---

1 - Rêve et inconscient

Paul Valery[2] écrivait :

« Le rêve est le phénomène que nous observons pendant son absence. »

De la même façon, cela s'applique à l'esprit créatif.
Nous ne pouvons l'observer et donc y réfléchir qu'en dehors de sa manifestation et de son expression car rêve et création relèvent tous deux d'un processus qui se vit et s'extériorise dans une dimension où il semblerait que le bon sens logique ne soit pas invité.

Freud et la psychanalyse[3] mettent en avant deux grands aspects liés au rêve :

Le rêve comme « *voie royale à l'inconscient.* »
Le rêve comme « *l'accomplissement déguisé d'un désir refoulé.* »

Qu'en est-il de l'esprit créatif ?

L'acte de créer relèverait-il d'une conduite inconsciente dont les voies sinueuses et parfois tourmentées mèneraient au paysage

---

2 - P. Valery (1871-1945). Poète, philosophe, écrivain et épistémologue français.

3 - Pour Freud, le rêve possède un sens, c'est la manifestation d'un désir qui s'exprime et dont l'analyse est source de compréhension de l'inconscient. (Voir note 10, *Annexes*).

artistique, lieu imaginaire et symbolique, à mi-chemin entre rêve et inconscient par lequel l'artiste sublimerait ses désirs refoulés en les exprimant par des conduites musicales précises ?

Il est difficile de répondre de façon catégorique à cette question d'autant que parmi les réponses possibles il est à considérer un paramètre individuel évident.
Ce qu'il semble fondé de dire c'est que pour éveiller l'esprit créatif, il est nécessaire que les mécanismes de défenses[4] soient levés, que l'esprit fonctionne sur un mode libre et se laisse guider davantage par l'intuition et l'imaginaire (libres associations d'images).

Je pense parallèlement que l'esprit animiste ainsi que le regard curieux de l'enfance et vis-à-vis desquels l'artiste conserve très certainement une trace active dans son paysage intérieur à l'âge adulte aident probablement à accéder à des images mentales à priori irrationnelles qui induisent ce paysage artistique, dimension onirique inconsciente propice à la création.
Cet accès inconscient proche du rêve éveillé est évidemment l'occasion de sublimer et de transcender les conflits et les pulsions mais peut-on parler au même titre que le rêve de l'accomplissement déguisé d'un désir refoulé au travers de la création ?

Selon les travaux menés sur le désir artistique[5], il semblerait que le fait de « *donner corps à une œuvre* » renvoie métaphoriquement à son propre corps, sa propre identité et à l'ensemble des notions s'y attachant (domaine du sensoriel mais aussi représentations, images, projections...).

---

4 - Voir note 11, *Annexes*.

5 - Dans leur article, *La création artistique... Un au deçà du désir*, les auteurs ont questionné chacune des fonctions du Moi-Peau, concept développé, lui-même, par le psychanalyste D. Anzieu (1985). Les auteurs expliquent que le corps d'une œuvre dans la création artistique renvoie inconsciemment à son propre corps et à toute sa problématique. Dans l'effervescence liée à la création, l'artiste revivrait les mêmes étapes inconscientes de sa problématique psychique. (Voir note 12, *Annexes*).

Le corps dans la création artistique est au cœur de la problématique inconsciente, au cœur de l'investissement personnel et du désir (conscient et inconscient) d'exister. Cette problématique amène évidemment toutes les préoccupations propres à chacun selon son vécu et son histoire. Elle sera donc toujours inédite.

De façon générale, nous pouvons émettre naturellement l'idée que la fonction d'individuation (dont parle Anzieu[6] dans son ouvrage, *Le corps de l'œuvre*) sera ce désir latent d'exister qui s'exprimera symboliquement dans cette volonté de création.

Le désir d'accéder à ce paysage artistique est bien alors lié également à cette quête de soi qui, par l'intermédiaire des conduites musicales, renforce l'être en lui permettant un accès à un paysage, reflet imaginaire de soi, ouvrant la porte au renouveau, à un accomplissement individuel transcendé.

Au sens freudien, le rêve en accomplissant un désir refoulé connote aussi cette recherche inconsciente d'une part de vérité et d'authenticité intérieure afin très certainement de pouvoir se vivre plus harmonieusement.

Et cette recherche d'authenticité n'est-elle pas également le propre de l'artiste ?

---

6 - Pour D. Anzieu,, dans son ouvrage de référence *Le Moi Peau*, repris également dans *Le corps de l'œuvre*, le corps est la dimension vitale de la réalité humaine, ce sur quoi vont s'étayer toutes les fonctions psychiques. (Voir note 13, *Annexes*).

2 - Symbolique culturelle du rêve chez l'artiste

Il existe très probablement une symbolique culturelle liée au rêve et qui serait propre à chaque pays dans la mesure où chaque langue possède son propre sens du terme inhérent à l'étymologie mais aussi à son histoire et à sa culture. Cette symbolique fait donc sûrement référence à un aspect particulier de ce mot, aspect qui intéresserait très certainement nombre de recherches en ethnologie.
Ici, nous devons malheureusement réduire le développement à l'essentiel et nous nous intéresserons donc simplement au sens du mot *rêve* dans la langue française mais je pense que nous pouvons plus ou moins l'étendre à toutes les langues gréco-latines qui ont une racine commune.

Dans la langue française, le verbe rêver apparaît dans les textes du XIIème siècle au sens de vagabonder, de l'ancien mot *« esver » (vagabonder),* du latin *« aestuare » (bouilloner, être agité),* ou d'un ancien gallo-roman *« esvo » (vagabond),* enfin du bas latin *« exvagus ».* Nous remarquons que l'étymologie éloigne de la signification que nous donnons aujourd'hui à ce mot, à savoir le rêve étant ce que l'on vit durant le sommeil, ce dont on se souvient au réveil et ce que nous percevons comme étant plus ou moins agréable. Si, comme le rappelle Sophie Jama[7] dans son ouvrage nommé *Anthropologie du rêve*, Montaigne en 1580 donne déjà au mot « rêve » le sens que nous lui donnons aujourd'hui, l'ancienne signification de « *vagabondage* », « *égarement* », « *délire* » se conserve encore. En revanche, le mot « songe », aujourd'hui un peu désuet, conserve un sens plus proche du mot « rêve » tel que nous le définissons à l'heure actuelle. Le mot « songe » provient du latin « *somnium* » signifiant « *rêve nocturne* ».

Il est, par ailleurs, judicieux de se demander à ce sujet si le rapprochement phonétique et disqualifiant pouvant être fait entre songe et mensonge n'est pas la raison qui a laissé se perdre l'usage

7 - S. Jama est docteur en ethnologie. Elle s'intéresse particulièrement à l'étude du rêve sous un aspect autre que la pensée habituelle (comme celle issue des sciences ou de la psychanalyse). Ses travaux sont de ce fait d'une grande originalité dans ce

du mot « *songe* » au profit de « *rêve* » ?
Il est vrai que le rapport entre « songe » et « mensonge » peut sembler équivoque mais la définition du terme « vision » paraît également suspecte car en ouvrant la dimension à l'irréel, au « faux », elle dénote, elle aussi, une certaine ambivalence.

Que nous approfondissions le sens étymologique des mots « songe » ou « rêve », il semble bien qu'une dimension plutôt péjorative plane sur ces deux termes.

En effet, il existe certes une ambigüité liée au sens symbolique des mots « songe » et « rêve » mais devons nous la voir forcément comme disqualifiante ?
Ne serait-elle pas plutôt liée à cette facette, à la fois temporelle et éphémère, permettant de quitter momentanément la réalité commune pour partir dans les profondeurs individuelles de soi, profondeurs individuelles, qui en ce sens, ne correspondent plus à une réalité commune mais à une multitude d'imperceptibles réalités individuelles ; la propre réalité de chacun, sa petite vérité intérieure comme une quête personnelle qui s'éloignerait d'un esprit commun et intelligible à tous.

Héraclite[8] disait :

« Pour les éveillés, il y a un monde un et commun, mais parmi ceux qui dorment, chacun s'en détourne vers le sien propre ». (Dodds, E. R., *Les grecs et l'irrationnel,* Paris, Flammarion, 1977).

L'artiste-musicien serait-il ce « *dormeur bouillonnant et agité* » qui quitterait le monde commun pour vagabonder au plus profond de soi et trouverait parmi la somme des possibles sa propre vision, couleur artistique personnelle qui, en s'exprimant, deviendrait partage d'un

---

qui concerne les recherches sur les visions nocturnes et nous pouvons à ce sujet nous référer au passionnant travail effectué dans son ouvrage intitulé *La nuit de songes de René Descartes.* A propos de cet ouvrage, R. Halleux dans la préface précise : (...) *On se prend à rêver d'une ethnophilosophie, et à se demander ce que deviendraient un Pascal, un Liebniz, un Spinoza, s'ils tombaient dans les mains de Sophie Jama.* » (1998, p. 8).
8 - Héraclite d'Éphèse est un philosophe grec de la fin du VIe siècle av. J.-C.

rêve. Rêve personnel certes mais également partagé avec chacune des personnes l'écoutant, sachant qu'il prendrait autant de formes et de couleurs qu'il y aurait de personnes présentes dans l'espace duquel la musique s'exalterait ?

De ce point de vue l'expérience musicale est bel et bien rêve dans le sens de vagabondage et vision, elle est également éphémère et limitée temporellement toujours à recommencer et à chaque fois inédite. Elle possède enfin cette part de hasard propre au rêve, au vagabondage, à l'égarement, aspects particulièrement intérieurs et suggestifs qu'aucun musicien ne peut véritablement les contrôler.

Je pense néanmoins que cette facette inhérente au hasard constitue la plus grande originalité de la pensée créative, à l'intérieur de laquelle l'intuition rayonne.[9]

Effectivement, lors des entretiens que j'ai pu mener auprès des musiciens, grand nombre d'entre eux ne comprennent pas toujours pourquoi l'expérience musicale manque d'homogénéité en ce sens qu'elle n'est pas toujours pleinement gratifiante. Parfois c'est merveilleux, parfois c'est seulement bien et parfois c'est moins bien...

Je me souviens par exemple des propos du pianiste Eric Lesage[10] qui expliquait :

---

9 - L'intuition rayonne dans la pensée créative en ce sens qu'elle serait la base de notre créativité. Dans la seconde partie, nous avons évoqué que pour certains scientifiques tels Salk, ou de nos jours Damasio, la pensée créative se ferait par l'action combinée de l'intuition et de la raison. L'intuition guiderait et inciterait l'être à agir sans intervention de la raison. Quand la raison agirait, ce serait une fois que le choix serait déjà en place mentalement et la raison œuvrerait alors pour structurer harmonieusement les connaissances en accord à la vie intuitive de l'être afin de conserver originalité et spécificité. L'intuition serait alors une sorte d'empreinte de l'être dans l'œuvre

10 - E. Lesage est un pianiste né en 1964. Refusant le cloisonnement des genres, il marie une double activité de soliste et de chambriste. Reconnu pour ses interprétations de grands romantiques (Schumann en particulier) et de la musique française, il est aussi, avec P. Meyer et E. Pahud, le créateur du Festival *Musique à l'Empéri à* Salon de Provence.

« *Parfois on a le sentiment que le concert vous échappe, que le public s'ennuie, que je n'arrive pas à tenir le discours musical. Heureusement de moins en moins fréquemment. Et le contraire quelquefois où toutes les intentions touchent leur but et que la musique est si facile...comme le disait Fisher je crois, où l'on ne joue plus mais où la musique vous joue.* »

Si le public s'ennuie parfois, nous pouvons supposer que c'est peut-être le musicien qui, à cet instant, ne vit aucun rêve car l'artiste ne vagabonde pas et n'atteint pas sa vision, ne trouve pas entièrement sa couleur. Il joue simplement sans tenir le discours musical car le discours à ce moment précis (mais aussi parfois dans le temps précédemment) n'a pas réussi à résonner pleinement à l'intérieur de soi et n'a donc pas laissé l'égarement structurant l'esprit créatif se manifester.

Le musicien n'est donc que musicien, il n'est pas « vagabond »...

L'esprit créatif de l'artiste doit être présent dans la finalité expressive mais ce n'est malheureusement pas toujours le cas. Les raisons pouvant être diverses (fatigue, lassitude, manque d'énergie, contrariété, salle de concert de mauvaise qualité générant stress...)

Nous avons vu dans le second chapitre qu'un travail sur soi permettant de gérer ce mauvais stress pouvait aider à mettre en place une plus grande attention et par là une meilleure prise de conscience de soi mais il est vrai que parmi les professions artistiques, le musicien se trouve être en position de vulnérabilité en ce sens que l'expérience de concert est limitée dans le temps.

Cette limitation temporelle donne évidemment lieu à un problème majeur : L'esprit créatif ne se commande pas, il est libre. On ne peut toujours rejoindre l'inspiration par le vagabondage sensoriel et mental et l'accès au paysage artistique ne se présentera donc pas toujours. D'où souvent une forme de frustration qui gagne le musicien s'il ne considère pas avoir favorisé cette dimension où tout l'individu est porté dans ce songe musical. Ce songe privilégié qui, lorsqu'il est présent offre la vision de l'ineffable et mystérieuse résonance du sonore à l'intérieur de soi. C'est là que symboliquement la musique devient facile car, ce n'est plus tout à fait le musicien qui joue mais l'artiste qui vagabonde et la musique, cette fois, investie de la touche personnelle telle une vision inédite, devient véritablement colorée et se joue donc, elle-même, comme une impérieuse évidence.

Le rêve lié à l'artiste demeure culturellement sous-jacent et présent dans sa démarche. Nous savons que dans l'inconscient collectif (et dans le conscient également), la musique apporte du rêve.

Nous pouvons dire à ce titre que les images oniriques associées à l'inspiration et à la création foisonnent dans l'art et dans l'histoire culturelle humaine et l'artiste, dans sa vision intérieure, en garde symboliquement les vestiges.

Cette recherche de vérité, cette quête qui égare et qui structure à la fois est à mon avis le plus grand et légitime rapport que nous pouvons faire entre le rêve et l'accès au paysage artistique.

***

Et les pythagoriciens, amoureux de la musique, ne l'avaient-ils pas déjà compris en associant la nuit et les rêves à la musique utilisant comme métaphore les sept cordes de la lyre s'associant aux sept étoiles de la Pléiade[11] ?
D'une manière allégorique, les Pléiades, muses célestes, qui dans le silence de la nuit, se couchent avec le rêveur dans une recherche de vérité au travers de la vision onirique, n'est pas sans nous évoquer encore un lien avec la dimension artistique comme source de création. Ce fameux état particulier que vit l'artiste-musicien plongé dans la recherche introspective, régression mystérieuse et visionnaire

---

11 - A l'origine, le nom de *Pléiade* est donné dans la mythologie grecque aux sept filles d'Atlas et de Plénoé qui furent métamorphosées en une constellation de sept étoiles (en réalité elles ne sont que six dans la constellation du Taureau). Ce

dont le voile nocturne paré du doux et secret éclairage lunaire mêlé à la lumière des étoiles pourrait illustrer le *cocon* enveloppant et inspirant, permettant de glisser naturellement non pas dans les songes nocturnes mais à l'intérieur de soi-même, forme de repli indispensable ouvrant, à son propre rythme, étape après étape, cette porte à la création et en écho, sa vérité intérieure enfouie quelque part dans les profondeurs complexes du mental et donc de l'être humain tout entier.

---

nom a ensuite qualifié, par analogie, un groupe de sept poètes grecs d'Alexandrie, au IIIème siècle av JC. En France, la Pléiade devient au XVIème siècle une école littéraire, organisée autour de sept poètes dont Ronsard et du Bellay, les fondateurs, et d'autres aujourd'hui quasiment oubliés comme Rémi Belleau, Etienne Jodelle, Jean Antoine de Baïf, Pontus de Tyard, Jacques Peletier du Mans. Concernant les pythagoriciens à proprement parler, nous pouvons dire qu'ils étaient peut-être encore plus amoureux des nombres que de la musique. Ainsi en combinant harmonieusement le chiffre 7 aux étoiles et à la lyre car les étoiles de la Pléiade, pensaient-ils, sont au nombre de sept tout comme les sept cordes de la lyre, l'harmonie entre la nuit (les étoiles s'observant la nuit) et la musique étant ainsi faite grâce au chiffre 7 qui, pour eux, ne constituait pas un hasard. Dans la mesure, où ils étaient à la recherche de la compréhension du monde par les nombres, ce rapprochement de la nuit à l'art, de la musique aux étoiles par l'intermédiaire de l'harmonie des chiffres, était légitime. A ce sujet, ils entretenaient d'ailleurs un rapport numérique étroit entre les sons musicaux (les intervalles) et les astres. (Voir note 14, *Annexes)*.

3 - Les images oniriques comme conduite musicale intérieure chez l'artiste

La harpiste Aurélie Ellul-Ricci[12] rétorquait à propos d'une question relative à l'imaginaire dans les conduites musicales :

« Le monde imaginaire permet de mieux interpréter l'œuvre que l'on joue. On se représente des choses, on invente des histoires parfois à dormir debout...et on s'enfonce peu à peu dans un autre monde. »

D'un point de vue créatif, nous avons compris que le musicien reste très proche de l'univers de l'image et en extension du rêve. Les conduites musicales, au sens où nous les avons développées dans les chapitres précédents, ne permettent pas toujours de lever le voile sur l'importance de la dimension onirique propre à l'artiste et surtout au musicien.

Si cette dimension semble évidente pour l'artiste-peintre par exemple, elle demeure néanmoins plus hermétique dans le contexte musical où les apprentissages théoriques et instrumentaux n'ouvrent pas forcément la porte à l'image. Même les musiciens ne sont pas toujours convaincus de la participation active de l'imaginaire dans les différents processus inhérents à leur expérience. Pourtant cette conduite est présente mais pas toujours de façon consciente ou explicite.

Certains musiciens, comme notre harpiste, accèdent naturellement à ces images qui sont pour eux des conduites symboliques nécessaires qu'ils utilisent même activement dans leurs études instrumentales et dans leurs recherches personnelles.
D'autres musiciens, comme je l'ai dit, n'ont pas naturellement accès à ces images. La dimension au paysage artistique demeure ainsi inconsciente et implicite. Cela ne signifie pas pour autant qu'elle n'existe pas évidemment !

12 - A. Ellul-Ricci, jeune harpiste se produisant avec l'ensemble monégasque *Harpissimo.*

Le lecteur pourra alors se demander comment je peux donc l'affirmer.
Simplement en se souvenant de deux aspects importants constitutifs des conduites musicales :

Le premier aspect est lié aux représentations potentielles (images mentales liées aux souvenirs et à l'expérience) restant un accès au rêve et à l'imaginaire mais pouvant aussi demeurer implicite.
La neurobiologie confirme ces conduites d'images par des processus cérébraux complexes que le lecteur pourra approfondir en se référant par exemple aux études d'Antonio Damasio ou de Jean-Didier Vincent [13].
Nous pouvons rappeler toutefois à ce sujet que l'imaginaire demeure une conduite humaine naturelle :
L'homme transforme le monde en images polysensorielles et affectives et c'est là que se constitue notre imaginaire. C'est une expérience sensible et passive de l'être qui existe avant toute parole. Elle fonde notre présence au monde, elle est toujours là, en arrière plan de notre expression.
Le musicien, quant à lui, projette son imaginaire vers le monde extérieur et son expérience liée à l'image n'est donc pas exclusivement passive. C'est une conduite pouvant être également créative et dynamique.

Le second aspect concerne les conduites animistes propres à l'enfance. Ces conduites aident l'artiste à se retrouver dans son monde intérieur, monde introspectif inédit à l'intérieur duquel les images s'associent d'une façon non raisonnée et souvent, aux premiers abords, illogique :

Dans le terme *pensée animiste*, il est utile de préciser que j'entends par là l'idée d'une conduite animiste, dirons-nous *améliorée*, c'est-à-dire une conduite qui, symboliquement, serait un peu cet accès libre et non-normatif à une pensée dont la logique et le rationnel ne

13 - J-D. Vincent, né en 1935, professeur de physiologie à la faculté de médecine, Paris XI. Il a beaucoup contribué au développement de la neuroendocrinologie (étude des interactions entre hormones et système nerveux, le cerveau étant considéré comme une glande endocrine).

seraient pas les configurations prépondérantes à la structuration habituelle du cheminement mental. Au contraire, l'intuition, au regard neuf et curieux, ludique et sensible, veillerait à ce cheminement qui conduirait plus naturellement à la créativité, sous forme d'images implicites ou non.

L'imaginaire, bien souvent symboliquement lié à la Nature, trouverait alors tout son sens dans le mental « bouillonnant » de l'artiste accédant à l'acte créatif proprement dit et qui chercherait à exprimer aussi la face cachée de l'image.

La sollicitation du sensori-moteur dans l'apprentissage pourrait très certainement contribuer aussi à faciliter cet accès dans la mesure où qui dit discrimination par le sensori-moteur dit aussi rapport permanent au regard curieux de l'enfance et stimulations sensibles du visuel, de l'auditif et du tactile dans un contexte où l'imagination se trouve favorisée.

Ces conduites sensorimotrices, nous l'avons vu, ne disparaissent pas à l'âge adulte et se trouvent, au contraire, renforcées par le temps et l'expérience. Quant à la pensée animiste particulière, elle n'est évidement pas présente dans le quotidien du musicien mais très certainement dans le travail introspectif et dans la recherche de la juste couleur, dans la recherche de l'expression vraie en accord avec soi. L'accès au monde intérieur nécessaire pour laisser parler l'esprit créatif se fait probablement dans la perspective d'une collaboration lointaine avec cette fameuse pensée animiste, réminiscence de la créativité à l'intérieur de laquelle tout est possible, la Nature vivant en osmose avec l'être.

Dans le cadre de la création, la logique de l'accès à cette forme d'imaginaire semble donc irrationnelle mais n'est pas pour autant déraisonnable !

Quant aux images mentales à proprement parler, qu'elles soient conscientes ou pas, permettent l'accès à la dimension onirique nécessaire pour accéder à l'esprit créatif, dimension dans laquelle le paysage intérieur du musicien n'est pas seulement musique, il est rêve (dans tous les sens du terme), dépassement de ce rêve dans un acte sublimatoire permettant l'expression au-delà de la partition, au-delà même de la musique, puisqu'il devient acte de création et donc œuvre à part entière.

Il n'est donc pas nécessairement indispensable d'avoir pleinement conscience de ces images. L'essentiel étant simplement de savoir qu'elles existent à l'intérieur de soi et sont irrationnelles en ce sens que nul ne peut vraiment les commander ou les maîtriser. Elles sont l'originalité de l'esprit créatif, son essence et son énergie.

***

En matière de conclusion à cette partie, j'aimerais ajouter que j'ai toujours été particulièrement fascinée par la facilité que possède très souvent les musiciens à utiliser des représentations liées à la nature pour peindre et par là, expliquer aussi leurs conduites musicales intérieures.

L'accès aisé à cette dimension imagée est non seulement bien plaisant mais témoigne surtout que l'ouverture de l'esprit créatif dans un but communicatif favorise la compréhension. L'image étant souvent plus explicite que le mot car plus complète, touchant les deux modes de compréhension hémisphérique, le digital et l'analogique, réveillant de plus, les représentations mentales et les conduites archaïques, mais au combien structurantes, pour qui veut saisir un sens dans tout sa finesse.

Je dois admettre pourtant qu'en observant rigoureusement la pratique musicale dans le cadre de cette recherche, je me suis efforcée d'y appliquer les schémas classiques d'apprentissage tels que je les avais étudiés et expérimentés. Or, il est vrai que sous cet angle, je ne parvenais pas toujours à lever le voile sur des aspects précis propres aux conduites musicales.

Grâce aux propos évocateurs de certains musiciens, j'ai pu sensiblement éclairer ma pensée à ce sujet, comprenant que ces schémas classiques demeuraient vides de sens ou incomplets sans prise en compte de la donnée essentielle liée à la création et à l'imagination. J'ai pu ainsi mesurer tout l'impact de la différence saisissante entre la présence de l'esprit créatif et son absence.

Comprendre que dans la démarche musicale, l'absence de créativité est absence de sens, de profondeur, de compréhension pure et intérieure.

Sans esprit créatif, il n'y a qu'une sorte de bruit, instruit certes, et probablement instructif mais non pertinent, non coloré, non sensible. Et c'est justement le fait de saisir cette pertinence subtile mais pourtant perceptible, que j'ai pu comprendre toute la finesse et la profondeur de l'accès à cet espace intérieur que j'ai nommé au début de cette partie : « paysage artistique».

Afin d'illustrer ces propos qui revêtent une importance considérable dans la compréhension de l'accès à l'esprit créatif, je vais choisir les mots du pianiste Maciej Pikulski, qui évoquant son point de vue dans la façon dont il opère son travail à l'instrument à partir de l'étude d'une partition, a exprimé tout naturellement une éloquente métaphore à la nature. Métaphore qui est arrivée dans un moment de la discussion où je mettais en avant des termes ciblés et techniques qui, s'ils ont un sens dans la recherche, ne trouvent évidemment pas toujours leur place dans des tentatives de compréhension de certaines conduites musicales lorsque de surcroît, elles se laissent immerger dans l'esprit créatif.

En dehors des structures rigoureuses mises en place par l'artiste même pour élaborer palier par palier le travail instrumental, celui-ci évoqua parallèlement cette belle métaphore en répondant à une question où j'émettais l'idée d'une conduite cognitive précise à l'égard du travail textuel de la partition en rapport à l'exécution instrumentale.

Il répondit :

« (...) *En fait pour moi, ce n'est pas comme ça que ça marche...La partition, c'est un peu comme un tableau caché...et petit à petit, on découvre le tableau. D'abord, on voit un arbre au milieu, donc on pense que c'est une forêt. En fait, non, ce n'est pas une forêt. On se rend compte alors que c'est un bosquet donc c'est un autre concept : Il y a plus de soleil, donc on le ressent d'une façon plus aérienne. Cela évoque une impression printanière. On mettra alors, dans le jeu, plus de soleil, plus de lumière...etc (...)* »

Le lecteur apprécierait peut-être de poursuivre la lecture de cette métaphore de la partition qui est, un peu, comme un jeu - un puzzle par exemple - qui en s'agençant laisse apparaître petit à petit le beau paysage, comme une histoire aussi, dont on veut, avec gourmandise, connaître la fin.

Pourtant, plutôt que de poursuivre le descriptif de cette explication imagée, je vais choisir de céder la place à l'esprit du lecteur qui pourra ainsi saisir, lui-même, la finesse présente dans toute conduite créative en laissant par exemple, à cet instant, libre cours à ses propres conduites, sachant toutefois que jeu, histoire ou musique sont toujours le reflet du paysage artistique, images, symboles ou rêves propres à chacun…

III – DONNEES PSYCHOPATHOLOGIQUES LIEES AUX PROCESSUS CREATIFS

« Triste et extraordinaire est la destinée de l'artiste. » Franz Liszt

Si le titre de cette partie évoque trois données liées à l'artiste, (le narcissisme, la solitude et le caractère obsessionnel), et porte le terme de « données psychopathologiques », cela ne signifie évidemment pas que les artistes dans la mesure où ces données peuvent leur être attachées, soient du même coup, eux-aussi, à caractère pathologique.
Cela ne signifie pas non plus que la solitude, le narcissisme et le caractère obsessionnel soient indubitablement pathologiques. Cette partie existe simplement pour permettre au lecteur de prendre conscience que ces trois aspects particuliers peuvent aussi générer des désordres mentaux, des souffrances ou une certaine vulnérabilité. Ils demeurent du reste complètement nécessaires à l'épanouissement créatif mais paradoxalement ils sont susceptibles de développer une problématique négative.

Il est à préciser enfin que ces données mènent à des considérations d'ordre pathologique dans la mesure où elles sont des caractéristiques qui, d'une certaine façon, éloignent l'être humain du monde, de l'Autre et aussi de la réalité au sens large.

Nous l'avons vu l'artiste doit s'intérioriser, doit se confronter et doit aussi rêver mais la contrepartie conduisant à ces trois aspects peut aussi induire des états de vulnérabilité susceptibles d'ouvrir un chemin vers la pathologie.

Le neurobiologiste, Jean-Didier Vincent précisait dans le magazine *Le Point* [14] :

14 - Interview de J-D. Vincent, *Le Point*, 2007.

« *Ce qui est sûr, c'est que la psyché est une ouverture au monde et une ouverture aux autres. (...) On n'apprend pas à parler sans les autres. On ne fait pas d'art sans l'autre.* »

L'ouverture aux autres est bien évidemment nécessaire à l'équilibre du mental humain, y compris et surtout pour l'artiste vu que la solitude, le narcissisme et la conduite obsessionnelle sont justement le contraire de l'ouverture aux autres.

Si ces trois aspects constituent sans conteste une ouverture à soi indispensable dans l'art, ils ne doivent évidemment pas se faire au détriment du contact humain.

Ouverture à soi et ouverture aux autres sont des conduites qu'il est important de savoir équilibrer. La limite étant néanmoins parfois fragile, il me semble que l'exploration de ces données reste pertinente.

1- Solitude

Sans basculer dans le cliché ou l'idée grossière de l'artiste dans sa tour d'ivoire, il est important toutefois de prendre conscience de la solitude et en extension de l'isolement et du silence dans le concept de création artistique.
Dans le second chapitre, j'ai mis en avant à plusieurs reprises cette problématique liée à l'artiste qui, selon le cas, est à considérer différemment :

Globalement deux aspects sont à considérer dans la solitude de l'artiste :

- La solitude nécessaire et volontaire : l'isolement, le silence.

- La solitude subie : déplacements fréquents générant stress, déracinement ponctuel, éloignement des proches (coupures fréquentes et répétitives avec le noyau familial et/ou environnemental).

Concernant la solitude subie, nous pouvons dire que ces déplacements fréquents ne sont pas simplement des conditions inhérentes au métier d'artiste pour lesquelles nous pourrions dire « *cela me plaît* » ou « *cela ne me plaît pas* ». Elles demeurent d'une manière ou d'une autre déstabilisantes et fatigantes pour le corps et donc pour le mental. La solitude qui suit l'effervescence et la gratification de la situation scénique est difficile à gérer. De la même façon, les déplacements qui séparent de l'environnement et de la famille, qui font rompre brutalement l'être humain à ses habitudes, restent autant de petites fixations négatives dans le mental et le corps.
De multiples professions ont aussi à gérer les déplacements, les séparations ponctuelles et la solitude qui s'ensuit mais dans les professions artistiques, la participation entière de l'être est particulièrement incompatible avec cette forme de stress que constitue la solitude liée aux déplacements et aux voyages répétitifs.

Néanmoins, l'être humain qui possède de merveilleuses capacités d'adaptation s'habitue et apprend à gérer plus ou moins bien cet aspect mais cela ne se fait pas sans fragiliser insidieusement, c'est pourquoi l'extrême vigilance me semble de rigueur.
L'organisme vit ces déplacements liés à la séparation et à la solitude (entrecoupés d'épisodes scéniques et d'expériences humaines riches et inédites) comme de multiples petits chocs. Des petits traumatismes qui emmènent l'être dans des extrêmes difficiles à canaliser. Le mécanisme cérébral, dans un souci permanent d'homéostasie, veillera à *réparer* le corps et le mental mais cela sera source de fatigue et à long terme, nous le savons, la fatigue génère un stress quasi-chronique et le stress peut générer aussi un état dépressif.

Prendre conscience de la grande fragilité de l'être humain sera une nouvelle fois l'occasion d'apporter à soi le plus grand soin, d'être aussi indulgent pour soi et toujours à l'écoute afin d'entendre les petits signaux envoyés très régulièrement par le cerveau dans le corps ou par le corps dans le cerveau et que nous ne devons pas ignorer.

Quant à la solitude nécessaire qui concerne l'isolement et le silence dont a besoin l'artiste pour travailler, pour créer et pour laisser mûrir une œuvre à l'intérieur de soi. Que pouvons-nous en dire ?

Cette solitude est déjà une mise en situation voulue et nécessaire. Elle est donc bénéfique et structurante pour le travail à l'intérieur de soi ainsi que pour favoriser les qualités de créativité dont l'artiste a besoin.
Cette sorte d'immersion en soi pour soi est source de grande productivité et elle est donc complètement indispensable. Elle constitue en revanche un acte symbolique de retrait au monde et aux autres.

Il est alors important pour l'artiste de veiller à ne pas se perdre dans les méandres de l'isolement. Un sain rapport à soi et un sain retour aux autres sont deux conduites complémentaires indispensables à l'équilibre personnel.

Il est à noter toutefois que le fait de veiller à équilibrer les rapports à soi, les rapports aux autres, le fait de veiller aussi à ce qu'ils soient authentiques et sains, le fait de veiller enfin à écouter les signaux d'alarmes qui résonnent à l'intérieur de soi demandent du temps. Et le grand problème de l'artiste est justement le temps. Tout va toujours très vite et c'est ainsi que ces paramètres essentiels sont souvent éludés ou bafoués. On les ignore faute de temps. Il en va de même pour le temps nécessaire à l'isolement et au silence. Il doit être mis en place dans le délai imparti et souvent, il n'est pas véritablement choisi mais *casé* tant bien que mal dans un planning débordant de *choses à faire*.

Deux grandes constatations émergent alors de la problématique de gestion du temps à l'égard de la créativité :

- Imposer un temps d'isolement pour le travail et l'étude d'une œuvre n'est pas toujours compatible avec la création en ce sens que celle-ci est relativement libre dans son fonctionnement. Si le temps de travail sera lui, respecté et honoré, les processus créatifs liés à l'œuvre, eux, ne seront peut-être pas toujours au rendez-vous.

Et pourront venir alors se mettre en place peut-être plus tard, à un moment où on ne s'y attend pas vraiment. Être à l'écoute de soi est encore une fois complètement indispensable pour qui veut saisir avec pertinence le fruit créatif de son travail technique. Même si au fil de l'expérience, nous l'avons vu, l'artiste développe des stratégies de travail très ciblées et très fines, la mise en disponibilité à l'égard des processus créatifs demande néanmoins une régression en soi qui ne peut se faire que dans le temps.

- Le violoncelliste Marc Coppey[15] me disait très justement à propos de la créativité : « *On la porte en soi dans la façon de faire mûrir l'œuvre, de la traiter.* »

Nous comprenons par là, l'importance du temps consacré à l'écoute de soi car même si l'artiste porte en soi la créativité, celle-ci, n'agit pas pour autant toujours selon le processus stimulus-réponse puisque nous l'avons compris, les processus créatifs ne sont pas des « mécaniques » mises en place à la demande. Or, le manque de temps ne facilite ni le rapport à soi nécessaire, ni le mûrissement de l'œuvre dans la durée qui pourtant doit s'imposer si le musicien se considère et se respecte.
Il faut voir par là l'idée que le musicien demeurera seulement musicien s'il ne se laisse pas le temps d'accéder à la dimension artistique à laquelle il a droit, dimension se révélant dans la durée et dans l'écoute de soi.

Ne rien précipiter et laisser le temps au temps semble être une règle d'or même s'il est vrai que dans la réalité elle est difficilement applicable. Ce qui génère encore une fois une source supplémentaire de stress et de frustration.

A l'inverse, l'isolement non-structurant, l'enfermement trop fréquent, le retour *à la réalité* fragilisé et le rapport aux autres perçu

---

15 - M. Coppey, né en 1969, est violoncelliste et professeur de musique de chambre au Conservatoire National Supérieur de Musique de Paris. Il assure également la direction artistique du festival *Les Musicales* de Colmar.

comme agressif, troublant, est un tout mal vécu d'un être en souffrance. Ce scénario malheureusement existe aussi et demande évidemment la plus grande vigilance même si à l'issue, une œuvre est née ou encore un travail abouti d'une partition semble avoir vu le jour. A terme, il y a aussi un retour fragilisé et donc une souffrance de l'être, et cela, contrairement aux idées reçues, n'est pas indispensable à la vie de l'artiste.
En effet, si la régression nécessaire à l'intérieur de soi n'est jamais très facile car le chemin est parfois sinueux et tourmenté, il reste évident que ce rapport à soi dépressif ne doit être que momentané, la jubilation ainsi que l'énergie pulsionnelle doivent pouvoir contrebalancer cette tendance et trouver un équilibre dont la vie reprend toujours le dessus et permet l'accès à l'inspiration et aux images créatives apportant unicité et structuration du travail.

Dans un esprit de synthèse nous pouvons dire que la solitude de l'artiste sous-tend deux aspects principaux : l'isolement et le silence.

L'isolement permet la régression dépressive et nécessaire à l'intérieur de soi.

Le silence, quant à lui, positionne le musicien et apporte symboliquement la renaissance (pulsion de vie à l'action qui permet à l'être d'agir dans ce silence en y apportant sa touche et sa couleur sonore).

En évoquant librement le thème du silence, le clarinettiste Florent Héau l'associait naturellement aux silences musicaux, en ce sens que ceux-ci sont évidemment des silences pleins, qu'ils permettent une rupture, une respiration, un lâcher prise, d'où l'idée d'un ressourcement physiologique avant la relance.

C'est ainsi que le lien naturel avec le silence nécessaire au resourcement de l'être et son positionnement dans le rapport au temps et à la réalité se fait comme une évidence.
C'est une forme de prise de conscience et d'affirmation de soi. Le silence favorise l'appropriation d'un nouvel espace qui n'est ni celui d'avant, ni celui d'après, il est neutre et n'appartient qu'à soi.

Le silence crée ainsi une rupture avec l'état d'avant, une pause et une relance permettant la reprise d'énergie, fameuse pulsion de vie qui propulsera l'individu dans l'inspiration.

Ces temps de silence sont donc vitaux dans le travail et la recherche mais aussi dans le mental humain en ce sens qu'un ressourcement bénéfique peut être induit également par la rupture ponctuelle avec la musique et l'étude, la rupture avec cette image de soi-musicien, la rupture avec son instrument.

Savoir lâcher prise et effectuer une rupture brève mais régulière avec tout ce qui lie directement à la musique est sain et structurant.

De la même façon qu'il est nécessaire de quitter le monde et les autres pour s'immerger dans son art, il est également nécessaire de savoir quitter son art pour le monde et les autres. Pas trop longtemps certes mais régulièrement... Juste le temps de permettre l'installation d'une respiration nouvelle, d'un « silence-espace », ouverture en soi essentielle et salutaire, permettant ensuite des « retrouvailles » avec un regard neuf et « lavé ».

Cette prise de conscience est, de mon point de vue, capitale à l'équilibre.

Une autre prise de conscience importante également concerne, quant à elle, cette fameuse idée reçue de l'artiste malheureux qu'il serait judicieux de se défaire ou du moins de conserver une certaine distance par rapport à elle car elle est, nous devons le reconnaître, nuisible et douteuse.

Culturellement, il existe, une tendance dans notre monde occidental à associer l'artiste au malheur. L'histoire souvent pathétique de certains musiciens du passé (et du présent) n'aide certes pas à se défaire de cette lugubre association.

Et quand Richard Wagner, par exemple, écrit :

« *Si j'avais été heureux je n'aurais jamais écrit une seule note* », il laisse aussi un poids conséquent dans l'inconscient collectif...

Or, ayons le bon sens de reconnaître qu'un artiste peut être aussi parfois heureux et inspiré, cela n'est pas incompatible, d'autant que la créativité et l'art sont dans la vie et dans la sublimation positive du vécu et du ressenti. Chaque être humain, au cours de son histoire, reçoit son lot d'épisodes malheureux cela est inévitable. L'artiste n'a donc pas besoin d'y ajouter un contexte favorable en baignant dans un climat de tristesse et de dépression quasi-permanent en s'isolant volontairement, en se fermant aux autres et à la vie, sous prétexte que l'art est cathartique et permet donc de lever le voile aux inhibitions et par là, produire la secrète inspiration.

Le fait de s'ajouter volontairement malheur et chagrin est une conduite pathologique qui doit s'imposer à notre attention à juste titre. Et je trouve pertinent de dire à ce sujet que les artistes qui se complaisent dans le malheur et la dépression sont entrés dans un processus pathologique qui ne relève pas de l'art mais de la maladie.

2 - Narcissisme

On le définit en général comme l'amour que l'on prête à sa propre personne d'une manière excessive et morbide.
Dans le langage commun, le narcissisme est le signe d'une contemplation exclusive de soi, liée à une autosatisfaction que rien ne peut mettre en doute. C'est de cette image négative qu'est née la métaphore à Narcisse, individu imbu de sa personne.
D'un point de vue psychanalytique, psychologique et psychopathologique, le narcissisme est plus complexe et arbore plusieurs aspects que nous ne développerons pas ici mais nous dirons simplement que ces conduites trouvent normalement leur résolution à l'âge adulte car elles sont davantage liées à l'enfance. On parle globalement de l'égocentrisme de l'enfance.

Pourquoi associe-t-on alors si souvent le narcissisme à l'artiste, qui est pourtant adulte ?

Pour introduire l'idée de cet ancrage au mythe de Narcisse dans le paysage artistique, nous pouvons avancer l'idée que ce mythe fait apparaître l'eau comme un miroir où se reflète un Moi idéalisé, une image de soi idéale.

Et que fait d'autres l'artiste que de s'intérioriser en allant puiser au fond de lui son idéal du beau et son idéal du soi se reflétant dans le jeu du musicien, dans l'œuvre du compositeur, dans l'orchestration du chef, dans le corps du danseur, dans la voix du chanteur… ?
En ce sens, il est déjà difficile symboliquement de ne pas faire un lien entre l'artiste et ce mythe.

Toutefois, les conduites égocentriques de l'artiste, si elles sont nécessaires, doivent se faire néanmoins dans une prise de conscience de la fragilité entre la limite de la « normalité » et du pathologique, limite délicate qui mérite un petit éclairage.

Je peux préciser d'ores et déjà que l'univers de l'artiste est complètement immergé dans un mode égocentrique : Le temps consacré au travail instrumental ou à la composition, le temps à consacrer à soi (connaissance de soi, travail sur soi), le regard nécessaire et fréquent sur l'image de soi, le désir parfois obsessionnel de reconnaissance, l'expérience scénique…etc.
Nous pouvons ajouter par ailleurs que les chanteurs et musiciens solistes semblent être les plus exposés à ce mode-ci.

Effectivement, le fait d'être seul sur une scène et de savoir que tous les yeux seront fixés sur soi développe une part d'égocentrisme naturel et pour lequel l'artiste n'y peut rien. Cela ne fait pas pour autant de lui un être pathologiquement narcissique. D'autant que le musicien en a souvent conscience et généralement, il met en place d'autres expériences artistiques (musique de chambre, accompagnement, orchestre…) pour le plaisir et l'intérêt certes de diversifier son expérience mais très certainement aussi pour réduire le seuil d'égocentrisme qui peut devenir source de troubles de l'identité ou du comportement s'il est toujours surinvesti.
Un juste dosage est donc, de la même façon que l'isolement, une conduite saine à entretenir mais la plupart du temps l'artiste en a conscience.

Nous évoquions en début de ce chapitre que l'artiste dans sa pensée créative adoptait des conduites résiduelles propres à l'enfance, (ne l'oublions pas, l'esprit créatif s'associe surtout aux conduites ludiques !)[16]
Nous pouvons peut-être émettre également l'hypothèse que l'apprentissage de la musique chez l'enfant sollicite cette part d'égocentrisme déjà bien présente chez lui et l'enfant en grandissant fixerait davantage sur cette facette précise, facette liée à l'idéal du « Moi », qui lui apporterait ce sentiment si gratifiant d'attirer reconnaissance et amour en grande quantité.

Reproduire à l'âge adulte cet égocentrisme serait peut-être alors une forme de régression dans l'enfance et le fait de s'enfermer dans cette conduite bienfaisante semblerait alors légitime d'autant qu'elle est de toute manière particulièrement favorisée par le rapport à l'art, à la scène et à la création.
Alors pourquoi lutter pour ne pas succomber à ce petit repli sur soi si confortable ?
Lutter n'est évidemment pas le mot juste. Avoir conscience de la fragilité de cette conduite semble bien plus judicieux.

En effet, la fragilité réside sûrement dans l'idée que nous ne connaissons pas vraiment la limite si fine entre l'égocentrisme artistique nécessaire et bienfaisant et le narcissisme pathologique dans le sens d'excessif et morbide.

Chaque artiste doit à mon avis trouver son équilibre personnel par rapport à l'égocentrisme sachant que cette justesse saura préserver aussi l'authenticité du propos artistique et de l'esprit créatif. L'égocentrisme à l'excès étant susceptible de résonner tôt ou tard dans l'expression de l'être et en extension dans le jeu ou dans la composition.

Ce que je veux exprimer par là est l'idée que l'artiste possède aussi ses propres petits signaux qui l'avertiront s'il dépasse la frêle limite du sain et du pathologique.

---

16 - C'est surtout, Winnicott qui a permis de mettre en évidence l'importance du jeu dans la structuration de la personnalité. (Voir Note 15, *Annexes*).

C'est encore une fois dans l'écoute attentive de lui-même qu'il pourra veiller à son bien-être et à son épanouissement, critères indispensables à la pratique artistique structurante.

3 - Le caractère obsessionnel

Avec une tendre ironie, Marc Coppey rétorquait lors de notre entretien évoquant la tendance obsessionnelle du musicien :

« *Mais...un musicien qui n'est pas obsessionnel, ça n'existe pas !* »

Effectivement, avec le plus grand sérieux, je peux affirmer que le caractère obsessionnel est une tendance inhérente à l'univers musical et à l'art en général. De la même façon que l'isolement ou l'égocentrisme, il doit faire l'objet d'une certaine vigilance afin de préserver une conduite saine à l'égard de ce caractère propre à l'artiste.

Avant de développer la facette la plus générale du caractère obsessionnel, il est à préciser que celui-ci revêt plusieurs formes et la solitude ainsi que le narcissisme peuvent également contribuer à mettre en place cette tendance dont les origines relèvent bien souvent d'une problématique purement personnelle.
Mais ce qui retiendra notre attention à présent se situe davantage dans la conduite obsessionnelle présente de façon générale chez le musicien et qui provient pour beaucoup de l'apprentissage mettant en place cette conduite d'une façon implicite au fil des années.
Ce caractère est visiblement non seulement sollicité dès l'apprentissage mais il devient très souvent une constante chez l'artiste.

Le souci de perfection qui est, soit une tendance naturelle, soit une caractéristique se développant dans le temps, constitue très probablement la trame de ce caractère obsessionnel prenant naissance dans les conduites musicales.

La grande exigence demandée aux étudiants soucieux de développer une technique irréprochable, le formatage cérébral du style « *on peut toujours mieux faire* », l'esprit de compétition, la rigueur de travail ainsi que les heures incalculables consacrées à l'étude instrumentale mettent en place un naturel perfectionniste auquel, une fois le musicien devenu expert, viendra s'ajouter, d'une façon considérable, une forte demande de reconnaissance de ses pairs et du public.

Nous comprenons aisément que l'ensemble peut conduire très facilement à l'obsession de la perfection.

L'état d'esprit que développe un musicien professionnel est bien souvent lié à l'idée du musicien spécialiste qui se doit d'être parfait, qui ne doit pas décevoir ou risquer d'être ridicule. Celui-ci aura donc naturellement à cœur de toujours se surpasser dans son domaine précis.

Cet état d'esprit développe non seulement une tendance obsessionnelle à laquelle nous pouvons ajouter sans conteste un stress chronique. Vivre en permanence sur ce mode mental ne favorise ni la sérénité et le bien-être, ni malheureusement la confiance en soi, puisque dans ce cas précis, le musicien juge sa musique en permanence au lieu de se vivre musicalement !

Je ne dis évidemment pas que le musicien ne doit pas se soucier de la précision de son jeu, ni de la qualité de son travail, je pense simplement qu'il est nécessaire de combiner harmonieusement les moments autocritiques dans un souci de perfection et les instants de plaisir pur, faute de quoi, l'artiste risque de s'enfermer dans une spirale obsessionnelle à tendance pathologique.

Je ne suis pas de plus convaincue que cet état d'esprit aide à libérer l'esprit créatif qui, même si on le porte en soi, peut se perdre dans les fixations obsessionnelles, manies du détail, où il est à craindre que le cognitif, le rationnel, le poids des acquis et des modes socioculturelles soient sollicités à l'excès et au détriment de l'intuition, de l'imaginaire et de toutes ces fameuses images personnelles qui permettent le repli nécessaire et la liberté de laisser mûrir l'œuvre en confiance.

La confiance est en effet un grand atout car c'est elle qui peut permettre une prise de conscience de cette tendance et une certaine distanciation face à ces conduites obsessionnelles.
Conduites qui, sans l'absence d'une démarche constructive, peuvent malheureusement mener au caractère pathologique, c'est-à-dire, à se retrouver dans l'impossibilité de lâcher prise par rapport à une démarche artistique, à un travail créatif demandant normalement confiance et liberté d'action, et non pas focalisation excessive face au travail instrumental ou textuel.

Souvenons-nous à ce titre, de la teneur du roman d'Honoré de Balzac, *Le Chef-d'œuvre inconnu*[17]...

La fixation sur une certaine forme d'idéal constituée par la spécialisation ainsi que par la quête esthétique d'une certaine perfection peut aussi aboutir à une forme de conduite obsessionnelle en ce sens qu'elle induit une tendance à « cristalliser » un aspect au détriment du reste. La chronicité de cette conduite risque de ce fait de réduire, du même coup, le champ de l'esprit créatif.

---

17 - *Le chef-d'œuvre inconnu* est une nouvelle de Balzac éditée en 1831 et portée à *La Comédie Humaine* en 1846. Cette nouvelle est l'une des plus célèbres et des plus commentées de Balzac. Pour résumé, c'est l'histoire d'une toile pour laquelle le Maître Frenhofer, artiste-peintre, y attache un soin tout particulier car il souhaite ardemment en faire un chef-d'œuvre absolu. Au bout de dix ans de travail sur cette toile, il se décide enfin à la dévoiler, mais on ne découvre qu'« *un mur de peinture* ». En comprenant la déception qui se lie sur le visage de ceux qui ont vu sa toile, Frenhofer, dans le plus grand désarroi, se suicide le soir même en détruisant son œuvre. Avec la mise en relief de sa dimension philosophique, ce texte s'impose comme un écrit majeur dans l'œuvre balzacienne. Texte de surcroît traitant de l'art, de l'artiste et plus généralement de la création. Un des thèmes essentiels en étant le souci de perfection qui aveugle obsessionnellement et qui induit dans ce cas une vie sacrificielle liée justement à cette quête de l'absolu chez l'artiste s'avérant parfois être un acte désespéré (dix ans de travail

A ce propos, le guitariste Claude Di Benedetto[18] affirmait :

« Mon goût pour la musique est issu d'un penchant pour l'art en général, je pense qu'il y a des correspondances partout et un véritable musicien doit en user et en abuser. (...) J'aimerais sortir du cliché du musicien « spécialiste » de tel ou tel genre...Le concert est avant tout un échange avec le public et les expériences musicales nouvelles créent une complicité extraordinaire avec le public.»

C'est un peu de cette façon là que le musicien devrait toujours raisonner pour justement parvenir à quitter cet idéal du spécialiste parfait car il nuit à ses qualités d'artiste et peut même les freiner voire les inhiber.
L'intuition, tellement utile à l'artiste, se révèle dans la confiance. Les conduites obsessionnelles, quant à elles, bloquent les qualités artistiques en focalisant sur un point au lieu de voir l'ensemble aussi.

Il est sain, en effet, de savoir se souvenir que d'abord il y a l'art à l'intérieur duquel la musique fait partie. En étant musicien, on se doit d'être créatif sinon le musicien ne sert pas vraiment l'art. Peu importe alors d'être violoniste ou violoniste baroque, peu importe encore d'être flûtiste ou organiste, l'intérêt étant de trouver en soi l'harmonie entre ses qualités interprétatives et ses qualités d'artiste, savoir aussi ce qu'on a envie d'apporter dans l'art ou ce qu'on est prêt à y apporter.

A l'intérieur de cette prise de conscience, réside très certainement la véritable créativité du musicien.

---

obsessionnel pour finir par détruire sa vie et son œuvre !). Le lien entre les conduites artistiques et les conduites amoureuses est de plus suggéré dans cette nouvelle, ce qui donne l'occasion d'une réflexion à plusieurs niveaux sur l'art, la création... et...l'amour !
Ce texte, si cher à Cézanne, a été également illustré par Picasso, il a enfin inspiré un grand nombre d'essais esthétiques.

18 - C. Di Benedetto est guitariste et professeur certifié d'éducation musicale et de chant choral, il enseigne l'analyse musicale et l'histoire de la musique aux sections techniques Musique et Danse (Lycée Masséna, Nice) et assure la direction artistique des Heures Musicales de la Cité au Théâtre de la Cité à Nice.

Parallèlement, un musicien en comprenant, tôt ou tard, que les problèmes techniques ne sont pas toujours issus de l'instrument lui-même, mais peuvent être aussi liés au corps ou bien à la représentation que l'on se fait de la musique ou de son instrument, prendra du même coup conscience, du moins je l'espère, que la fixation sur un seul angle ne permet pas toujours d'accéder à la compréhension et par là, de dépasser un obstacle. Il est au contraire judicieux d'élargir le champ de vision, de se remettre en question intérieurement et non pas de bloquer obstinément sur un point précis qui au lieu d'épanouir bien souvent cristallise la conduite instrumentale.

Je pense que le musicien qui prend conscience qu'il est musicien avant d'être violoniste ou pianiste, commence véritablement à naître musicalement.
C'est comme le remarquait la harpiste Cécile Maudire[19] relatant cette prise de conscience :

« *Peu à peu, je me libère des problèmes techniques liés à l'instrument. Depuis quelques temps je commence à travailler à partir de mon corps et non à partir de la harpe...et j'ai l'impression d'être au début de ma vie de musicienne et non de harpiste. C'est formidable car du coup, j'aime mon métier et mon instrument de plus en plus* ».

Ce témoignage nous permet de considérer que la focalisation est souvent réductrice alors que le regard neuf et élargi s'imposant peu à peu permet de trouver la bonne recette dont les ingrédients restent toutefois toujours personnels. Néanmoins, comme l'explique si justement Claude Di Benedetto ainsi que plusieurs autres artistes d'ailleurs, le juste chemin menant aux bons ingrédients serait sûrement alors « *d'user et d'abuser* » des correspondances artistiques (mélange de styles musicaux mais également mélanges

19 - C. Maudire est une jeune harpiste. Elle a obtenu en Octobre 2006, le second Prix Rosalind G. Weindling ainsi que le Prix Deane M. Sherman de la meilleure interprétation d'une pièce contemporaine au 16ème Concours International de Harpe d' Israël à Tel Aviv.

artistiques de la musique avec d'autres disciplines tels les arts visuels – peintures, images, mais aussi corporels – chant, danse, théâtre, mime..).

Cette prise de conscience et sa réalisation pratique contribuent à solliciter les qualités expressives et créatives du musicien qui ne peuvent que s'épanouir au contact de la diversification.

Élargir le champ des possibles est un acte favorisant le rapport structurant à soi et gratifiant au public. Par ce fait, le besoin de reconnaissance en soi et envers soi se montrera particulièrement satisfait et la confiance grandissante d'un musicien ressourcé sera ainsi consolidée.

***

Nous pouvons dire pour conclure cette partie que le caractère obsessionnel ainsi que l'égocentrisme et l'isolement sont inhérents à l'artiste en ce sens qu'ils sont nécessaires à sa quête esthétique et à sa réalisation personnelle.
Le musicien doit néanmoins conserver une vigilance à l'égard de ces conduites et trouver des « bonnes recettes » pour conserver à l'intérieur de soi un rapport sain et plaisant à l'égard de l'art et de la musique.

IV - CONSIDERATIONS GENERALES SUR L'ESPRIT CREATIF ET LA CREATION

La pianiste Valérie Bautz exprimait au sujet de son expérience musicale :

« La musique est bien sûr un grand révélateur de soi mais aussi une grande école de soi. Le corps dans son entier est exploré, sollicité. On ne peut bien faire qu'avec lui, il faut donc l'apprivoiser. La sensibilité du musicien est toujours dévoilée, pas toujours pour son confort d'ailleurs ! Mais toujours de manière enrichissante et constructive si on accepte de se regarder.
Comme les autres modes d'expression artistique, la musique permet d'explorer l'indicible et d'en repousser les limites, toujours plus loin. C'est le vecteur de communication et de partage que j'ai trouvé. »

Les implications du musicien nous l'avons compris sont entières et pour bien faire ont besoin de l'authenticité requise et d'une grande connaissance de soi. Connaissance qui s'enrichit et évolue aussi au fil du temps, permettant d'entrer peu à peu dans l'indicible, à l'intérieur duquel on repousse doucement les limites grâce à l'évolution et l'expérience. Cet univers indicible, c'est le monde intérieur du musicien, c'est son paysage artistique et c'est donc bien l'esprit créatif enfoui en soi qui se dévoile et se laisse explorer que si on accepte, soi-même, de se regarder.
En ce sens, l'esprit créatif est un fonctionnement qui ne peut s'investir pleinement qu'à condition de parvenir à toucher l'être en soi. L'art réveille alors l'esprit créatif et par là même, l'être profond, qui s'exprimera par la pratique musicale touchant, quant à elle, davantage la personnalité, vecteur de communication et de partage.
Nous pouvons par ce fait émettre l'hypothèse que l'expression musicale se fait globalement en deux temps.

Un temps pour l'introspection, le vagabondage intérieur qui erre et se structure toujours plus loin et toujours plus abouti à chaque nouvelle expérience.
Dans ce premier temps, c'est la combinaison de l'intuition et de la raison qui mène la danse.

L'intuition libère, la raison structure !

Un temps pour l'expression musicale qui harmonisera l'ensemble des connaissances et des motivations teintées des émotions passées et présentes et enfin, ne les oublions pas, des sentiments, plus profonds que les émotions, plus complexes que les connaissances.
La situation d'immédiateté que constitue l'expérience musicale ajoutera la sensibilité du moment et les émotions issues de l'échange avec le public.
Ce second temps sera la manifestation complète de l'expérience musicale.

Le mûrissement de l'œuvre, d'un point de vue créatif, aura déjà accompli sa mission dans le premier temps, et l'artiste, si les conditions objectives et subjectives requises sont optimales, saura exalter sa créativité mais cela, comme nous l'avons vu, ne se produit pas toujours. On parle alors d'inspiration ou de non-inspiration. Et nous avons raison car l'inspiration, c'est le désir ou la fameuse pulsion qui la guide. Parfois, cette pulsion est énergétiquement en quantité suffisante et parfois non. Dans le second cas, l'esprit créatif, alors, n'ouvre pas ses portes ou les entrouvre juste légèrement ! C'est en ce sens qu'il n'est pas possible de maîtriser cette créativité qui existe mais reste libre à l'intérieur de soi et seule la pulsion, force intérieure de vie, pourra la canaliser dans un désir d'expression musicale.

En conséquence, si l'esprit créatif rayonne librement par l'intuition avant de se laisser guider par la raison, il a toutefois besoin de la pulsion mêlée d'amour et de désir pour s'exprimer dans la musique et dans l'art en général.

Toutefois, il reste à préciser que dans l'expression musicale la situation d'immédiateté concerne globalement tous les musiciens et dans une certaine mesure également les chefs d'orchestres mais elle n'est pas vraiment en rapport avec les compositeurs qui, quant à eux ne vivent pas cette situation limitée temporellement et à l'intérieur de laquelle le public est présent.

Cette différence est essentielle et je me propose à présent d'explorer les grandes lignes distinguant le musicien du compositeur dans leur appréhension sensible et créative à l'art.

1- Musiciens et compositeurs

Intuitivement nous l'avons vu les musiciens gardent un lien très fort avec l'instrument qui maintient non seulement une relation affective inédite et qui de plus permet de réveiller probablement leur intuition à chaque contact instrumental car c'est sur ce mode que le choix instrumental s'est fait dans l'enfance, c'est de plus par des conduites sensori-motrices que l'apprentissage a eu lieu. C'est enfin l'instrument qui détient secrètement tous les affects du musicien.

Durant ma recherche préalable auprès des artistes, je dois admettre qu'en m'entretenant avec les compositeurs, j'ai compris qu'ils n'avaient pas le même rapport à l'instrument. Même si nous le savons, le souvenir déforme, tous néanmoins m'ont confirmé sans hésitation que très jeunes, ils se sentaient «*frustrés*» face à l'expérience instrumentale et tous, ont donc manifesté, très tôt, un besoin d'écriture.

Cet accès à l'écriture de la musique est le véritable investissement du compositeur et je ne pense pas qu'il s'agisse d'une coïncidence si ce besoin se manifeste si jeune.
Le compositeur Eric Tanguy expliquait à ce sujet, que même s'il manifestait des qualités de jeu pour le violon et ce dès le plus jeune âge, il s'en est pourtant très vite désintéressé, non parce qu'il n'appréciait pas de jouer mais parce qu'il se sentait fortement attiré par l'écriture. Bien qu'à cet âge, le résultat obtenu ne pouvait que le décevoir, cela ne détournait pas pour autant son impérieux désir.

Par cette illustration, nous comprenons que la gratification par le jeu instrumental pour le petit garçon qu'était Eric Tanguy ne suffisait pas à combler le manque intérieur.

Il en va de même pour d'autres compositeurs tels que Frédéric Durieux[20], Philippe Hurel [21] ou encore David Chesky : Le besoin qui évolue petit à petit vers une écriture devenant au fil de l'expérience et des études de plus en plus personnelle, de plus en plus aboutie, ouvre la voie à l'évidence, c'est-à-dire au désir conscient et volontaire de faire de la composition.

Cette orientation vers la composition est le mode de compréhension intuitive de l'artiste qui saisit que l'affirmation de soi, au sein de l'univers musical, se fera non pas par l'expression instrumentale mais par l'expression de soi au travers de l'écriture, de la composition.

Comme le disait encore Eric Tanguy, « *cette décantation fantastique* », qui permet, « *l'affirmation de sa propre personnalité musicale* » est la voie personnelle menant aussi à l'affirmation de soi par des processus créatifs ayant lieu non pas seulement dans le mûrissement de l'œuvre et dans l'expression de celle-ci, mais à l'intérieur du processus même d'écriture.

Au sein de cette grande différence qu'est l'investissement primaire de l'artiste, les musiciens et compositeurs, induisent ensuite des processus créatifs semblables à l'intérieur desquels intuition, pulsion de vie, accès au paysage artistique, images, affects, raison et passion œuvrent, bien que toutefois, rappelons le, certains aspects diffèrent : Comme je le faisais remarquer dans le second chapitre et au début de

---

20 - Compositeur français né en 1959, F. Durieux enseigne au Conservatoire National Supérieur de Musique et de Danse de Paris. Officier des Arts & des Lettres, il a également obtenu le Prix 2005 de Composition de la Fondation Prince Pierre de Monaco pour son œuvre pour orchestre *Traverses 1, 2 & 3.*

21 - P. Hurel est un compositeur français né en 1955. Depuis 1991, il est directeur artistique de l'Ensemble Court-circuit placé sous la direction musicale de Pierre-André Valade. Il reçoit le Prix Sacem des compositeurs en 2002 et le Prix Sacem de la meilleure création de l'année en 2003 pour *Aura.*

celui-ci, la situation d'immédiateté et de rapport direct au public n'existent pas pour le compositeur. Le public n'est que fantasmé. Pour le musicien en revanche, non seulement ce rapport existe mais celui-ci ressent de plus le besoin d'être exalté par le public. Cet échange qui s'inscrit d'une certaine façon dans les processus créatifs chez le musicien n'a pas lieu chez le compositeur.

En revanche, chez le compositeur, comme l'expliquait Eric Tanguy :

« *C'est la page blanche, le travail dans l'isolement et le silence, le saut dans le vide. (...) Même si on subit toujours des influences conscientes et inconscientes, la composition reste le reflet musical absolu de l'auteur, il n'y aucune possibilité de filtrage de l'affect non plus.* »

Si le critère d'authenticité, les influences conscientes et inconscientes et le travail dans l'isolement sont aussi le propre du musicien, la page blanche et le rapport fantasmé au public sont bien des critères très personnels au compositeur et qui en ce sens, se rapprochent davantage de l'artiste-peintre que du musicien. J'ai d'ailleurs mentionné précédemment le rapport plus évident existant entre le compositeur et l'artiste-peintre dont le support blanc en est le symbole éloquent.

Quant au musicien, nous l'avons compris, le procédé en deux temps, s'exerce à la fois dans l'étude de la partition et dans le jeu instrumental, dont l'objectif est aussi d'affirmer son être au travers d'une œuvre écrite par quelqu'un d'autre. Dans le respect de l'œuvre, le musicien l'exaltera par ses qualités créatives et par l'expression personnelle de son jeu. En ce sens, l'interprétation demeure unique car si l'œuvre est le reflet absolu de l'auteur, l'interprétation, quant à elle, dans le respect de l'œuvre, est aussi le reflet absolu de l'interprète.
C'est un peu pour le musicien comme un jeu de reconstruction, combinaisons savamment dosées des connaissances, de la sensibilité et de l'instinct pour parfaire une harmonie entre les accents propres aux compositeurs et les siens. C'est dans cet aspect précis que le mûrissement créatif de l'œuvre à l'intérieur de soi s'exercera. Comme le disait encore le pianiste Maciej Pikulski, un des objectifs

dans l'étude d'une œuvre étant de « *conceptualiser l'interprétation pour que ce soit beau à chaque instant.* »

Quant au fameux support blanc du compositeur ou du peintre sur lequel va s'exercer les processus créatifs tels que nous les avons développés chez le musicien, il semblerait que l'isolement produit de la même façon, égocentrisme nécessaire, phase de dépression, d'individuation et enfin d'exaltation de ses connaissances par la sensibilité de l'être qui induira la création de l'œuvre.
En ce sens, l'œuvre ne peut être que le reflet authentique de l'artiste.
Il va de soi que la création exige une participation entière et vraie de soi même si la totalité de la réalisation n'est pas toujours sur le même pied d'égalité, nous l'avons vu avec le musicien, l'inspiration (énergie de vie) n'est pas toujours en quantité égale et cet aspect de l'esprit créatif en sera de même pour le compositeur.

***

Quel que soit le résultat, l'écriture sur un support blanc reste toujours un acte de création, en ce sens le compositeur est artiste.

Chez l'interprète cela est sensiblement différent. Un musicien peut faire de la musique sans esprit créatif, cela n'est pas incompatible. A partir de l'instant où il accepte de se regarder et de se dévoiler, il pourra accéder à la profondeur de son être et, en s'écoutant intuitivement, la créativité qu'il porte en soi, s'exprimera.
L'interprète, par un acte de sublimation semblable au peintre ou au compositeur, exaltera alors son esprit créatif, non pas seulement musicalement mais artistiquement.

Dans un esprit de synthèse nous pouvons dire à ce sujet que le compositeur sensible au sonore, se l'approprierait d'une façon toute personnelle dans la création par laquelle il affirme son existence. L'interprète, quant à lui, affirmerait son existence directement dans le son un peu comme le chanteur, à la différence près que le chanteur porte le son en lui alors que le musicien a besoin d'un support pour exalter sa couleur, un peu comme le compositeur ou l'artiste peintre...

2- La création : à mi-chemin entre sublimation et passion

Globalement, nous l'avons compris avec la partie précédente, l'acte de création demande un investissement entier et intense de l'individu générant un langage émotionnel intense lui aussi. Gérer tout ce bouillonnement physique, intellectuel, affectif et émotionnel reste un challenge intérieur difficile à mener. L'investissement créatif induit donc un effort gratifiant et structurant mais il faut l'admettre bien souvent épuisant ! Pourtant la passion pour l'art aidera très certainement à se dépasser en sublimant les conflits inconscients inévitables.

Effectivement, l'acte de création induit un état de fatigue en ce sens qu'il permet de transcender une problématique personnelle dans l'art. Cette transcendance, c'est l'acte sublimatoire qui s'exerce très certainement avec l'aide de la passion.

Mais qu'est-ce que la passion au juste ?

Ce mot fréquent dans les propos des artistes, fait référence à quelle conduite particulière au sein de l'expérience artistique ?

Le mot passion, ne l'oublions pas, provient du latin *« patior »* signifiant *« souffrir », « éprouver »,* endurer autrement dit un ensemble d'états dans lesquels un individu est passif par opposition aux états dont il est lui-même la cause. Ce sens ancien, encore en usage de nos jours, s'y est vu ajouter un autre sens puisque le mot passion est aussi utilisé pour désigner une émotion qui est plus forte que nous et que d'une certaine manière nous subissons.
Avoir une passion pour un art, être passionné par la musique ou encore être passionné par la composition sont donc des états subis qui manifestent une certaine dose de souffrance.

Cette souffrance fait-elle référence à l'état particulier que l'artiste endure, phase d'intériorisation nécessaire à la sublimation des conflits, des névroses sous-jacentes qui s'éveillent dans le travail introspectif et que l'artiste cherche à transcender ?

L'élan passionnel serait alors cette émotion forte et subie qui permettrait de balayer l'esprit encombré de « vieux démons » en aidant le processus sublimatoire, donc créatif, à œuvrer artistiquement et par là, à quitter aussi cette phase dépressive que tout artiste connaît ?

Je pense que la réponse est là certes, mais elle est aussi ailleurs, car sublimation et passion, s'il est probable qu'elles agissent de pair dans l'acte créatif, trouvent également leur accomplissement de diverses manières, notamment en ce qui concerne la passion.

Avant de développer le sujet, je vais ouvrir néanmoins une brève parenthèse sur un point relatif à la sublimation :

Lorsque nous parlons « sublimation », nous pensons bien souvent à des états pathologiques latents. Pourtant, d'un point de vue artistique, sublimer consiste à projeter ses pulsions et ses affects dans l'acte créatif et trouver par là une forme de résolution et de renaissance personnelle ?
Soyons dès lors assurés qu'il n'est pas obligatoirement nécessaire de frôler la pathologie pour aspirer à l'acte créatif ! Nous avons tous nos conflits affectifs, nous contenons intérieurement aussi nos petites névroses, cela est inévitable, ne serait-ce que par le fait que personne ne vit véritablement seul et que chacun d'entre nous porte à la fois sa propre histoire ainsi que l'histoire familiale !
Et de la même façon, l'art ne se fait aussi jamais tout seul ! C'est cet aspect là que je vais évoquer à présent, aspect, pour lequel la passion recèle un rôle primordial.

Si la sublimation dans l'art est une forme de transcendance toute personnelle qui ne s'accomplit que dans l'introspection et l'isolement et concerne par ce fait, les structures sous-jacentes à soi et à son monde intérieur particulièrement intime, la passion quant à elle, serait davantage en rapport à l'Autre.

Lors d'un entretien effectué en 2002, Jean-Didier Vincent note à ce sujet :

« La passion, c'est la conscience réfléchie de l'émotion : mon émotion, je suis capable de la lire sur l'apparence, la physionomie

de l'autre et cette « lecture » se réfléchit sur ce que j'éprouve moi-même. On pourrait parler d'une interprétation passionnée du monde, une interprétation que je suis capable de provoquer, de partager et de lire chez l'autre. C'est d'une véritable philosophie de l'autre qu'il s'agit : je suis un individu, un être totalement singulier mais je ne suis singulier que parce que je suis capable de connaître l'éprouvé de l'autre à travers ma propre émotion. »[22]

Il semblerait que la passion de l'artiste soit certes liée à l'art mais inévitablement à la vie et aux autres. C'est aussi très certainement la capacité d'adaptation propre à l'artiste qui ferait que celui-ci trouverait équilibre et unicité par la passion de l'art ainsi que dans la passion de la vie et dans la passion de l'Autre.

Cette conduite passionnée permettrait également de ne pas cristalliser les conduites artistiques en ce sens qu'elles trouveraient une forme d'ouverture saine en déployant aussi un regard passionné sur la vie de façon générale.

Solitude et souffrances trouveraient alors une belle forme d'échappatoire également structurante.

Comme le dit encore J.D. Vincent dans le même entretien à propos de son ouvrage *La biologie des passions :*

« L'homme n'est pas seulement biologique; en même temps, il n'est pas bêtement passionné. Il faut cesser d'opposer la raison et les pulsions, le cerveau et le cœur. J'ai voulu montrer que, dans nos passions, il y a de l'animalité ; qu'on n'échappe pas complètement à ses conditionnements hormonaux même si le propre de l'homme, c'est justement de pouvoir prendre de la distance par rapport aux conditionnements en question. »[22] (2002)

Ce qu'entend par là ce neurobiologiste réside dans l'idée que ce comportement lié à la passion s'inscrit aussi dans un processus hormonal, il y aura donc chez l'artiste une tendance naturelle à la

22 - Entretiens avec J-D. Vincent dans la revue *Politis* au sujet de son ouvrage *Biologie des passions*, paru en 2002.

passion ou du moins une explication biologique et instinctive. Cela ne signifie pas pour autant que l'on est « *bêtement* passionné ». De la même façon que l'artiste dépasse ses apprentissages premiers liés à l'étude de la musique en accédant à la connaissance de soi et à son désir d'expression et d'affirmation dans la création, la passion combinée à la sublimation doit permettre l'équilibre artistique et humain.

Globalement, nous pouvons dire que l'investissement d'un art qu'il soit instrumental, pictural ou écrit relèverait d'un fonctionnement lié au désir inconscient de sublimation mais répondrait aussi à un comportement passionné et intelligent qui serait de se diriger vers un mode d'expression vis-à-vis duquel « l'émotion-passion » serait une émotion purement affective qui aurait besoin de l'art pour exister mais aussi des autres pour se ressourcer et s'épanouir.
L'énergie de vie se nourrissant également de l'élan passionnel trouverait son ressourcement dans les conduites affectives, qui ont, quant à elles, inévitablement besoin de « l'Autre ».
Jean-Didier Vincent insiste sur l'idée de cesser les oppositions considérant qu'à l'intérieur de soi toutes ces différentes facettes cohabitent. Il en va de même pour l'artiste qui normalement permet la cohabitation de sa passion pour l'art, avec sa passion pour la vie et les autres. Sans cette forme de passion, la vie affective serait pauvre et l'affection reste un moteur pour l'art et pour l'affirmation de soi. Les conduites affectives enrichissent toujours l'être et génèrent, la plupart du temps, une formidable pulsion de vie poussant à l'élan créatif. La création est donc bien aussi ce réservoir d'affects qui s'exprime par la subtile combinaison de la sublimation et de la passion. Passion qui reste une « passion-intelligente », en ce sens qu'elle s'oppose à « bêtement passionnée » !

Dans le second chapitre, j'avais mentionné l'hypothèse du scientifique Jonas Salk considérant que la création serait issue de la rencontre entre l'intuition et la raison, j'ai également mentionné cette étroite collaboration au sein même des processus créatifs au début de ce chapitre.
Si l'intuition est un peu l'unicité de l'être, sa « lumière », son « génie », la raison toutefois guide et structure en y apportant les connaissances et toutes les adaptations cognitives élaborées dont

nous disposons. Au niveau de la passion, le processus serait semblable. Une passion vraie, structurante et épanouissante s'agencerait aussi avec la complicité de la raison. En ce sens, le mental créatif serait cohabitation de ces différents concepts actifs qui agiraient de pair et avec art selon la personnalité, selon l'identité et selon les aspirations propres à chacun.

Le musicien en reste cette merveilleuse illustration.

***

Pour conclure, je vais raconter une belle histoire, belle parce qu'elle est vraie et touchante, belle aussi car elle reflète à merveille combien la vie affective de l'artiste et la passion qui s'y exerce retentissent à la fois dans son art et dans sa vie. L'affect, quant à lui, d'une manière ou d'une autre, mène le jeu, en ce sens que la passion sans l'art serait un non-sens pour l'artiste mais la passion sans l'Autre serait de la même façon un non-sens.
L'artiste crée parce qu'il sublime dans la voie artistique choisie mais l'artiste est surtout artiste parce qu'il détient le secret de conjuguer harmonieusement la passion de son art et la passion de l'autre et de la vie.

Cette histoire relatée par un papa nommé Eric Tanguy, est celle de son petit garçon né au printemps 2007.
Le papa, compositeur, pratiquait le violon, enfant. S'il a choisi de devenir compositeur, c'est que le besoin d'écrire fut bien plus fort que la pratique instrumentale. C'était, selon ses termes, *« comme un instinct de survie.* »
Cet heureux papa n'a peut-être pas investi affectivement le violon mais il a, en revanche, placé une immense affection en un violoniste nommé Ivry Gitlis.[23]
C'est en effet, cet artiste qui lui a communiqué tout jeune, son amour pour la musique. Cet ami, selon les termes du compositeur, a été *« décisif dans sa vocation pour la musique et la composition. »*

23 - I. Gitlis est un célèbre artiste et violoniste né en 1922.

C'est d'ailleurs avec lui qu'il a très souvent continué à pratiquer le violon par pur plaisir et non comme une nécessité impérieuse puisque nous l'avons compris, cet élan passionnel, cette intuition qui guide sans raison évidente est allée tout naturellement à la composition.

Mais revenons à ce petit garçon qui, au retour de la maternité, a été accueilli par Ivry Gitlis qui lui a joué tendrement en guise de bienvenu un petit air au violon.

Ce petit garçon s'appelle : Léonard, Alvaro, Marcel, Ivry, Tanguy.

Par amour pour son fils, pour la passion et l'authenticité qu'il voue à son art, pour l'affection et la reconnaissance qu'il éprouve envers celui qui a contribué à éveiller en lui cette passion, il est devenu tout naturel que son enfant porte aussi le prénom de cet ami.

Symboliquement, par cet acte, Eric Tanguy a laissé entrer pour toujours Ivry Gitlis dans sa famille.

3 - La résilience

« Et les nuages feraient-ils pleurer des torrents de vie. »
L. V. Beethoven (carnets intimes)

Grâce à la partie précédente nous avons pu mesurer combien le monde extérieur et les contacts humains importent dans les processus créatifs mais toutefois, il existe parfois des conduites qui semblent aux premiers abords, l'inverse de ces conduites-ci.

La notion de résilience, telle qu'elle a été définie et complétée par Boris Cyrulnik[24], va faire à présent l'objet de toute notre attention car, elle aussi, trouve sa place dans les considérations liées à la création.

Avant d'introduire cette notion, je vais ouvrir une parenthèse sur deux aspects méritant notre attention préalable :

Le premier concerne la notion de résilience proprement dite, qui, nous devons le préciser avait déjà été utilisée avant Boris Cyrulnik en Angleterre par les psychologues, Michael Rutter, Norman Garnesy et Emily Werner. Ils avaient observé que parmi les enfants vivant dans des familles gravement perturbées, certains semblaient aller bien et parvenaient même à devenir plus forts malgré les traumatismes endurés.

Cyrulnik a par la suite approfondi cette notion.

Le second aspect concerne l'idée selon laquelle, chaque enfant a besoin pour se construire que les différents stades soient respectés.
De ce fait, l'enfant a besoin pour accéder à une certaine forme de maturité psychique de jouer, de rêver et de laisser cette fameuse pensée animiste organiser le monde dans lequel il vit. En ce sens, monde magique et contes de fées restent parfaitement plausibles et je

24 - B. Cyrulnik est médecin, éthologue, neurologue et psychiatre.

dirais nécessaires dans le monde de l'enfance. C'est ce que par ailleurs, Bruno Bettelheim, a mis en évidence dans son ouvrage sur *La psychanalyse des contes de fées* (1976). Il explique à ce titre que bien souvent, les jeunes qui ont prématurément été contraints de connaître la réalité d'une façon adulte, tentent d'échapper à cette réalité une fois, eux-mêmes, devenus adultes. Malheureusement, c'est ainsi que pour chercher l'évasion, ils peuvent recourir à la drogue, ou comme le décrit Bettelheim lui-même :

« Se font initier par un gourou, s'adonnent à la magie noire ou toutes sortes de pratiques qui leur permettent de fuir la réalité en se réfugiant dans des rêves éveillés relatifs à des expériences magiques qui sont censées améliorer leurs vies ».[25] (p. 83, 1976)

Cette triste constatation nous amène encore une fois naturellement à l'idée que l'être humain est fragile et cette fragilité est à respecter si nous voulons parvenir à l'équilibre physique et mental tellement nécessaire à la vie.

La parenthèse ouverte, nous pouvons à présent développer la mise en évidence par Boris Cyrulnik dans son ouvrage intitulé *Un merveilleux malheur* que la création est un des moyens par lequel des enfants qui ont pu vivre de terribles traumatismes parviennent aussi à dépasser ces traumatismes et à s'épanouir ensuite positivement. Ces enfants sont, selon lui, des enfants résilients qui sont *« contraints à la créativité pour échapper à la misère affective et sociale. »*

« Ce n'est pas un hasard si tant de créateurs et d'écrivains ont été très tôt orphelins », précise-t-il.

En rapport à son ouvrage, dans un entretien effectué en 1999 pour *Le Nouvel Observateur*[26], il développe la notion de résilience en donnant plusieurs exemples dont je vais à présent me permettre d'en

---

25 - B. Beetleheim, citation issue de son ouvrage *La psychanalyse des contes de fées,* page 83, (Voir référence bibliographie).

26 - B. Cyrulnik, entretiens dans *Le Nouvel Observateur* en 1999 à propos de son ouvrage *Un merveilleux malheur.* La notion de résilience chez Cyrulnik désigne globalement la faculté de renaître du malheur.

mentionner deux illustrant particulièrement bien toute la finesse de cette notion :

- « *La souffrance de la perte, la douleur du manque nous contraignent au symbole. L'art fait revivre les morts comme la philosophie panse les blessures. C'est ce qu'a fait Georges Perec avec « La disparition », ce roman écrit sans « e », sans eux, ses parents (...)* »

- « *(...) Mais quand on soulève l'oreiller d'un enfant roumain, on est sûr de trouver un trésor ; un de ces enfants de Roumanie rêvait qu'il montait dans une pirogue. Il plongeait sous la mer et rentrait dans une bulle. Là, il n'y avait pas d'humains. Tous les enfants agressés sont des rêveurs fous. (...) Tous les chagrins sont supportables si on en fait un récit. Un traumatisme aigu est plus facile à mettre en scène. On peut sans peine s'en faire des images, des épopées merveilleuses. (...)* »

Cette notion de résilience dans le cadre de cet ouvrage recèle toute son importance car elle permet de prendre conscience de la puissance psychique présente dans l'accès à la création et met en relief combien la sublimation aide à l'équilibre mental et physique. Elle s'applique du reste à tous les âges de la vie et non seulement à l'enfance, bien que les deuils parentaux, par exemple, puissent engendrer des risques vitaux pour l'enfant en très bas âge.

Toutefois, il reste à préciser que dans le cas de la résilience, la passion pour la vie ne serait pas du côté des autres mais plutôt dans le renfermement contraint à l'intérieur de soi. L'enfant qui rêvait qu'il plongeait sous la mer et entrait dans une bulle où il n'y avait plus d'humains est une conduite onirique symbolisant le repli fœtal, la coupure aux autres dans un but de survie. Ce rêve à versant psychotique connote aussi l'extrême danger que vit cet enfant qui est au bord du marasme. Parallèlement, il symbolise aussi, par l'accès au rêve et à l'image, que même en plein traumatisme, cet enfant veut vivre. Sa pulsion de vie, grâce aux processus créatifs, peut le conduire à la sublimation. L'élan passionnel sera un élan intérieur pour sa vie même et non pas pour l'Autre qui dans ce cas extrême, est fui car perçu, à juste titre, comme dangereux.

Ces comportements particuliers qui en ce sens diffèrent de ce que nous avons pu dire jusqu'à présent car ils puisent leurs origines d'un fort traumatisme, témoignent néanmoins des immenses capacités d'adaptation humaine et de l'extrême passion que l'être humain place dans la vie. C'est d'autant plus éloquent qu'au moment de l'agression, du traumatisme, l'être humain ne voit pas la blessure, il ne pense qu'à sa survie. C'est après avoir pansé sa blessure, qu'il pourra parler de son traumatisme.

Plus que l'amour, plus que le désir, l'art et la création sont dans la vie même. C'est ce que Béatrice Dubost[27] met en évidence dans sa passionnante recherche consacrée à la résilience et qu'elle illustre notamment par l'histoire de Beethoven afin de relier la notion de résilience à l'expérience musicale. Elle explique sa perplexité à la lecture du testament d'Heiligenstadt[28]. Elle se demande :

« Comment au bord du suicide, Beethoven a-t-il pu opérer ce retournement du drame intérieur de sa surdité ? » (2001, p.61, OMF, Paris)

L'explication pour ce moment précis de sa vie comme pour plusieurs autres épisodes malheureux (Beethoven n'a certes pas eu une vie facile !) provient, selon Béatrice Dubost, de cette capacité à la résilience qui soigne par l'intermédiaire des processus créatifs. Elle précise :

« Beethoven a fait de son art un sanctuaire auquel il dit avoir sacrifié sa vie. Conscient et fortifié par le sentiment d'une mission divine à accomplir et du message à apporter aux hommes sur terre,

---

27 - B. Dubost, docteur en psychologie et chercheur associé au groupe de recherche *Science de l'éducation musicale et didactique de la musique. L'expérience musicale et la résilience,* ensemble de textes rassemblés par L. Guirard et G. Boudinet dans un recueil intitulé : *Le sens de l'expérience musicale en éducation* publié par l'O. M. F., Février 2001.

28 - Beethoven écrit le 6 octobre 1802 un document qu'il garda ensuite précieusement, connu sous le nom de *Testament d'Heiligenstadt.* Il y dévoile sa surdité et y exprime sa révolte. Une seconde partie du testament a été rédigée quelques jours plus tard, le 10 octobre 1802. Beethoven écrira par la suite deux autres testaments : En 1824, puis peu avant sa mort, en 1827.

il poursuit sans relâche sa création vers le sublime avec foi et héroïsme dans une visée prométhéenne chargé du feu divin et prophétique à laquelle il attribue des vertus bénéfiques et réparatrices. » (2001, p. 66, OMF, Paris).

« Celui qui écoute et comprend ma musique ne sera jamais malheureux » écrit-il dans ses « Carnets intimes ».

Pour Béatrice Dubost enfin : *« L'expérience musicale (écoute, jeu d'interprétation vocale ou instrumentale, composition) serait facteur de résilience au sens où elle permet distanciation, réélaboration, réappropriation subjective des affects et des émotions dans l'espace intime de la temporalité métaphorique et symbolique redonnant couleur à l'existence. »* (2001, p.70, OMF, Paris)

Nous devons comprendre dans son affirmation que l'expérience musicale serait sublimation (distanciation et réélaboration) et le facteur de résilience permettrait en retour la réappropriation des affects sublimés.
Cet acte serait constitutif de telle manière qu'il permettrait aussi à l'individu de retrouver l'amour pour soi indispensable car étant, dans ce cas, un processus narcissique vital et salutaire.

Par cet acte symbolique, il se produirait alors l'effet cathartique redonnant ainsi sens à une existence ayant été malmenée, fragilisée.

***

Qu'il s'agisse de création d'un point de vue sublimatoire à visée cathartique indispensable (c'est-à-dire dont la visée implicite est la survie) ou de création mêlant harmonieusement sublimation et passion (c'est-à-dire élan passionnel tourné aussi vers l'autre), il semble que les processus créatifs conservent cette dimension aux affects et aux émotions qui n'ont de cesse de s'organiser dans un objectif qui reste lié à la notion d'existence au sens d'affirmation de soi et de dépassement pour soi et dans la vie.

4 - Quelques notes…

Jean Cocteau disait :

« *Je sais que la poésie est indispensable mais je ne sais pas à quoi.* » (*Entretiens avec André Fraigneau,* 1965, posthume.)

Parallèlement, l'artiste, de façon générale, vit son art comme une nécessité sans se soucier le plus souvent des raisons. Et il n'a pas tort car pourquoi se préoccuper des raisons alors qu'à l'intérieur de soi tout se produit intuitivement et donc naturellement comme une évidence, même si la plupart du temps, des contradictions assaillent intérieurement.

En effet, l'esprit créatif libéré, non sans effort, permet à la fois de se construire, de naître et d'affirmer son existence. Il permet également de s'aimer mieux en se réappropriant ses propres affects qui sublimés, métaphoriquement soignent et induisent un sens à l'existence, sens qui demeure un objectif humain par excellence, même si il ne s'agit là que d'un soin métaphorique et non d'une thérapie.

La poésie, la musique, les arts plastiques et visuels, le théâtre…sont donc, par la passion qu'ils inspirent, vecteurs de communication et d'adaptation créative à soi et au monde ; par le rêve qu'ils donnent à voir ou à entendre, vecteurs de liberté intérieure, de beauté et de richesse en soi et par les processus sublimatoires des affects, vecteurs cathartiques.

L'être humain, par le souci permanent d'équilibre intérieur, trouve normalement lui-même ce qui lui est nécessaire.
Si certains êtres humains ont recours à l'art pour s'exprimer et se construire c'est que psychologiquement, physiquement, physiologiquement et biologiquement, leur être va dans ce sens.

Le recours vital à l'art et l'épanouissement par celui-ci sont donc des hypothèses vérifiées.

Selon Aristote, musique et âme ont la même essence. Inscrite au cœur de l'homme, la musique vient équilibrer les contraires, purifier l'âme dans un effet de catharsis et reconstituer l'harmonie troublée.

Au début de cet ouvrage, je précisais que dans notre histoire, la musique a toujours été associée à l'homme comme un besoin nécessaire et structurant. A l'inverse pourtant, il semblerait que l'artiste, quant à lui, est bien souvent associé au malheur ou encore à l'originalité curieuse.
Nous avons déjà évoqué cette constante au début de ce chapitre et nous pourrions peut-être alors nous demander pourquoi ?

A ce sujet, il est raisonnable de soulever plusieurs directions :

- La première étant très certainement celle des médias qui évoquent par souci d'audience, la moindre information susceptible de générer un audimat intéressant. Certains artistes, fortement médiatisés, sont donc largement ciblés et véhiculent par là, cette image à la fois attirante et excentrique, « triste et extraordinaire ».

- L'histoire des compositeurs et artistes du passé, souvent malheureuse, vient ajouter au constat.

- L'effet de catharsis propre à l'art soulève peut être aussi dans l'inconscient collectif un message dont la teneur pourrait être globalement la suivante : Si l'artiste fait ce métier c'est qu'il a beaucoup à sublimer et donc qu'il est sûrement bien « chargé psychologiquement » !

Il est certain que l'artiste a recours à un moyen d'expression différent du langage alors que naturellement l'être humain semble s'en satisfaire pour communiquer et s'exprimer, et, par ce fait, un regard curieux, pas toujours conscient, se pose alors probablement sur lui. Parallèlement la société sait aussi (ou toutefois le ressent intuitivement) que l'artiste a trouvé en lui le moyen le plus pertinent et le plus intéressant de se construire, de s'affirmer et de vivre de la façon la plus épanouissante, la plus authentique et la plus riche possible. Si l'artiste peut lui paraître étrange, elle est aussi fascinée par lui. Elle l'admire et parfois l'envie. Quant au public, qui est lui, généralement mélomane, voue bien souvent une grande admiration à tel ou tel artiste mais ce public a également des attentes que l'artiste pense devoir comprendre. Cela ne facilite pas toujours la sérénité et l'épanouissement de celui-ci qui par cette constatation peut parfois, « bloquer », ou stresser. Ce qui ajoute chez lui un poids supplémentaire alors qu'il doit déjà gérer énormément de paramètres aussi différents et complexes les uns des autres.

Pourtant la filière artistique reste probablement la voie la plus belle qu'un être humain peut choisir mais, nous l'avons compris, elle n'est pas la plus simple !
Et nous pouvons même nous demander finalement si le fait de se diriger vers une voie artistique est véritablement un libre choix ?
Il est légitime en effet de se demander si ce choix à priori conscient et raisonné ne serait pas plutôt en fait dicté directement par l'intuition qui imposerait un peu cette voie comme une évidence, un désir impérieux et donc une décision vitale et visionnaire de l'être en soi ?

***

Le pianiste Claudio Arrau, dans les conversations avec Joseph Horowitz disait :

« Nous autres artistes passons nos vies à nous frustrer nous-mêmes. Par simple peur - peur de l'échec et, si étrange que cela semble, peur de la réussite aussi bien -, nous tombons malades la veille de concerts importants. Nous nous créons des désordres émotionnels graves, nous risquons de perdre ce à quoi nous tenons le plus. Nous tombons et nous cassons un bras. Nous avons des accidents de voiture. Les chanteurs s'enrouent, perdre leur aigu, et les muscles de leur cou se raidissent au point qu'il est étonnant que leurs cordes vocales puissent simplement vibrer. Les instrumentistes perdent souvent l'usage d'un doigt, ou de plusieurs et ne peuvent plus jouer les passages les plus simples (ou les plus difficiles). Ou encore à force de compétition et de chimères de toute puissance, le moindre signe d'imperfection peut obliger à s'arrêter au milieu d'une exécution par ailleurs excellente. Le pire est que soudain tout ce

combat puisse paraître perdre tout sens et alors l'artiste, perdu dans l'alternative du conflit et de la détresse peut alors déclarer forfait. Il ne joue plus. C'est la mort même – la mort de son âme. Il descend aux enfers, et l'affreuse lutte contre les Furies (le noir absolu de l'inconscient) lui permettrait seule un retour. S'il gagne, c'est la reconnaissance d'un héros ».[29] *(Regards d'un interprète sur la psychanalyse,* High Fidelity, 1967 et Gallimard, 1982, p. 295*)*

Claudio Arrau nous livre là toute la complexité et la contradiction de l'univers intérieur de l'artiste. Si l'artiste crée, c'est dans l'objectif inconscient (ou parfois conscient aussi) de concilier ses contraires dans un but homéostatique. S'il a peur, c'est qu'il place tout son être et tout ce qu'il aspire à être dans un processus artistique dont il ne détient pas, lui-même, toujours toutes les clés (nous l'avons vu la verve créatrice reste libre).
Le souci de perfection et le formatage dans l'idéal, quant à eux, renforcent cette peur.
Les blocages psychosomatiques, enfin, relèvent du trac, problématique toute personnelle vis-à-vis de laquelle il est nécessaire d'agir.

Quant à la descente aux enfers, la lutte contre les furies dans le noir de l'inconscient, c'est bien l'état dépressif nécessaire dans les processus créatifs qui gagne le fin fond de soi et permet en retour l'effet cathartique. Parfois cet état se produit aussi suite à une désillusion qui crée le traumatisme et la remise en question douloureuse qui s'ensuit.
Nous pourrions, à juste titre l'observer un peu comme la notion de résilience évoquée avec Beethoven.
S'il gagne, l'artiste sera « guéri », reconquis et l'art s'imposera à l'évidence comme une quête victorieuse et constructive. Pour ce faire, l'artiste doit accepter et trouver le courage (car il en faut !) de se regarder. Il pourra à ce moment accéder au processus sublimatoire et en regagnant l'amour pour soi, il gagnera du même coup l'amour

---

29 - *Arrau parle, conversations avec Joseph Horowitz,* NRF Gallimard., annexe à l'ouvrage : *Regard d'un interprète sur la psychanalyse.* Initialement, cette section avait déjà été publiée dans *High Fidelity* en 1967.

des autres. On parlera bien alors de la reconnaissance d'un héros !
Tous les paramètres évoqués par Claudio Arrau sont justes et fondés et relèvent bien de la problématique globale du musicien mais nous devons admettre que si, à la lumière des explications fournies dans cet ouvrage, tout peut nous sembler plutôt aller de soi, il n'en va pas de même pour celui qui lirait naïvement le texte de cet artiste et pourrait juger le mental du musicien infiniment complexe et particulièrement contradictoire.
Pourtant aucune complexité particulière ne semble exister chez l'artiste, du moins pas plus qu'elle n'existe chez l'être humain de façon générale. Quant à la contradiction, il semble qu'elle est une tendance plutôt inhérente à l'Homme. La seule différence est que l'artiste met au grand jour ce que d'autres peuvent cacher ou ne jamais voir. Et une des constantes psychologiques de l'exposition est justement l'amplification de ces tendances naturelles contradictoires. C'est ainsi qu'en s'exposant et en exposant de surcroît, sensibilité et contradictions, il se rend vulnérable et peut, par ce fait, devenir fragile et finir par se complaire de trop dans la souffrance sans même s'en rendre compte, pensant alors que la souffrance doit toujours être de rigueur dans les processus artistiques.
Comme il a été dit précédemment, la petite dose de conflits et de mauvaises expériences inhérentes à la vie suffisent amplement à mettre en place le processus de sublimation nécessaire au principe créatif, nul besoin alors de s'ajouter souffrances inutiles !

En revanche, l'artiste peut souffrir de par sa condition d'artiste dans le sens qu'elle génère une forme importante de stress et de vulnérabilité et c'est la raison pour laquelle un soutien et un travail sur soi demeurent indispensables à son épanouissement.

Claudio Arrau qui, lui-même, a pratiqué longtemps la cure psychanalytique, disait avec grande justesse à propos de la psychanalyse (et ce que nous pourrions du reste appliquer à toutes les formes de thérapies) :

« Amis et élèves me demandent souvent si la psychanalyse n'est pas un danger pour l'artiste, s'il n'est pas important que l'artiste continue à endurer conflits et névroses, et souffre ? Oui absolument.

Mais ni la psychanalyse, ni l'auto-analyse, ni les thérapies de groupe ne nous dispensent de nos conflits et de nos souffrances.
Elles font trouver un « modus vivendi » avec le conflit et la souffrance et c'est cela qui importe : vivre avec eux, vivre d'eux. Pour l'artiste tensions et inhibitions, une fois comprises et vaincues et sublimées, sont quelque chose d'important qu'il ne faut pas éliminer, car c'est cela même qui procure au processus créateur son intensité. Ce que peut la psychanalyse, c'est venir à bout des handicaps de la peur - peur d'être unique, peur aussi de ne pas être unique. Car la vérité est que tout artiste - si dans une mesure même petite il est vraiment artiste - est unique. »
(*Regards d'un interprète sur la psychanalyse,* High Fidelity, 1967 et Gallimard, p. 299, 1982)

CONCLUSIONS

Lors de mon tout premier cours universitaire en qualité d'étudiante en section de psychologie, le professeur a introduit son intervention en annonçant d'emblée : « *La psychologie fait partie du grand savoir inutile.* »

J'avoue qu'à l'époque, j'avais bien mal accueilli ses propos et je ne pouvais m'empêcher de me dire que tout d'abord, si c'était le cas, j'avais bien mieux à faire que d'apprendre des « choses inutiles ». Puis, je me demandais ensuite, quel genre de professeur j'avais là pour se permettre de tenir de telles affirmations au sujet de la discipline qu'il enseignait !

Je n'ai toutefois jamais osé le lui dire. Pourtant, j'ai conservé assez longtemps une certaine rancœur envers lui, ce cher Monsieur Sanchez, professeur de mathématiques, statistiques et histoire de la psychologie, qui à vrai dire avait raison ! Et je pense qu'il est grand temps aujourd'hui de lui présenter mes excuses...Pourquoi avait-il raison, pourra-t-on alors me rétorquer ?...Tout en pensant qu'il serait préférable de me diriger vers une autre orientation que celle qui consistait à étudier des connaissances superflues, je continuais pourtant, année après année, dans cette voie du « *grand savoir inutile* » !

Avec le recul, je pense qu'il s'agissait bien là de la fameuse pulsion qui guidait ce choix de poursuivre, me donnant l'énergie, désir implicite mais présent, de persévérer dans cette voie. Discipline, je dois dire qui, en conséquence, m'attirait intuitivement mais dont le petit discours intérieur (raisonné et conscient) correspondait simplement à une ritournelle stimulante qui ressemblait plus ou moins à cela : « *Je vais tout comprendre et démontrer ainsi que la psychologie ce n'est pas inutile !* »

Et, pourtant, les années passant, je ne parviens à faire autrement que de partager l'avis de ce professeur et je vais alors formuler la constatation suivante : Si je suis convaincue aujourd'hui que je suis évidemment très loin de tout comprendre et que je ne comprendrai, par ailleurs, jamais tout, je sais en revanche que la psychologie et toutes les sciences humaines sont bien aussi ce « *savoir inutile* », en ce sens que nous pouvons vivre sans.

Il en va de même pour la musique :

L'homme n'a pas besoin de jouer de la musique pour vivre, de la même façon qu'il n'a pas besoin de comprendre les comportements humains pour vivre. Il vivra de toute façon sans comprendre ou sans faire de musique.

Le musicien, quant à lui, peut faire de la musique sans en comprendre les raisons mais pourtant l'engouement que ce projet de recherche a connu auprès des artistes montre que ceux-ci veulent ou ressentent la nécessité de comprendre. Et je pense que le fil conducteur de cet ouvrage réside bien dans l'idée sous-jacente de saisir la pertinence ainsi que la valeur profonde de cet aspect impérieux inhérent à la musique alors que justement rien de vital ne justifie cette activité.

En effet, le besoin vital, nous le savons, concerne tous les êtres humains, comme le besoin par exemple de respirer, de boire ou de manger. Or la musique, comme les sciences humaines, voire même les sciences neurologiques, médicales ou scientifiques correspondent à un besoin (au sens d'aspiration pulsionnelle) seulement présents chez certains. Un besoin, du reste, qui serait en fait plutôt lié au désir de comprendre l'homme et la vie ou plus exactement au désir de se comprendre. Et nous ne devons pas nous mentir à nous-mêmes. Une personne qui étudie la psychologie par exemple n'est jamais un acte anodin, si elle veut comprendre l'homme, c'est qu'elle veut avant tout se comprendre. Il en va de même pour le musicien. S'il décide de faire de la musique son métier, l'art, un mode de vie, ce n'est pas non plus anodin. Le musicien répond, nous l'avons vu, à un manque et à son désir de le combler. Seulement, c'est au sein des conduites artistiques qu'il a choisi plutôt intuitivement de répondre à ce désir intérieur de comprendre, de se comprendre.

La part de l'intuition liée, de toute évidence, à un processus neuropsychologique implique l'être tout entier et c'est en ce sens que nous pouvons dire que le musicien choisit la voie qui saura répondre au souci permanent de trouver en soi l'équilibre physique, mental, voire physiologique.

S'exprimer musicalement dans le but implicite de communiquer avec autrui est un bien rare et précieux. Il correspond à une volonté profonde d'équilibre et de compréhension en soi, pour soi et pour *l'Autre* aussi, ne l'oublions pas.

L'expérience musicale s'enracine alors profondément dans chacune de nos cellules, dans nos neurones et leurs synapses, s'enracine dans le plus infime processus biologique et neural. Mais elle s'enracine aussi parfois dans les défaillances même de l'organisme. Plus intimement encore, l'expérience musicale demeure la succession de tous les instants sonores vécus par l'individu. Et, depuis la maturité auditive de la vie intra-utérine, depuis les premières berceuses fredonnées par la voix maternelle, en passant par les tensions névrotiques qui nous pétrissent tous, nous et l'entourage dont nous sommes issus, nous parvenons ainsi jusqu'au cœur, de ce que nous ne saurons peut-être aussi jamais complètement formuler, l'ineffable, l'émotion bouleversante qui nous transporte.

Cette émotion, celle-là même qui est partage du rêve entre l'artiste et l'auditeur, entre l'interprète et le compositeur, cette émotion que les structures cérébrales utilisent pour aider la mémoire à restituer l'information, cette émotion qui permettra l'empathie nécessaire à l'échange musical, reste la trame expressive et l'essence de l'expérience musicale. Et de la même manière que l'intuition et la raison sont bien davantage que des concepts, l'émotion, elle aussi, participe aux mécanismes dont les origines sont biologiques et neurales.

L'enracinement de l'expérience musicale dans ses fondements biologiques nous laisse comprendre qu'elle touche profondément l'être.

Et de la même façon que la perception informative émotionnelle et la perception informative cognitive soulèvent des processus cérébraux distincts mais complémentaires dans le sens où ils s'associent dans la restitution informationnelle, l'identité et le son restent distincts mais se rejoignent quant à la structuration de l'être, quant à sa finitude, à son accomplissement, à son expression et à son épanouissement.

C'est aussi par l'esprit créatif que cette affirmation de soi s'accomplira véritablement car la création reste cet espace transitionnel qui nous plonge dans nos affects, nous renvoyant à notre problématique latente, lointaine et proche à la fois et qui nous emmène bien souvent aux faits premiers de l'être. L'expérience musicale qui demeure liée à l'apprentissage sensorimoteur produira alors dans l'acte créatif, une forme de symbolisation sensori-affectivo-motrice soutenue par une communion de l'imaginaire, du cognitif, de l'intuitif et de l'émotionnel. La pulsion, quant à elle, reflète l'incitation, le désir. Elle est ce moteur, cette énergie, cette flamme qui guide et motive l'être qui tendra à se réaliser par un processus sublimatoire. Cette sublimation en s'alliant à la passion produira alors la mystérieuse inspiration.

***

Nous avons pu remarquer à maintes reprises dans cet ouvrage que le paysage intérieur du musicien combine avec art et souplesse de multiples facettes et j'espère que l'idée de synthétiser plusieurs directions dans le monde des sciences humaines permettra une orientation possible de compréhension de la personnalité globale du musicien.

Il va de soi que les directions évoquées n'ont pas pris en compte tous les différents champs d'études de façon exhaustive mais l'esprit de synthèse étant de restituer certains éléments susceptibles de compréhension, a bien souvent été parallèlement l'objet d'une illustration nécessaire dont l'objectif premier relevait du souci de clarté et de simplicité.

Le mélange des disciplines (psychopathologie, psychanalyse, neuropsychologie ou encore psychologie cognitive) reste une expérience qui est née de la synthèse que j'ai pu faire suite à l'enquête préalable auprès des musiciens. J'ai compris que je ne pouvais me limiter à une seule théorie ou à une seule discipline mais qu'au contraire j'avais besoin de laisser guider ma réflexion les concernant dans toutes les directions potentiellement capables d'éclairer judicieusement leur expérience et d'illustrer avec clairvoyance leur travail introspectif nécessaire pour les réponses à mes questions.

Cette recherche préalable a rendu possible le fait de me questionner d'une part, sur leur expérience musicale sous l'angle de l'apprentissage, de la perception et des stratégies fines, et d'autre part, de m'interroger sur leur monde intérieur et la personnalité expressive qui le reflète, ce fameux paysage qui regroupe à lui seul toutes les disciplines de la psychologie et des sciences humaines dans la mesure où métaphoriquement, les couleurs et les formes qu'il peut prendre au fil du temps et de l'expérience demeurent le reflet de la vie affective et donc de l'être tout entier. C'est la raison pour laquelle, cette recherche ne pouvait être autre qu'une synthèse courte certes mais qui je le souhaite, permettra au lecteur une ouverture sur l'insaisissable et passionnant monde intérieur de l'artiste.

L'objectif second réside très certainement dans l'idée de lever le voile sur la notion de musicien-concept tel qu'il paraît bien souvent dans les écrits sur la perception musicale. J'ai essayé dans cette recherche de le percevoir au contraire comme un être humain avec ses conflits, ses pulsions névrotiques, ses désirs, ses peurs et ses passions. Cet être humain qui, en permettant la rencontre de toutes ses multiples facettes, formant je le rappelle, originalité et unicité de l'être, a trouvé un moyen inédit de s'affirmer en soi et dans la vie.

Son paysage intérieur, quant à lui, s'exprimera toujours, cela va de soi, par une conduite affective individuelle, même s'il reste soumis au poids des facteurs socioculturels et familiaux. Mais globalement, le paysage intérieur du musicien reste aussi du domaine du rêve, du jeu, de l'image et de la sensibilité. A cela, nous pouvons y ajouter peut-être l'idée qu'il baigne dans une certaine nostalgie de l'enfance avec les objets et les affects perdus.

Et le son, en écho, apporte cette infinie consolation, qui palier par palier, s'organise, en permettant une réappropriation subjective et métaphorique des affects, et en éveillant une nouvelle fois ce sentiment émouvant, à la fois intense et subtil, d'exister à chaque nouvelle expérience.

ANNEXES

A – NOTES SUR LE GUIDE D'ENTRETIENS MENE AUPRES DES MUSICIENS*

Les entretiens menés auprès des artistes étaient semi-guidés et comportaient quatre grandes parties :

I - Expression libre sur leur expérience

II - Questions générales (développement du cursus, parcours individuel, spécificités des choix, motivations, méthode de travail….)

III - Questions ciblées (rapport à la musique, rapport à l'instrument, rapport à la scène, au public, rapport au temps, rapport à l'enseignement musical, constat social et culturel…)
L'idée était de clore cette partie en leur demandant leur avis sur la participation des émotions, de l'intuition, l'importance des connaissances et de l'apprentissage. La plupart des musiciens ont amené naturellement ces considérations plus tôt dans l'entretien et je

* Concernant l'entretien mené auprès des élèves ou étudiants, il s'agissait surtout de questions générales venant compléter pour la plupart les réponses aux questionnaires (cursus, latéralisation, motivation, choix instrumental, méthode de travail, attentes personnelles au regard de la pratique musicale…). A l'exception des petits (six à dix ans) pour qui l'entretien fut individuel, les « grands élèves » (collèges, lycées, étudiants en supérieur), ont répondu (ou posé) des questions au sein même des amphis ou des salles de cours. Il est à noter toutefois que certains étudiants ont manifesté le désir de mener un entretien individuel. J'ai toujours respecté leur volonté personnelle dans la mesure du possible. De façon générale, les entretiens restent toutefois principalement collectifs pour les élèves et cette caractéristique doit être prise en compte dans la lecture de cette recherche.

n'ai donc pas eu besoin de poser de questions à ce sujet.
En revanche, je n'ai pas hésité à approfondir en demandant des précisions dans un domaine qui méritait d'être « creusé » car il est arrivé que les musiciens n'osent pas développer. En les encourageant, en général, ils approfondissaient ensuite très facilement et avec enthousiasme.

IV - Expression libre et questions diverses : Ajouter à l'entretien ce qui semblait important au regard de leur expérience. Ou encore me poser toutes questions jugées pertinentes.

Cette dernière partie était l'occasion de libérer parallèlement leur pensée à l'égard des conduites musicales mais à l'égard du rapport à soi également. Elle a de surcroît permis d'affiner le profil d'une personnalité artistique dans ses aspects généraux.

Dans la première partie de l'entretien (partie I), j'ai laissé libre cours à la réflexion propre à l'expérience musicale et j'ai donc demandé à chacun d'entre eux de bien vouloir s'exprimer au sujet de leur expérience, de dire par exemple, ce qu'il était capital d'évoquer en premier lieu. Il est à noter que chez certains musiciens, cette liberté d'expression a pu les déranger et ils ont eu besoin d'être dirigés par une question précise. La plupart d'entre eux ont néanmoins commencé par l'origine de leur expérience, leur cursus ou encore leur motivation de base. Globalement, les musiciens ont été plutôt « bavards » et ce, pour mon plus grand bonheur ! Ils ont su mener cet entretien avec souci de précision et d'authenticité. Ils ont parallèlement manifesté pour la plupart d'entre eux un intérêt certain envers les recherches menées en perception musicale et tout ce qui pouvait concerner les questions d'ordre psychologique au regard de l'artiste, de la création et même de l'être humain de façon générale.
A quelques reprises, j'ai du recadrer l'entretien car le fait de parler d'un sujet qui passionne a pu parfois égarer certains d'entre eux qui éprouvaient ensuite des difficultés à rejoindre le cheminement de leur pensée… Mais je dois dire que ce cas de figure n'a pas été très fréquent.
J'ai volontairement posé des questions très générales et très peu directives de façon à respecter leur mode de pensées et leurs propres

associations d'idées, de telle manière que leur problématique (préoccupations, émotions, affects...) s'exprime plus naturellement. Pour exemple, je n'ai jamais mentionné l'idée du stress avant qu'eux-mêmes ne l'exprime et j'ai par ce fait pu saisir des informations pertinentes.
Très rarement ces aspects n'ont pas été évoqués spontanément. Néanmoins, quand ils étaient absents de leurs propos, je n'ai pas hésité à amener moi-même ces concepts avant la fin de l'entretien.

Il est à noter qu'aucune question d'ordre personnel n'a été posée. J'ai laissé libre l'artiste de s'exprimer à ce sujet que s'il le souhaitait et de la façon dont il le souhaitait. Je n'ai donc à aucun moment fait allusion à cet aspect là. Pourtant, rares sont ceux qui n'ont pas fait référence à leur vie personnelle ou à des épisodes précis de leur histoire.

La plupart du temps, un lien quasi-naturel se produit entre leur histoire et leur expérience musicale, leur vie affective et l'histoire d'amour qu'ils peuvent vivre avec la musique.

Enfin, la durée a été variable. Généralement longue (entre une et cinq heures), l'entretien a, par ce fait, été souvent mené en plusieurs séances.
Je n'ai volontairement pas respecté de limitation de temps car il me semblait plus important de réunir toutes les informations nécessaires. Sachant que chaque être humain fonctionne différemment, j'ai donc laissé les artistes aller à leur propre rythme.

***

Lors du dépouillement des entretiens, j'ai mené une réflexion personnelle pour chacun d'entre eux afin de ne pas risquer de perdre des éléments précieux. Je suis ensuite parvenue à isoler un profil général : Ce profil puise sa source dans la réflexion issue des questionnaires et entretiens auxquels s'ajoutent et se mêlent les diverses connaissances en matière de psychologie.

Les questionnaires et entretiens constituant la trame à la réflexion et au cadre de cette recherche, il est de ce fait pertinent de les considérer comme le *corps* de cet ouvrage.

B - GLOSSAIRE

1 - Théories de Jean Piaget (1896-1980), et d'Henri Wallon (1879-1962) concernant les différents stades de l'enfance.

Ce qui intéresse J. Piaget est l'aspect interne des associations cognitives et la construction des diverses formes internes d'activités cérébrales. Selon lui, l'intelligence humaine est un système d'opérations vivantes qui s'adaptent au milieu biologique. Pour qu'il y ait apprentissage, on doit rétablir l'équilibre entre le milieu et l'organisme et c'est l'action qui établit cet équilibre. Piaget parle d'échanges constants entre le sujet et l'environnement. Pour Piaget, la définition de « connaître » est la suivante : Construire une forme d'activités nouvelles, assimiler une structure d'action, un « schème » selon son expression. Il a développé quatre stades de maturation de l'intelligence chez l'enfant (allant de 0 à l'adolescence) : sensori-moteur, préopératoire, intelligence concrète, intelligence abstraite. En étudiant le développement « intelligent » de l'enfant dans les différents stades de l'évolution, la théorie piagétienne semble avoir omis le concept de régression propre à l'enfant (nous entendons par ce terme, la capacité à régresser dans un stade ultérieur. Ce comportement est également propre à l'adulte).

Concernant l'enfant, H. Wallon, psychologue, a, quant à lui, intégré ce concept dans sa théorie développant les six différents stades de maturation de l'enfance (allant de 0 à l'adolescence) et qui sont les suivants : stade impulsif (0 à 3 mois), stade émotionnel (de 3 mois à 1 an), stade sensori-moteur et projectif (1 à 3 ans), stade du personnalisme (3 à 6 ans), stade catégoriel (de 6 à 11 ans) et stade de l'adolescence (après 11 ans).

Les théories de J. Piaget et d'H. Wallon ont exercé une grande influence dans les recherches et études en sciences de l'éducation.

2 - Le concept « d' images » selon Antonio Damasio

L'image, c'est en quelque sorte une copie de l'original. Nous n'obtenons pas une copie exacte mais une représentation, une version reconstruite. Damasio précise à ce sujet qu'au fur et à mesure que nous prenons de l'âge et de l'expérience, les versions que nous pouvons élaborer d'une même chose évoluent.
A partir de ce point de vue, il est intéressant de formuler l'hypothèse que les représentations mentales (sortes d'images implicites ou explicites restituées par la mémoire) issues de l'apprentissage musical seraient, elles aussi, des représentations potentielles d'acquis cognitifs et émotionnels. Or, la donnée informative ne serait pas tout à fait fidèle à l'original mais au contraire, évoluerait comme un souvenir avec l'âge, le moment et l'expérience puisque, de toute évidence, il n'existe pas dans le cerveau de fac-similés rigides mais des représentations inscrites dans un programme d'activation à l'état latent et susceptible d'être activé à tout moment.

3 - L'erreur de Descartes selon Damasio : Volontaire ou involontaire ?

On peut se demander si la déclaration, « *Je pense donc je suis* », n'aurait pas été une habile façon de se concilier les autorités religieuses dont Descartes connaissait pertinemment les capacités de pression. Damasio note à ce sujet que Descartes avait choisi de faire écrire sur sa tombe : *« Bene qui latuit, bene vixit »*, phrase tirée des « *Tristes* » d'Ovide (3, 4,25), et signifiant :
« *Qui s'est bien caché, a bien vécu* ».
Comme le suggère Damasio, peut-être est-ce là un désaveu…
Admettons toutefois que Descartes en annonçant la supériorité de la conscience semble bien convaincant et convaincu. A ce propos, il disait :
« *Je connus là que j'étais une substance dont toute l'essence ou la nature n'est que de penser, et qui, pour être n'a besoin d'aucun lieu ni ne dépend d'aucune chose matérielle, en sorte que moi, c'est-à-dire l'âme pour laquelle je suis ce que je suis, est entièrement distincte du corps, et même qu'elle est plus aisée à connaître que lui, et encore qu'il ne fut point, elle ne laisserait pas d'être tout ce*

qu'elle est. » (Discours de la méthode). Nous pouvons ajouter toutefois que Descartes cherchait un fondement logique pour sa philosophie, en affirmant : « *Je pense donc je suis* », aucun sceptique ne pouvait plus l'ébranler.
Au sujet de ses écrits sur la musique cette fois nous pouvons également remarquer la choses suivante : Au moment où il rédige son traité (en 1616), il était clair que pour lui le but de la musique : « *est de plaire et d'exciter en nous diverses passions, car il est certain qu'on peut composer des airs, qui seront tout ensemble tristes et agréables : Et il ne faut pas trouver étrange que la musique soit capable de si différents effets, puisque les élégies même, et les tragédies nous plaisent d'autant plus, que plus elles excitent en nous de la compassion et de douleur et qu'elles nous touchent d'avantage.* »
La remarque est la suivante : Quand il écrit les mots « *effets, passion, excitent en nous la compassion et la douleur …* » Comment, en toute objectivité, est-il possible que ces termes ne lui aient pas suggéré l'idée qu'une émotion positive ou négative avait aussi un impact agréable ou désagréable sur le corps et qu'elle ne pouvait donc être que l'action combinée du corps et du mental ?

S. Jama, dans son ouvrage, « *Une nuit de songes de René Descartes* » évoque l'idée que Descartes doutait de tout y compris de sa philosophie, elle affirme dans sa conclusion : « *Descartes douta méthodiquement de tout au cours de son existence, excepté de ses songes de Novembre* » …

4 - Précisions relatives à la répartition du recueil d'informations des questionnaires et entretiens.

Par esprit de curiosité et en parallèle aux entretiens, j'ai demandé à certains musiciens (quinze) de m'apporter des éléments de réponses par rapport aux schémas classiques propres aux cognitivistes et concernant l'apprentissage musical. Tous les musiciens interrogés à ce sujet ont manifesté certaines difficultés à saisir l'idée de ce schéma. Globalement, soit ils ne le considèrent pas en rapport à leur processus d'apprentissage et de travail, soit ils considèrent qu'ils manquent des éléments et qu'il est donc incomplet.

Ce retour précis concernant les schémas d'apprentissage musicaux feront l'objet pour ma part d'une étude parallèle en collaboration avec l'Université *La Sapienza*, département de psychologie.

Ce que je peux noter pour l'instant, c'est qu'il existe néanmoins des « stratégies de travail » dans l'étude de la partition et du jeu instrumental qui suivent de grandes lignes communes. Toutefois, ces stratégies de travail ne sont pas les seules stratégies à l'action dans l'apprentissage. Interviennent parallèlement de multiples autres considérations (explicites mais aussi implicites) qui entrent en considération et ne permettent donc pas l'usage d'un schéma généralisé pour toutes les situations à priori similaires. Elles permettent en revanche d'effectuer une recherche intéressante qui tentera de tenir compte de ses données rapportées par les interprètes eux-mêmes.

Les questionnaires feront également l'objet d'une étude complémentaire et seront publiés.

Globalement ils concernent des questions précises (questionnaires de types différents : enfants, collégiens et lycéens, étudiants et professionnels répartis en trois groupes : musiciens, compositeurs, chefs d'orchestre).

Les questions relèvent principalement de critères individuels (sexe, latéralisation générale et fine…), de leur cursus (instrument, niveau..), de leur méthode de travail, de leur expérience personnelle et de l'aspect créatif propre à la musique.

5 - Notes sur le théorie d'Edith Lecourt

Sa grande idée est globalement de développer le rapport unissant l'homme au sonore en démontrant l'intérêt structurant du son dans le psychisme humain. En reprenant les travaux d'Anzieu ou de Winnicott, sur le son comme espace psychique, elle parle alors de cette fameuse identité sonore, fondement psychique premier de l'être humain. À partir de l'analyse des mythes, mais aussi à partir de cas cliniques et de son expérience de musicothérapeute, elle montre que la musique participe à l'organisation psychique de l'individu, mais aussi du groupe et des sociétés. Selon elle, l'univers sonore, trace et support de l'« *être avec* », permet alors, notamment, de s'accorder à l'autre et à soi-même. Il est évident que je reconnais pleinement

l'intérêt et l'originalité indéniable de sa théorie qui a permis, du reste, le développement et la diffusion de la musicothérapie.
Toutefois, je trouve dommage que ses recherches soient parfois difficiles d'accès pour les non-spécialistes en sciences humaines et je pense que le fait de rendre ses travaux davantage accessibles auprès des musiciens (non connaisseurs en psychanalyse ou en psychologie) aurait été une très belle idée ! Malheureusement, à l'heure actuelle, la plupart des travaux menés en ce domaine restent très souvent « *indigestes* » pour un public non formé (comme cela est également le cas dans les recherches en psychologie cognitive et en neuropsychologie).

6 - Rôle et fonction de la noradrenaline

Si l'adrénaline répond à un besoin d'énergie, par exemple pour faire face au danger, la noradrénaline (ou norépinéphrine), quant à elle, est un composé organique (neuromédiateur) qui joue le rôle d'hormone adrénergique et de neurotransmetteur. C'est une catécholamine comme la dopamine ou l'adrénaline. Elle est principalement libérée par les fibres nerveuses du système nerveux orthosympathique et agit au niveau des organes effecteurs. La noradrénaline est un neurotransmetteur important pour l'attention, les émotions, le sommeil, le rêve et l'apprentissage. La noradrénaline est aussi libérée comme une hormone dans le sang où elle contracte les vaisseaux sanguins et augmente la fréquence cardiaque. Elle joue aussi un rôle dans les troubles de l'humeur. Dans le système nerveux périphérique, elle joue le rôle d'analeptique circulatoire (stimulant des fonctions assurant la circulation sanguine). Au niveau du système nerveux central, elle a un effet globalement stimulant. Elle est impliquée dans les phénomènes de dépendances via le système de récompense. Les neurones noradrénergiques envoient des prolongements jusqu'au cortex, l'hippocampe, le thalamus et le mésencéphale. La libération de noradrénaline tend à accroître le niveau d'activité de l'encéphale et les voies noradrénergiques participeraient tout particulièrement aux contrôles des fonctions comme l'attention et l'éveil. Si, un peu de noradrénaline favorise une activité intellectuelle plus rapide, plus efficace, l'excès de noradrénaline (trac, stress négatif) engendre de la confusion : Les idées se bousculent sans ordre. Ce phénomène, associé à la baisse de concentration, explique le nombre d'erreurs que peuvent faire certaines personnes stressées.

7 - La technique Alexander

Frédéric Matthias Alexander né en 1869, connut des problèmes liés à la voix et dont les spécialistes ainsi que les médecins n'ont pas pu soigner. Alexander décida de chercher lui-même, la cause de ses troubles et mis au point une technique éditée en 1932 sous le nom de *The Use of the Self.* De nos jours, c'est Pedro De Alcantara, musicien et professeur, qui vulgarise cette pratique dans un livre nommé, *Technique Alexander pour les musiciens.* (*cf.* référence bibliographie) ainsi que dans l'enseignement de cette pratique auprès des musiciens.
Globalement, Alexander considère l'individu comme un tout : Il ne parle pas du corps mais du « soi », pas de posture mais « d'usage ». Le but de la Technique Alexander n'est pas d'apprendre à l'élève à faire ce qui est correct mais de l'aider à cesser de faire ce qui est incorrect. Le musicien apprend « un meilleur usage de soi ».

8 - Sophrologie caycedienne et sophrologie analytique

La sophrologie caycedienne ne reconnaît pas la notion d'inconscient, elle introduit plutôt la notion d'accompagnement dont le travail consiste à gérer le stress par des méthodes de relaxation et de visualisation qui amènent le sujet à s'éprouver et donc à mieux se gérer, mieux se connaître, mieux se ressentir et donc mieux se comprendre. La gestion du stress, le travail sur le trac sont pleinement en accord avec les méthodes de sophrologie. Le musicien pourra en revanche approfondir un travail personnel avec la sophrologie analytique qui mène de front deux techniques parallèles, l'une verbale (discussion sur la problématique du sujet), l'autre phénoménologique (travail pratique en sophrologie). La sophrologie analytique se sert également de toute la matière onirique spécifique du sujet.

9 - Neurobiologie de l'enracinement de la conscience de soi d'après Antonio Damasio

Damasio explique dans cet ouvrage : « *L'enracinement de la conscience dans le sentir nous permet d'expliquer le sentiment de soi, (...) la façon dont le propriétaire du film complètement cérébral apparaît dans sa propre production. Certains neurobiologistes, cognitivistes et philosophes proposent des modèles chargés d'éclaircir cette question. La proposition de Gérard Edelmann est la tentative la plus exhaustive d'utilisation des connaissances actuelles sur la conscience Pour comprendre le processus par lequel le film cérébral est engendré, il mobilise un cadre d'explication biologique tout à fait séduisant. Il va encore plus loin dans ses travaux récents et spécifie les conditions physiologiques nécessaires à la formation de scènes intégrées au sein de la conscience. Parmi les autres travaux intéressants sur cette question, citons l'hypothèse d'un espace de travail global de Bernard Baars et le modèle des versions multiples proposé par Daniel Dennett. Placer l'origine de la conscience dans le sentiment nous conduit à nous interroger sur la nature intime du sentir. De quoi les sentiments sont-ils faits ? Jusqu'ou pouvons-nous les explorer ? Il n'est pas possible à l'heure actuelle de répondre pleinement à toutes ces questions qui délimitent la portée de notre connaissance scientifique.* » (2000, p.310).

Damasio met en évidence aussi que la notion d'homéostasie est capitale dans la compréhension de la biologie de la conscience. Les émotions, partie intégrante de cette homéostasie, contribuent pour une large part au maintien des états internes. (Hypothèse des marqueurs somatiques). D'autres chercheurs travaillent aussi sur le rôle prépondérant des émotions comme les théories de Gérald Edelman.

Pourtant, « le sentiment » en neurobiologie reste encore un domaine en cours d'exploration car de multiples questions demeurent aujourd'hui encore sans réponses.

10 - Le rêve , Freud et la psychanalyse

Freud n'est pas le seul à étudier le rêve et à travailler sur cette matière dans l'analyse menée auprès de ses patients. Jung ou Lacan ont travaillé aussi sur le rêve mais les concepts et l'objectif diffèrent quelque peu. Globalement pour Freud, le rêve, de la façon dont le raconte le rêveur, est appelé le contenu manifeste. Il accomplit un désir refoulé. L'interprétation a pour but de déceler son contenu latent. Les désirs refoulés restent le refoulement de désirs sexuels au cours de la petite enfance. Alors que pour Jung, par exemple, le rêve peut manifester des troubles psychiques profonds, mais il est aussi un phénomène naturel et utile. En reliant le moi conscient à l'inconscient grâce au rêve, l'analyse jungienne possède une véritable fonction thérapeutique, elle s'efforce de diminuer la dissociation psychique du patient. Quant à Lacan, il démontre la similitude qu'il y a entre la condensation du rêve et la métonymie, ainsi qu'entre le déplacement (toujours dans le rêve) et la métaphore. Il emploie alors les termes linguistiques de signifiant et de signifié, pour expliquer ce qui se passe dans le processus du rêve entre le contenu manifeste et le matériel latent. La théorie lacanienne, relativement complexe, ne sera pas développée davantage, sachant toutefois qu'elle manifeste un intérêt certain dans l'explication du rêve dans le paysage psychanalytique.

11 - Notion de mécanisme de défenses en psychanalyse

Une défense est fondamentalement pour la psychanalyse un acte par lequel un sujet confronté à une représentation insupportable la refoule, faute de se sentir les moyens de la lier, par un travail de pensée aux autres pensées. Si à l'origine, l'étude des mécanismes de défense a permis une meilleure compréhension du fonctionnement psychique aussi bien normal que pathologique, ces mécanismes de défense trouvent maintenant de nouvelles applications dans la pratique clinique. Ils constituent des marqueurs du fonctionnement psychique du patient au cours d'une psychothérapie, ils sont également des indices diagnostiques. Dans ce sens, savoir les repérer peut s'avérer très important pour un soignant et très utile pour le patient ! En somme, les mécanismes de défense permettent au moi de se défendre. Le moi se défend des pulsions inconscientes et des affects liés à ces pulsions. Une pulsion est un processus dynamique consistant en une poussée (charge énergétique) qui fait tendre l'organisme vers un but. Ce but est de supprimer l'état de tension qui règne à la source de la pulsion ; c'est dans l'objet ou grâce à lui que la pulsion peut atteindre son but.

La défense agit nécessairement sur des affects déplaisants car sinon on ne s'en défendrait pas. Elle porte enfin de façon générale sur la pulsion et électivement sur des représentations auxquelles la pulsion est liée (souvenirs, fantasmes), ainsi que sur des situations capables de déclencher des pulsions déplaisantes pour le moi ou sur des affects déplaisants.

12 - Création artistique et rapport au corps d'après les fonctions développées par D. Anzieu et d'après une recherche de A. Jacques et d'A. Lebfevre.

Nous retrouverions dans le processus artistique au sein des huit fonctions décrites par Anzieu et dans cet espace transitionnel inédit, tout le vécu intérieur inconscient décrit par les psychanalystes comme l'importance de la stimulation maternelle et de cette relation première, l'importance de la loi du père, la phase dépressive, la phase égocentrique, l'investissement libidinal, la sublimation, l'affirmation du sentiment d'être....L'originalité de cette recherche se fonde sur le fait qu'elle est aussi l'illustration d'une enquête menée auprès de sept artistes peintres consistant à mettre en évidence le rapport qu'ils entretenaient avec leurs œuvres et la création et d'analyser ces rapports. Les auteurs mentionnent avec justesse que : « *La créativité s'enracine dans cette relation première ainsi que dans les aspects primordiaux et émergeants du fonctionnement corporel et psychique de l'individu. Ces aspects et éléments premiers ne s'effacent point et demeurent visibles dans les processus de création de l'individu artiste alors adulte.* » (2005, p.201)

13 - Notion « du Moi-peau » de Didier Anzieu

Le composant principal du corps est la peau, parce que la connaissance du corps se développe à partir de la perception de ses frontières. Le Moi s'étaie en permanence sur la peau et sur l'ensemble des expériences corporelles. En effet, la peau est formée à partir des mêmes tissus cellulaires que le cerveau, ce qui fait dire à Anzieu que la pensée est autant une affaire de peau que de cerveau. Ce moi-peau, est ainsi défini par l'auteur à travers huit fonctions :

1-*Fonction de maintenance*, à travers l'intériorisation du « holding maternel ». 2-*Fonction de contenance*, grâce à l'intériorisation du « handling maternel » (soins). 3-*Fonction de pare-exitation*, d'abord exercée par la mère puis intériorisée par l'enfant. 4-***Fonction d'individuation de soi*, sentiment d'être unique.** 5-*Fonction d'hypersensorialité ou consensualité*, toile de fond pour les connections sensorielles. 6-*Fonction de soutien de l'excitation sexuelle.* 7-*Fonction de recharge libidinale du fonctionnement psychique.* 8-*Fonction d'inscription des traces sensorielles tactiles*.

La fonction d'individuation, qui concerne le sentiment de soi déploie aussi cette unicité de l'être, ce qui procure ce sentiment d'être unique. L'affirmation de soi au travers de cette fonction s'exprime donc bien dans l'acte créatif d'autant que nous pouvons aisément faire le lien métaphorique avec la peau de notre corps (et les sensations qui s'en expriment) et le corps de l'œuvre (support blanc du plasticien ou du compositeur, partition associée à l'instrument pour l'interprète). Alexia Jacques et Alex Lefebvre en reprenant les fonctions du *moi peau* dans leur ouvrage, *La création artistique… Un au deçà du désir* (voir référence bibliographie), expliquent le lien judicieux présent entre la création et les concepts psychanalytiques d'Anzieu inhérents à la peau en écrivant :

« Pour que la création devienne Création…pour que le désir devienne Désir…ce premier temps, à fleur de peau devra inévitablement se doubler d'une mise en sens de la sensation ! » (2005, p. 199)

14 - L'harmonie des sphères et les pythagoriciens

L'harmonie des sphères, théorie d'origine pythagoricienne, en est une illustration. Elle est fondée sur l'idée que l'univers est régi par des rapports numériques harmonieux, et que les distances entre les planètes dans la représentation géocentrique de l'univers correspondent à des intervalles musicaux. Les pythagoriciens sont également à l'origine de la célèbre « gamme pythagoricienne ». Pour comprendre le principe de cette gamme, il suffit de se placer devant un piano et de partir du *do* le plus à gauche et d'avancer de quinte en quinte en se déplaçant de sept touches en comptant les touches noires.

15 - Quelques éléments de la théorie de D.W. Winnicott

Donald Woods Winnicott (1896-1971) est pédiatre de formation, psychanalyste et père fondateur de la psychanalyse des enfants en Grande Bretagne. Il a analysé beaucoup d'enfants mais également des psychotiques. Il va s'intéresser aux tous premiers moments de la vie du nourrisson, au moment où il est en dépendance totale par rapport à l'environnement. Ses deux concepts-clés sont le *holding* et le *handling* : Le holding : manière dont l'enfant est porté par la mère, mais également soutenu, maintenu et contenu. Le handling : manière dont il est traité, manipulé physiquement mais aussi psychiquement, manière dont il est pensé dans la tête de sa mère.
L'essentiel de sa théorie réside aussi dans l'idée de l'importance fondamentale du jeu dans la structuration psychique et dans la créativité. Pour ce faire, Winnicott met en évidence d'autres concepts clés, comme la notion d'objet transitionnel, c'est l'objet qui va faire grandir l'enfant car c'est par ce fonctionnement qu'il va sortir de l'illusion primaire. Le jeu occupe un plan privilégié puisqu'il est au centre de ce que Winnicott définit en termes de phénomènes transitionnels. Un autre concept important concerne la notion d'espace de jeu qui est cette aire intermédiaire entre le dedans et le dehors, entre la réalité psychique interne et la réalité matérielle, c'est l'aire de l'illusion créatrice qui permet à l'enfant de passer de l'objet subjectif à l'objet objectif en passant par l'objet transitionnel qui n'est pas une partie de son corps mais il n'est pas étranger non plus comme par exemple, le doudou. Cet objet a non seulement une valeur symbolique mais il va permettre aussi l'accès au symbole en donnant au bébé la possibilité de faire face à la séparation et être capable d'être seul. La capacité d'être seul, c'est prendre du plaisir à

faire quelque chose tout seul. Le jeu chez l'enfant est aussi l'ouverture à sa propre capacité créatrice. Le jeu chez Winnicott est donc fondateur, le rapprochement évident pour le musicien à la notion non seulement de jeu mais également à la relation exclusive à l'instrument doit sensibiliser notre attention à juste titre.

Winnicott disait à propos du jeu :

« *C'est en jouant, et seulement en jouant, que l'individu, enfant ou adulte, est capable d'être créatif et d'utiliser sa personnalité toute entière. C'est seulement en étant créatif que l'individu découvre le soi.* » (1975, p. 68)

BIBLIOGRAPHIE

ANZIEU Didier, *Le corps de l'œuvre,* Paris, Gallimard, 1981

ANZIEU Didier, *Le Moi-peau,* Paris, Dunod, 1995

ARCIER André-François, *Le trac : Le comprendre pour mieux l'apprivoiser,* Editions Alexitère, collection Médecine des arts, Montauban, 1998

BACCINO Thierry, SERVANT Isabelle, *Lire Beethoven, une étude exploratoire des mouvements des yeux,* ESCOM (European Society for the cognitive sciences of Music), *Musicae Scientiae*, volume III, n°1 p. 67-94, 1999

BACHELARD Gaston, *La poétique de l'espace*, Quadrige PUF, Paris, 2001

BARIL Daniel, *Des circuits neurologiques prédisposent à l'empathie,* Magazine FORUM, Université de Montréal, Décembre 2004 / volume 13, n° 15

BEETHOVEN Ludwig V., *Carnets intimes,* Paris, Buchet-Chastel, 1977

BEETLEHEIM Bruno, *La psychanalyse des contes de fées,* Paris, Laffont, 1976

BEGUIN Albert, *L'âme romantique et le rêve,* Paris, Corti, nouvelle édition, 1991

BERTRAND D., CHAMOILLE A-D., VIVIES J-M. et WEILL D., *INSISTANCE n° 1, Art, Psychanalyse, Politique*. Collectif, Paris, Editions Erès 2005

BION WilFred Ruprecht, *Aux sources de l'expérience,* Paris, PUF, 1979

BOUDINET Gilles et GUIRARD Laurent, *Le sens de l'expérience musicale en éducation,* Observatoire Musical Français. Documentaire de recherches de l'O.M.F., série didactique de la musique, n° 16, Paris, Février 2001

BOUTHINION-DUMAS Brigitte, *Mémoire d'empreintes*, collection *Points de Vue*, Cité de la musique, Diffusion SEDIM, Paris, 1993

CASTAREDE Marie-France, *Le miroir sonore*, Lyon, Éditons Cesura, 1989

CELESTE B., DELALANDE F., DUMAURIER E., *L'enfant du sonore au musical*, Paris, INA /GRM, Buchet-Chastel ,1982

CHENE André, *La sophrologie: Tome I - Fondements et méthodologie*, Paris, Éditions Ellébore, 2001

CHENE André, *La sophrologie, Tome II - Champs d'application*, Paris, Éditions Ellébore, 2001

CORTOT Alfred, *La musique française de piano*, Paris, Quadrige/PUF, 1981, nouvelle édition.

CYRULNIK Boris, *Un merveilleux malheur*, Paris, Poches, Odile Jacob, 1999

DAMASIO Antonio, *L'erreur de Descartes*, Paris, Poche, Odile Jacob, 1994

DAMASIO Antonio, *Le sentiment même de soi, corps, émotions, conscience*, Paris, Odile Jacob, 2000

DAVROU Yves, *Comment relaxer vos enfants*, Paris, Retz, 1985

DAVROU Yves, *La sophrologie facile*, Paris, RETZ, nouvelle édition, 2003

DE ALCANTARA Pedro, *Technique Alexander pour les musiciens*, Montauban, Editions Alexitère, 2000

DECLERCK M., DONNARS A., *Les images en sophrologie, du corps propre au fantasme*, Collectif, Paris, L'Harmattan, 2004

DELIEGE U. et SLOBODA J., *Naissance et développement du sens musical*, Paris, PUF, 1995

DEWHURST-MADDOCK Olivéa, *La thérapie par les sons*, Paris, Le Courrier du Livre, 1999

DOLTO F.et NASIO J.D., *L'enfant du miroir*, Paris, PBP, Éditions 2002

DROZ Rémy, *Musique et émotions*, Actualités psychologiques, n° 11, p. 1-25. Institut de psychologie, Université de Lausanne, 2001

DUCOURNEAU Gérard, *Éléments de musicothérapie*, Paris, Dunod, 2002

ELIADE Mircea, *Mythes, rêves et mystères*, Paris, Gallimard, 1957

FREUD Sigmund, *Cinq leçons sur la psychanalyse,* Paris, PBP, 1975
FREUD Sigmund, *Trois essais sur la théorie de la sexualité,* Paris, PUF, 1973
FREUD Sigmund, *L'interprétation des rêves*, Paris, Broché, Nouvelle édition 2001
GRAF Max, *L'atelier intérieur du musicien*, Paris, Broché, Nouvelle édition, 2000
GREEN André, *Le discours vivant,* Paris, PUF, 1973
GRODDECK Georg, *Le livre du ça,* Paris, Gallimard, 1973
HOROWITZ Joseph, *Arrau, parle,* NRF Gallimard, 1985
HURET Sandra, *Du Désir musical,* Article internet / site L'Harmattan, Septembre 2007
HURET Sandra, *Sophrologie et Créativité, les techniques en sophrologie pour l'instrumentist,* Collectif sous la direction de C. Terk-Chalanset et A. Donnars, Paris, l'Harmattan, 2006
JACQUES Alexia, LEFEBVRE Alex, *La création artistique... Un au deçà du désir*, Revue : Cahiers de psychologie clinique, n° *1,* De Boeck Université, 2005
JAMA Sophie, *Anthropologie du rêve,* Collection *Que sais-je*, Paris P.U.F., 1997
JAMA Sophie, *La nuit de songes de René Descartes*, Paris, Aubier, 1998
JANKELEVITCH Vladimir, *La musique et l'ineffable,* Paris, Le Seuil, 1983
JOLIAT François, *La sophrologie des musiciens,* Montauban, Éditions Alexitère, 1999
JOLIAT François et LABORIT Henri, *Pour quoi vous dire,* Paris, L'Harmattan, 2000
JUAN DE MENDOZA J-L., *Deux hémisphères, un cerveau,* Paris, Flammarion 1996
JUNG Karl, Gustav, *L'homme à la découverte de son âme,* Paris, Payot, 1962
KLEIN Mélanie et RIVIERE Joan, *L'Amour et la Haine,* Paris, PBP, 1982
LABORIT Henri, *Biologie et structure,* Paris, Idées Gallimard 1968
LABORIT Henri, *Eloge de la fuite*, Paris, Folio Gallimard, 1985
LABORIT Henri, *La nouvelle grille*, Paris, Folio Gallimard, 1986

LABORIT Henri, *La légende des comportements*, Paris, Flammarion, 2007
LECHEVALIER B., PLATEL H., EUSTACHE F., *Le cerveau musicien*, Collectif, Bruxelles, De Boeck, 2006
LECOURT Edith, *L'expérience musicale, résonances psychanalytiques,* Paris, l'Harmattan, 1994
LECOURT Edith, *Analyse de groupe et musicothérapie - Le groupe et le sonore,* Paris, Éditions ESF, 1999
LECOURT Edith, *Freud et le sonore, le tic-tac du désir*, Paris, L'harmattan, 2000
LEMAIRE Patrick, *Psychologie cognitive,* Bruxelles, De Boeck, 1999.
LESCAT Philippe, *L'enseignement musical en France de 529 à 1972, Paris,* Mnémosis, Éditions Fuzeau,
LIZERE Emmanuelle, *Tigouli : La création à inventer*, article paru dans le magazine CIRCUIT, Faculté de musique-Université de Montréal, p. 57-67, volume 16, n° 2, 2006
MEGGLE Dominique, *Les thérapies brèves,* Presse de la Renaissance, Paris 2002
MIALARET Jean Pierre, *Recherches francophones en sciences de l'éducation musicale,* Observatoire Musical Français. Documentaire de recherches de l'OMF, série didactique de la musique, Université Sorbonne, Paris IV, n° 1, Février 1996
MONSAINGEON Bruno, *Glenn Gould, le dernier puritain, (écrits I),* Paris, Fayard, 1983
MONSAINGEON Bruno, *Contrepoint à la ligne, (écrits II)*, Paris, Fayard, 1985
OLIVIER Aude, *La musique, pourquoi elle rythme nos vies ? , Le Journal du CNRS,* n° 209, Juin 2007
PECOLLO Jean-Yves, *La sophrologie,* Paris, J'ai Lu, 2000
PEREC Georges, *La boutique obscure, 124 rêves,* Paris, Denoël, 1988
PIAGET Jean, *Six études de psychologie,* Paris, Denoël, 1964
PINEAU M. et TILMANN B., *Percevoir la musique : Une activité cognitive,* Paris, L'Harmattan 2001
PISANO Luca, *Funzione sociale del sogno,* Seminario Internazionale, Roma, Editions dell'Ateneo, 2008

PLAS Régine, *Comment la psychologie expérimentale française est-elle devenue cognitive ?*, La Revue pour l'histoire du CNRS, n°10, Paris, Mai 2004
REUCHLIN Maurice, *Histoire de la Psychologie,* Paris PUF, 1986
SCHNEIDER Michel, *Glenn Gould, piano solo*, Paris, Gallimard, 1994
SCHUHL A. et SCHWARTZ L., *La musique est-elle une science ?,* Paris, Editions Le Pommier 2005
SELYE Hans, *Stress sans détresse,* Paris, Broché, 1974
STEINER George, *Réelles présences, les arts du sens*, Paris, Folio Gallimard, 1994
TOMATIS Alfred, *L'oreille et la vie*, Paris, Laffont, 1987
TOMATIS Alfred, *L'oreille et le Langage*, Paris, Editions Du Seuil, 1991
TREFEU Roger, *Entretiens avec Jean-Didier Vincent,* mis en ligne par POLITIS, 2002
VINCENT Jean Didier, *La chair et le diable,* Paris, Odile Jacob, 1996
VINCENT Jean-Didier, *La vie est une fable*, La Quatrième, Poche, Paris, Odile Jacob, 1998
VINCENT Jean-Didier, *Biologie des passions*, Paris, Poche Odile Jacob, 2002
VINCENT Jean Didier, *Désir et Mélancolie*, Paris, Odile Jacob, 2006
WATZLAWICK Paul, *Le langage du changement, éléments de communication thérapeutique,* Paris, Broché, 1980
WINNICOTT Donald Woods, *L'enfant et le monde extérieur,* Paris, PBP, 1982
WINNICOTT Donald Woods, *Jeu et réalité,* Paris, Gallimard, 1975
ZENATTI Arlette, *Psychologie de la musique,* Paris, PUF, 1994

Revues et journaux :

MEDECINE DES ARTS, *Médecine et musique*, Actes des 5èmes rencontres internationales, Montpellier, revue trimestrielle, n° 47, Editions Alexitère

MEDECINE DES ARTS, *Spécial stress*, Revue trimestrielle, n° 44, Juin 2003, Editions Alexitère

MEDECINE DES ARTS, *Spécial neurologie*, Revue trimestrielle, n° 51, 2005, Editions Alexitère

MEDECINE DES ARTS, *Spécial psychologie*, Revue trimestrielle, n°54, 2005, Editions Alexitère

MEDECINE DES ARTS, *Spécial psychologie et sociologie*, Revue trimestrielle, n°11 Mars 1995, Editions Alexitère

JOURNAL DES PSYCHOLOGUES, *Des sons et des hommes, Musique et psychologie,* Mensuel n° 209, p. 19-73, Juillet-Août 2003

LE NOUVEL OBSERVATEUR, *Entretiens avec Boris Cyrulnik,* 18 Mars 1999

LE POINT, *Entretiens avec Jean-Didier Vincent, l'explorateur du cerveau,* n° 1837, DEBAT, 2007

REVUE DE NEUROPSYCHOLOGIE, *Les relations mutuelles du cerveau et du langage : la passion d'une vie,* Collectif, Vol. 16, n°1, p. 67- 77, 2006

REVUE DE NEUROPSYCHOLOGIE, *Une perspective biologique sur la nature de la musique,* Collectif, Vol. 16, n°4, p. 361-413, 2006

REVUE DE NEUROPSYCHOLOGIE, *Le rôle de l'hémisphère droit dans la compréhension du langage,* Collectif, Vol. 17, n° 2, p. 149-180, 2007

SEMINARIO INTERNAZIONALE, *I Sogni nel medioevo,* Collectif, Roma, Editions dell'Ateneo, 1995

REMERCIEMENTS

Tous mes plus chaleureux remerciements à tous les musiciens, professeurs, élèves, étudiants, chercheurs, compositeurs ayant soutenu à leur manière ce projet :

- Les élèves-musiciens de la section T.M.D. du Lycée Masséna à Nice : *Avec un grand bravo pour avoir répondu avec tant de sincérité et d'enthousiasme aux questionnaires !*

- Les étudiants en musique (musicologie et/ou conservatoires supérieurs de musique de France et d'ailleurs) pour avoir répondu aux questions relatives à leur expérience musicale.

- Les enfants que j'ai pu « observer » durant plusieurs années au fil de leur apprentissage instrumental et qui naturellement ont su faire naître en moi la réflexion psychologique sur la musique et les musiciens ainsi que toutes les interrogations propres à l'apprentissage (*affectueuses pensées à Coralie, Margot (s) -« la petite et la grande »-, Elodie, Louana, Hadrien, Tristan, Tameka, Einat, Julie, Elie, Samantha, Adeline, Virgile, Marine, Alex, Geoffroy, Jérôme, Stanny, Léa, Octave, Tegan, Gabriel, Coline, Clara, Gorgio* et tant d'autres.....!)

- Monsieur Thierry Baccino, professeur de psychologie cognitive, Université Sophia-Antipolis, Nice.

- Monsieur Gilles Boudinet, maître de conférences en pédagogie de l'art, université de Paris VIII St-Denis, chercheur permanent PAIDEIA/ ESCOL.

- Monsieur Renzo Carli, professeur de psychologie clinique, université La Sapienza, Rome, Italie.

- Monsieur Bruno De Cara, responsable section psychologie, université Sophia-Antipolis, Nice.

- Monsieur Claude Di Benedetto, responsable section Technique Musique et Danse, lycée Masséna, Nice.

- Madame Annick Dubois, professeur de musicologie, université Sophia-Antipolis, Nice.

- Monsieur Laurent Guirard, maître de conférences en sciences de l'art-musicologie, à l'IUFM d'Orléans-Tours et à l'OMF, Paris IV.

- Tous les musiciens, compositeurs, professeurs et chefs d'orchestre qui ont permis, chacun à leur façon, de faire exister ce présent ouvrage. Sans en dresser la liste exhaustive, je pense, entre autres, à : *Philippe Hurel, Aurélie Ellul-Ricci, David Harnois, Valérie Bautz, Jos Van Immerseel, Avner Soudry, Love Derwinger, Nathalie Lebrun, Jennifer Kreis, Philippe Leroux, Florent Bontron, Marc Albrecht, Christophe Rousset, Jean-Guihen Queyras, Olivia Blanquet, Xavier Gagnepain, Frédéric Durieux, Sophia Jaffé, Henri Demarquette, David Chesky, Alexandre Tharaud, Thomas Caroll, Claude Di Benedetto, Emmanuelle Lizere, Marc Coppey, Florent Héau, Eric Le Sage, Cécile Maudire, Maciej Pikulski, Olivier Foures, Nicola Eimer, Matej Drlicka, Eric Tanguy, Patrick Zygmanowski...etc.*

- Pour les lectures, conseils et encouragements de toutes sortes… :

« Grazie mille ! » à

Anne-France Huret, Romain Huret, Stéphane Huret, Anne Devine, Virginie Thirion, Manola Alba, Evelyne Arti, Maurizio Porfiri, Tania Jimenez, Eitan Altman, Luca Pisano, Virginie Doublon, Jean-Louis Juan de Mendoza, Michèle Declerck, Jacqueline Ollier et Sophie Jama.

TABLE DES MATIERES

L'HARMATTAN, ITALIA
Via Degli Artisti 15 ; 10124 Torino

L'HARMATTAN HONGRIE
Könyvesbolt ; Kossuth L. u. 14-16
1053 Budapest

L'HARMATTAN BURKINA FASO
Rue 15.167 Route du Pô Patte d'oie
12 BP 226
Ouagadougou 12
(00226) 50 37 54 36

ESPACE L'HARMATTAN KINSHASA
Faculté des Sciences Sociales,
Politiques et Administratives
BP243, KIN XI ; Université de Kinshasa

L'HARMATTAN GUINÉE
Almamya Rue KA 028
En face du restaurant le cèdre
OKB agency BP 3470 Conakry
(00224) 60 20 85 08
harmattanguinee@yahoo.fr

L'HARMATTAN CÔTE D'IVOIRE
M. Etien N'dah Ahmon
Résidence Karl / cité des arts
Abidjan-Cocody 03 BP 1588 Abidjan 03
(00225) 05 77 87 31

L'HARMATTAN MAURITANIE
Espace El Kettab du livre francophone
N° 472 avenue Palais des Congrès
BP 316 Nouakchott
(00222) 63 25 980

L'HARMATTAN CAMEROUN
BP 11486
(00237) 458 67 00
(00237) 976 61 66
harmattancam@yahoo.fr

519219 - Février 2013
Achevé d'imprimer par

1livre.com
du rêve à la réalité !